일본
경제
고민없이
읽기

일러두기

* 이 책은 연구논문이나 전문학술서가 아닙니다. 따라서 본문에서는 각주와 연구자 이름을 최소화 하였으니 더 자세한 내용을 원하시는 독자께서는 책 뒤편의 참고문헌을 참조하시기 바랍니다.
* 일본인 이름(人名)을 한글로 표기할 때는 일본과 달리 성과 이름을 띄어쓰기로 구분하였습니다.
* 이 책에 나오는 한자(漢字)는 일본식 한자인 신자체(新字体)를 사용하였습니다.
* 인명(人名)과 지명(地名)의 일본어 발음은 외래어표기법에 따르지 않고 원어에 가장 가까운 발음으로 표기하였습니다.

일본
경제
고민없이
읽기

강철구 지음

어문학사

▍머리말

13세기 마르코 폴로가 동방견문록을 통해 일본을 지팡구(Zipangu)라고 소개하면서 서구세계는 일본을 이해하기 위해 많은 노력을 해 왔습니다. 그렇지만 그들은 아직도 일본을 잘 모르겠다고 한숨짓고 있습니다. 그도 그럴 것이 조선시대까지만 해도 일본은 아시아에서 멸시받는 민족이었고, 일부 항구의 문을 열어 두었다고는 하지만 오랜 기간 동안 쇄국정책을 펼쳐 왔거든요. 메이지유신(明治維新) 이후에는 봉건국가에서 서구 자본주의사회로 급속히 전환하는 기민함을 보였고, 그 후 미국을 상대로 태평양전쟁까지 일으켰으니 몰라도 너무 모르겠다는 말이 나오겠지요.

제2차 세계대전 후에는 또 어떻습니까?

고기와 일본은 씹어야 제 맛이라고 하지만, 일본은 패전의 잿더미 속에서 불과 20여 년 만에 세계 제2의 경제대국으로 올라서는 기적을 보여주어, 저명한 경제학자들도 일본식 자본주의를 부러워했을 정도였습니다. 그런데 1980년대 중반 이후에는 버블경기로, 그리고 이후 1990년대 초부터 '잃어버린 10년'(lost decade)이란 경기침체에서 2010년대에 이르는 '잃어버린 20년'(lost two decades)으로 장기간

경기침체를 겪더니, 2012년 아베정부가 들어서자 아베노믹스로 전후 최장기 경기 호황을 누리고 2020년 두 번째 도쿄 올림픽을 통해 제2의 르네상스를 맞이하고 있다고 스스로 가시적인 성과를 선전하는 일본을 어떻게 한두 마디로 평가할 수 있겠습니까?

사실 경제학에서 언급하고 있는 전문용어 등은 눈으로 보이지 않는 추상적인 개념이기도 합니다. 숫자를 가지고 분석하는 것이 멋있다 보니 '아 그래서 불경기구나', '그게 그런거야?' 하고 고개를 끄덕일 수는 있겠지만, 어떤 현상이든 분명히 거기에는 통계에서 보이지 않는 역사적 배경과 원인이 숨어 있습니다. 그리고 그 결과가 지금 우리 눈에 보이는 현상으로 나타나는 것 아니겠습니까? 마치 문학에 문학사(史)가 있고 정치학에 정치사(史)가 있는 것처럼 말입니다.

저는 일본 경제 역시 역사적인 연속성으로 바라봐야 한다고 생각합니다. 숫자만으로 현상을 파악하지 않고 과거를 거슬러 올라가 오늘날의 일본 경제구조와 경제운영이 어떠한 연결고리를 갖고 있는지를 살펴보는 것이 중요하기 때문입니다. 역사란 게 '과거의 사실'이란 객관적인 관점에 더불어 '사건의 기술'이란 주관적 관점을 같이 가지고 있잖아요.

영국의 역사학자이며 정치가였던 카(E.H. Carr)는 이렇게 말했습니다.

'역사란 현재와 과거와의 대화이다. 현재 살고 있는 우리들이 과거를 주체적으로 파악하지 못하고는 미래를 전망할 수가 없다. 복잡한 요소가 얽히고설킨 속에서 움직이고 있는 오늘날 과거를 보는 새로운 안목이 절실히 요구된다.'

일본은 아시아, 아니 동양에서는 가장 빨리 근대화를 추진했고 그 결과 세계 최강의 경제발전을 이루었습니다. 이것을 '가능하게 한' 것은 경제학이 아니라 경제사, 즉 일본의 역사 가운데 일본인들의 국민성과 환경, 주변 국가들과의 관계, 국정 리더십 등이 함께 작용한 결과가 아닐까요? 게다가 하나 더 보탠다면, 일본이 서양으로부터 근대화를 도입하기 이전의 사회와 문화로부터의 역사성 등도 당연히 작용했겠지요.

그래서 이 책에서는 시간의 흐름을 추적하면서 일본의 경제발전을 배우고자 합니다. 그렇다고 조몬시대(縄文時代)부터 공부할 필요는 없겠지요. 제 생각에는 일본 경제 역시 역사적인 연속성을 갖고 있기 때문에, 이를 이해할 수 있는 통찰력을 키우기 위해서는 메이지유신을 기점으로 시작하면 좋을 것 같습니다.

메이지유신의 첫 장면에서 우리는 오늘날 일본 경제가 튼튼하게 성공할 수 있었던 내외적 요인을 발견할 수 있기 때문에 그렇습니다. 공부를 하다 보면 이때가 시기적으로 일본이 부국이 될 수 있는 천운의 기회를 만났던 때이고, 일본은 이를 제대로 이용할 수 있는 능력이 있었다는 것을 알게 될 겁니다.

이 책은 고급스럽고 심층적인 이론 중심의 책이 아니고 독자가 부담 없이 이해하기 쉽도록 썼기 때문에 다소 부자연스럽고 억지스러운 표현이 있을 수 있습니다. 혹시나 제 책을 비판하시는 분들께서는 제가 의도적으로 경제학 이론과 경제적 논리성을 최소화 한 내용에 대해 엄격하게 지적하실 겁니다. 약간은 직관에 가깝게 때로는 감성적으로 접근한 이유는 독자의 흥미를 유발하기 위한 장치라고 생각하시고 넓은 마음으로 웃어넘겨 주시기 바라며, 혹시라도 있을 잘못된 해석과 어설픈 주장은 모두 제 책임이니 여러분들의 질정(叱正)을 달게 받겠습니다.

끝으로…

애국심만으로 일본을 이길 수 없습니다.

영화 대부(The God Father)의 명장면, 마이클 코를레오네(알 파치노 역)의 말입니다.

"적을 미워하지 마라. 판단력을 그르친다."(Never hate your enemies. It affects your judgement.)

2019년 8월 1일
강철구

차례

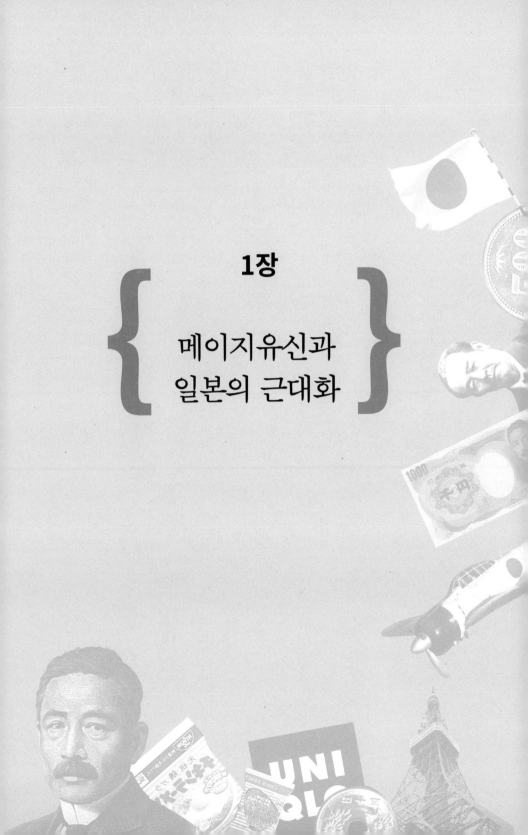

1장

{ 메이지유신과
일본의 근대화 }

1. 울고 싶은데 뺨을 때린 페리

초기 산업혁명기 -막부, 문을 열다 청나라와 영국 사이에 일어난 아편전쟁 (1840~42)에서 청나라가 패했다는 소식은 일본에도 들려 왔습니다. 동아시아의 대국 청나라가 이 정도라면 일본이 서구세력의 침략에 맞붙어 이길 수 있으리란 기대는 아예 접어야 하는 건 아닌가 하는 긴장감이 감돌기 시작했습니다. 이때 네덜란드 국왕은 일본에 편지를 보내 세계 정세의 변화를 알리면서 일본이 하루 빨리 개국할 것을 권유했지만, 지금까지 고수해 왔던 쇄국정책을 포기한다는 것이 그렇게 쉽지만은 않겠지요.

1853년 6월 3일, 드디어 미국의 함대장관 페리(Matthew Calbraith Perry, 1794~1858)는 4척의 군함(黑船, 구로후네)을 이끌고 우라가(浦賀)에 도착한 후 미국 대통령의 친서를 전달하였습니다. 친서의 내용은 일본 근해에서 미국 선박이 조난을 당하거나 혹은 일본 항구에 정박할 경우 미국선원을 보호해 줄 것과 미국 배에 대한 연료, 식수, 음식 및 석탄보급, 그리고 중국과 무역을 개시하기 위해 태평양 항로를 지나는 관문에 있던 일본에게 자유무역을 조건으로 개항을 요구하는 일방적인 내용이었습니다. 그러니 이러한 굴욕적인 요구에 대해 '아이구 어서 오세요. 그렇지 않아도 기다리고 있었습니다.' 이렇게 얼씨구 좋구나 하고 문을 열어주지는 않겠지요.

막부(幕府)[1]가 개국을 거부하자 페리는 다음 해인 1854년 2월 에도 만(江戸湾) 앞바다에 군함을 정박시켜 조약체결을 강요하였습니다. 이 때 위협을 느낀 막부는 에도를 방어하기 위해 오다이바(お台場) 인공섬을 건설하여 대포까지 설치했지만, 결국 한 달 뒤에 요코하마(横浜)에서 일미화친조약(日美和親條約)을 조인하고 시즈오카현(静岡県)의 시모다(下田)항과 홋카이도(北海道)의 하코다테(箱館)항을 개항해야만 했습니다.

결국 일본은 전쟁을 거치지 않고 개방의 길을 택하였지만, 사실 이 조약은 미국의 영사재판권이 인정될 뿐만 아니라 일본의 관세자주권도 박탈당한 불평등한 조약이었습니다. 그러나 세상은 알 수 없는 일. 우리가 쇄국정책으로 빗장을 걸어 잠그고 서양 오랑캐를 얼씬도 못하게 했던 그 시간, 최초의 국제조약을 맺은 일본은 한국보다 먼저 근대국가로 진입하는 전화위복의 시간을 보냈다는 사실은 눈여겨봐야 할 뼈아픈 역사로 기록되었습니다.[2]

---

1 막부는 일본어로 '바쿠후'라고 발음하며, 메이지시대 이전까지의 무사정권을 지칭하는 말입니다. 크게 나누어 가마쿠라막부(1192~1333), 무로마치막부(1336~1573), 그리고 에도막부(1603~1867) 이렇게 세 개의 막부로 분류합니다.
2 홍선대원군은 일본이 이와쿠라사절단을 보내 서양의 근대문명을 배우고자 하던 1871년

일본 경제 고민없이 읽기

미국이 일본과 화친조약을 체결했다는 소문이 나면서 연이어 영국(1854), 러시아(1855), 그리고 네덜란드(1856)가 게눈 감추듯 앞다투어 일본으로 들어와 화친조약을 맺었습니다. 그리고 1858년 6월에는 미국과 수호통상조약 체결을 계기로 네덜란드, 러시아, 영국, 프랑스 등 열강들과 연속으로 불평등한 통상조약을 맺게 됩니다. 이로써 막부는 지금까지 견지해 왔던 쇄국정책을 완전히 포기

일본을 개국시킨 페리제독

하고 강제적으로 세계 자본주의권에 편입되어 서양문물을 받아들이기 시작했습니다.

한편 일미수호통상조약은 천황의 칙허(勅許) 없이 막부가 독단적으로 맺은 조약이었기 때문에 이에 반발하는 반막부 세력(反幕府勢力)이 등장하면서 일본 국내는 진통을 겪었습니다. 일부 다이묘(大名)와 무사(武士)들은 외세를 배격하고 천황의 권위를 회복하자는 존왕양이론(尊王攘夷論)을 주장하기도 하였으나, 이것이 불가능하다는 것을 알게 된 사츠마번(薩摩藩, 지금의 鹿兒島県)과 쵸슈번(長州藩, 지금의 山口県)에서는 하급무사들이 실권을 잡고 막부를 타도한 후 메이지 정부에 의한 천황 친정체제로 전환하였습니다.

척화비에 다음과 같이 새겨 넣었습니다. "오랑캐가 침범하는데 싸우지 않으면 화평하는 것이요, 화평은 곧 매국이다." 이것이 대원군이 제시했던 국정 지표였으니 이런 분위기에서 개화사상을 갖거나 서양 문명을 소개한다는 것은 목숨을 내놓아야만 가능했을지 모릅니다.

신바시에서 바라본 레인보우브릿지와 오다이바

　이로써 700여 년이나 지속되어 온 막부는 무너지고, 1868년 왕정
복고를 통해 이제 일본은 아시아에서 최초로 서구화된 국민국가체제
로 돌아서는 메이지유신(明治維新)을 단행합니다.

**박정희대통령이
부러워했던 메이지유신**
　그렇다면 메이지유신을 전후하여 당시
의 상황을 살펴보도록 합시다. 일본은
1859년 해외무역이 개시되면서 생사나 차, 금 등을 수출하였고 모직
물, 면직물, 함선, 무기 등은 수입하는 무역형태를 유지하고 있었습
니다. 그런데 금이 해외로 대량 유출되면서 경제적 혼란이 야기되자
그 피해는 하급무사와 민중들에게 고스란히 전달되었습니다. 어느
사회나 서민들의 궁핍한 생활이 지속되면 불만으로 바뀌게 마련이지

요. 게다가 막부의 권위는 이빨 빠진 호랑이처럼 땅에 떨어졌기 때문에 260여 년 동안 내려오던 에도막부는 막을 내릴 수밖에 없었고, 이제 일본은 메이지유신을 통해 새로운 시대를 맞이합니다. 다시 말하자면, 메이지유신은 서구 제국이 경험했던 근대적 시민혁명이나 가치체계의 변혁을 의미하는 종교혁명과는 달리 언제 서구열강

메이지 천황

의 식민지화가 될지도 모른다는 위기의식에서의 새 출발을 도모한 변혁인 것입니다.

1867년 11월, 15대 막부인 도쿠가와 요시노부(德川慶喜:1837~1913)는 천황 밑에서 계속하여 실권을 유지할 수 있다는 타협안을 받아들이고 국가 통치권을 메이지 천황에게 반환하는 대정봉환(大政奉還)을 실시하였습니다. 이를 계기로 신정부는 정부조직을 정비하고 에도(江戶)를 도쿄(東京)로 고친 후 당시 일본 천황의 연호를 따와 메이지(明治)로 정하면서 봉건적 질서체제를 탈피하고 본격적인 자본주의 틀을 만들어 나갔습니다. 1869년에는 천황의 조정을 교토(京都)에서 도쿄(東京)로 천도한 후 중앙집권화를 추진하면서 관 주도하에 근대국가로 발전하는 길을 모색하게 됩니다.

1853년 페리제독이 일본에 온 이후 15년이 지난 지금, 일본의 지도자들은 서구열강의 위협을 단순히 애국심만 갖고 저항한다고 해서

해결될 수 없다는 것을 깨달았던 겁니다. 메이지유신을 이룬 주도적인 계급은 하급무사들이었는데, 이들이 지향한 이념은 부국강병이었고 그 수단은 문명개화와 공업화였습니다. 이들이 중심이 된 메이지 신정부는 봉건적 사회경제제도를 개혁하고 근대적 경제제도와 산업기술을 도입하면서 근대 자본주의체제를 적극적으로 추구해 나갔습니다.

이전에는 사농공상(士農工商) 각각의 직업 간 이동이 불가능했지만 메이지유신을 통해 새로운 세상이 열리면서 직업선택의 자유가 인정되었고, 하층계급이었던 상인들이 중요한 계급으로 성장하는 계기가 되었습니다. 이 과정에서 자연스럽게 자본가와 노동자 계급이 생겨나기 시작한 거지요. 이후 오매불망 서구를 따라잡기 위해서는 정부가 주도적으로 산업을 육성하고 관영공장(官營工場)을 만들어 서양의 뛰어난 공업기술을 도입해야 한다고 주장했습니다. 일본의 지도자들이 생각할 때 서구의 강력한 군사력은 과학과 기술발달에 의한 부(富)의 결과라는 것을 실감했던 겁니다. 국가 자본이 주도적인 역할을 해야 한다고 믿었던 것은, 예를 들어 광산 등 지하자원에 대한 이권이 외국자본에 넘어갈 수도 있으니 이를 방지해야 한다는 경계심이 들었을 테구요, 철도 건설 역시 마찬가지입니다.

1880년대 들어서면서 어느 정도 자본축적도 되고 초반기 위험도 소멸되자 메이지 정부는 국영기업을 서서히 민간에게 불하하기 시작하였습니다. 쉽게 말하자면 민영화한 거예요. 이로서 국가자본에 의한 정부의 기업가활동은 서서히 후퇴하고 민간 기업이 발전하는 계기가 되었지만, 초기 자본주의 정착에서 일본 정부가 엄청난 영향력을 발휘하였다는 사실은 변함이 없습니다.

| 메이지 신정부의 이벤트 | 메이지유신 이후 신정부는 경제, 사회, 정치, 사회문화 등 모든 면에서 개혁을

주도해 나갔습니다. 우선 1869년 7월, 다이묘(大名)[3]가 지배하고 있던 토지와 백성을 천황에게 반환하는 판적봉환(版籍奉還)을 실시합니다. 판(版)이란 토지를, 적(籍)은 백성을 의미하는데, 이는 각 번의 번주들이 소유하고 있던 백성과 토지에 대한 봉건 영주권이 상실되고 이제는 일본이라는 땅과 백성이 모두 천황의 소유물이 된다는 것입니다.

1871년 8월에는 강력한 중앙정부가 필요하다고 느낀 신정부가 천황의 명의로 56명의 번(藩) 지사 앞에서 폐번치현(廢藩置縣)을 선포하는 조서를 낭독하였습니다. 즉 다이묘가 지배해 왔던 번(藩)의 권력

---

3 에도시대 당시 1만석 이상의 영지를 보유하고 권력을 행사하던 영주를 말합니다.

을 해체하고 부(府)와 현(県)을 두어 강력한 중앙집권적 체제를 확립하고자 한 것이지요.

행정구역도 개편하였습니다. 홋카이도(北海道)에는 개척사(開拓使, 1869~1882)를 두었고 도쿄(東京), 교토(京都), 오사카(大阪)에는 부(府)를 두면서 지사(知事)를, 그리고 72개로 편성한 현(県)에는 현령(県令)을 파견하여 행정을 담당하게 하였습니다. 이로써 봉건제도가 붕괴되고 중앙집권정치의 기초가 마련되었습니다.

1873년 1월, 근대국가를 건설하기 위해 국민을 철저히 통제하고 관리할 필요가 있다고 판단한 메이지 정부는 구미열강의 군대를 모방한 징병령을 공포하여 만 20세 남자들에게 병역의 의무를 부과하였습니다. 문제는 징병을 하고 싶어도 군대 갈 대상을 선별하기가 어려웠다는 점입니다. 왜냐하면 에도막부시대에는 서민들이 성씨(姓氏)를 갖는 것을 공식적으로 금지시켰기 때문에 메이지유신 당시 성씨를 갖고 있던 비율이 고작 6%에 불과했거든요. 결국 메이지 정부는 1870년 평민들에게도 성씨를 허용합니다.

그런데 여기서 문제가 생겼어요. 성을 가질 경우 군복무에 대한 부담만 있는 것이 아니고 납세의 의무도 같이 따라오다 보니, 성을 갖게 된다는 기쁨보다는 오히려 회피하거나 소극적으로 대처하는 상황에 직면한 거예요. 그래서 메이지 정부는 1875년 '묘자필칭령'(苗字必称令)을 내려 강제적으로 성을 갖게 하였는데, 우스갯소리겠습니다만, 그래서 아낙네가 밭에서 일하다 출산하면 다나카(田中)라는 성을 만들었다든가, 산에서 생활하다 애를 낳아 야마시타(山下)라고 지었다는 이야기가 나온 겁니다.

이때부터 우후죽순(雨後竹筍) 성이 만들어지면서 오늘날 일본에는

일본 경제 고민없이 읽기

약 7만~12만 개 정도, 어떤 학자는 30만 개 정도의 성이 있다고도 합니다. 아마도 전 세계에서 가장 많은 성씨를 갖고 있는 나라가 일본이 아닌가 싶습니다. 말이 길어졌습니다만, 이때 만들어진 징병제는 결국 일본의 국력을 키울 수 있는 군사적 기초를 다진 것으로 평가받고 있습니다.

메이지유신 이후의 변화는 이 밖에도 많습니다. 1870년 1월에는 도쿄(東京)에서 요코하마(横浜) 간 공중전화가 개설되었고, 1871년에는 서양식 우편제도를 도입하였으며, 1872년에는 철도를 부설하였습니다. 그리고 일본 근해의 해운권도 확립하고 군사수송을 목적으로 해운회사를 보호하였습니다. 1873년부터는 음력을 없애고 태양력을 채용하였으며, 1일 24시간, 1주 7일제, 일요 휴일제를 확립하였습니다. 그리고는 배운 게 도둑질이라고, 서양 열강들에게 당한 서러움을 이제는 근대국가 건설이라는 미명하에 동일한 방법으로 한반도에 보복한 것이 1876년 강화도조약이었던 거죠.

그 외 신정부는 일본은행을 설립(1882)하여 금융과 지폐발행을 담당하였고 외국기술자를 초빙하고 기계를 수입하여 근대산업을 육성하는 한편, 조선소, 병기공장, 광산, 생사공장, 방적공장 등 많은 관영공장을 만들면서 산업을 보호, 육성해 나갔습니다. 마치 국가가 종합수입상사와 같은 역할을 한 것이지요. 일본인들도 스스로 놀랄 만큼 급속한 사회변화를 이룩해 낸 것이 이때입니다.

일본의 볼테르, 후쿠자와 유키치　한 가지 더 말씀드리자면, 신정부는 근대화를 추진하면서 국민계몽과 교육제도에도 힘을 기울였습니다. 1857년 소학교 설립을 신호로 신교육이 시작되었으며 1860년 막부는 서구 선진국의 군사력과 경제력, 그리고 사회발전상황을 조사하고 새로운 교육제도를 도입하기 위해 인재들을 외국에 파견하기 시작합니다. 스스로가 부족한 것을 깨달았다는 것은 이후 일본의 근대화에 얼마나 지대한 영향을 끼쳤는지 모릅니다. 1860년부터 메이지유신 직전에 이르는 1867년에 이르기까지 약 8년 사이 260여 명의 유학생들을 영국과 미국, 프러시아, 러시아, 프랑스 등에 파견하였고 이들은 유학을 마치고 귀국한 후 구미 선진국의 기술을 무수정 도입하면서 일본의 근대화 및 과학교육 발전에 지대한 영향력을 끼쳤습니다.

히츠지가오카 공원에 있는 윌리엄 클락 박사의 동상 뒤로 삿포로돔이 보입니다.

유학은 국가에서만 보낸 게 아닙니다. 번(藩)에서도 보내고 돈 많은 자녀들은 사비로도 떠났습니다. 예를 들어 1873년 한 해에만 관비유학생 250명, 사비유학생 373명이 바다를 건넜다는 것은 놀라운 일입니다. 이후 1902년에 이르기까지 약 1만여 명의 일본 학생들이 미국을 중심으로 해외로 나가면서 근대 일본 자본주의의 발판을 마련하는 기초를 다져 나갔습니다.

보내기만 한 게 아니라 받아들이는 데도 예산을 아끼지 않았어요. 메이지 정부는 약 3천여 명의 외국인 기술자, 학자 등을 초빙하여 새로운 기술과 제도를 받아들였고 부국강병과 관련한 수많은 학술저서 및 보고서 등을 작성하면서 서구화에 성공하였습니다.

미국의 클라크(William Smith Clark, 1826~1886) 박사도 그 중 한 명입니다. 1876년 그는 삿포로농학교(札幌農学校)에서 기독교 신앙에 근거한 교육을 실천하였는데, 그의 교육철학에 감명 받은 우치무라 간조(内村鑑三, 1861~1930), 니토베 이나조(新渡戸稲造, 1862~1933) 등이 대표적인 제자들이지요. 우치무라는 삿포로농학교를 졸업한 후 교회적 기독교에 대해 무교회주의(non-church movement)를 제창한 종교가이면서 평론가로 성장하였고, 니토베는 미국과 독일 유학을 경험한 후 교토대학(京都大学) 교수로 활동한 분입니다. 특히 그는 국제평화를 주장하며 국제연맹(UN) 사무국 차장으로 활약하면서 『武士道』(무사도, 1900), 『農業本論』(농업본론, 1897) 등 유명한 저술을 남겼습니다.

1877년에는 최초의 국립대학인 도쿄대학(東京大学)을 설립하였고 외국인 교사를 초빙하여 1883년에 이르기까지 영어로만 수업을 하였으니, 수동적이긴 하지만 이때 일본은 벌써 글로벌화에 대한 준비를 마쳤다고 할 수 있겠지요. 그리고 1883년 도쿄대학 최초로 박사 학위

케이오대학 내 후쿠자와 동상

자 25명을 배출하였어요.

그러나 그 이전에 계몽사상에 눈 뜬 교육가들에 의한 사립학교들도 우후죽순 생겨나기 시작했는데, 1858년 후쿠자와 유키치(福沢諭吉, 1834~1901)가 설립한 케이오의숙대학(慶應義塾大学)이 그 시초라고 할 수 있습니다. 후쿠자와 는 난학(蘭学)을 공부한 계몽사상가로서, 그리고 교육가로서 막부에 등용되면서 세 번에 걸쳐 구미를 방문한 경험을 바탕으로 탈아입구(脫亞入口), 관민조화(官民調和) 등을 외쳤습니다. 그가 저술했던 『西洋事情』(서양사정, 1866), 『学問のすすめ』(학문의 권장, 1872) 등은 원숭이가 읽어도 이해할 정도로 쉽게 써서 그런지 발간 이후 약 5년 동안 340여만 부가 팔릴 정도로 국민적 관심을 모았습니다.

스키야키, 샤브샤브

후쿠자와는 일본이 강대국이 되려면 체력이 튼튼해야 한다며 엉뚱하게도 쇠고기 먹기 운동을 외쳤어요. 뭐 틀린 말은 아니겠지만, 일본은 불교의 영향으로 나라시대(奈良時代, 710~794) 이후 천이백여 년간 쇠고기를 먹지 않았던 관습이 남아 있어서 고기라고는 스시와 생선 정도가 전부였는데, 메이지유신 이후 합법적으로 섭취가 가능해졌거든요. 그렇다고 갑자기 쇠고기를 먹는다는 것이 그렇게 쉬운 일은 아니었을 겁니다.

서양식 식탁에 익숙하지 않은 일본인들이 국제외교 테이블에서 실례를 범하는 것이 어찌 보면 당연한 것일지도 모르겠으나, 그의 눈에는 같은 민족으로서 수치스럽게 느꼈나 봅니다.

　일본인들의 치아가 고르지 못하다는 것은 여러분들도 잘 알고 계시잖아요. 덧니가 미인의 조건일 정도로 치아가 약하고 고르지 못한 일본인들이 질긴 쇠고기를 씹어 먹는다는 것이 고역이었을 지도 모릅니다. 그런데 시대가 바뀌어 쇠고기를 받아들이긴 했지만, 기왕이면 맛있게, 그리고 재미있게 먹을 수는 없을까 해서 개발한 것이 바로 스키야키, 샤브샤브(물을 휘젓거나 물이 괸 곳을 걸을 때 나는 철벅철벅 소리), 돈카츠 등입니다. 이 중 스키야키는 문명개화의 상징으로 인기를 얻었고 고로케나 카레라이스 등 서양식 먹거리도 이 시기에 보급되기 시작하였습니다. 돈카츠는 메이지유신 이후 60여 년이 지난 1929년에야 자리 잡았지요.

　'체력은 국력이다'

　맞는 명언인 것 같습니다.

**번역이 반역일까?
아니다 번영이다**　사실 일본은 고유의 문자를 가지고 있지 않았습니다. 그런데 285년 백제의 성현이라고 일컬어지는 왕인박사가 일본에 건너가 논어 10권과 천자문 1권을 전해주고 난 후에야 한자문화를 접하고 그 음(音)을 빌려 일본어를 표기하는 방법을 고안해 냈던 겁니다. 그래서 왕인박사는 일본문화의 시조로 숭앙받습니다.

그런데 우리나라도 마찬가지지만 일본 역시 그 많은 한자를 자유롭게 사용할 수 있는 계층은 극히 일부 지식인층에 그쳤기 때문에, 서민들은 언감생심 글을 읽거나 쓸 줄 몰랐겠지요. '필요는 발명의 어머니'라고 했던가요? 그래서 표현의 자유를 확보하기 위해 고안된 것이 9세기 경에 만들어진 히라가나(ひらがな)와 가타카나(カタカナ)입니다.

제가 하고 싶은 말은 지금부터입니다. '일본어', '번역' 이러한 단어가 일본 경제와 어떤 관련이 있길래 이렇게 서두가 길었을까요? 결론은 뒤로 하고 일단 번역에 대해 살펴보도록 합시다. 2008년 1월 이명박 정부가 출범하면서 제17대 대통령직 인수 위원회가 내세운 것 중 하나가 바로 '영어몰입교육'이었습니다. 영어몰입교육이란 초중등 교육기관에서 학생들이 배우는 주요 교과목을 영어로 진행하여 고등학교만 졸업해도 영어를 자유롭게 구사할 수 있도록 하겠다는 것입니다. 이렇게 하면 국가경쟁력을 증진시킬 수 있다는 것이 이명박 정부의 주장이었지요.

당시 인수위원장이었던 숙명여대 이경숙 총장이 어우뤤지(orange)란 희한한 발음을 들고 나와 영어 못하는 국민들에게 박탈감을 안겨주면서 곤욕을 치르고 세간의 비판에 직면했던 적이 있습니다. 결국은 접고 말았지만, 전 국민을 상대로 하는 영어 공용화가 정말로 국가 경쟁력을 향상시킬 수 있느냐에 대해서 저는 강한 의문을 갖고 있습니다.

그래서 일본을 살펴보자는 거예요. 일본인들의 영어실력이 형편없다는 것은 여러분들도 잘 알고 계시죠? 그런데도 어떻게 경제대국이 되었을까, 이에 대한 의문이 세계 7대 불가사의 중 하나라고 비아

냥거리는 소리도 있습니다만, 아직까지도 일본의 경쟁력이 세계 최상위권을 지키고 있다는 것은 사실입니다.

프랑스의 문학 사회학자 로베스 에스카르피가 "번역은 반역이다"라고 말했다고 합니다만, 저는 '번역은 번영의 지름길이다'라고 말하고 싶습니다. 왜냐하면 일본의 경우가 여기에 해당되기 때문입니다. 일본은 메이지유신 이후 근대화 과정에서 외국문물에 대한 '번역주의'를 원칙으로 내세웠는데, 이를 기반으로 하여 외국문화를 주체적으로 수용하면서 선진국으로 도약하는 기반을 만들어 놨거든요. 번역을 통해 대중에게 다양한 문화를 보급하고 이것이 학문의 소통 증대와 발달로 이어져 일본의 경제발전을 불러일으켰다는 논리입니다. 저는 단연코 우리나라와 일본의 경제적 격차가 벌어진 가장 큰 이유를 바로 서양문물을 받아들이는 접근법의 차이에 있다고 봅니다.

그런데 메이지유신 초기부터 국가가 나서서 번역을 지도한 것은 아니에요. 일본에서도 영어국어화(英語国語化)와 번역주의(翻訳主義) 간에 살인을 불러일으킬 만큼 논쟁이 있었거든요. 이와 관련된 두 명의 인물을 살펴보도록 하겠습니다.

우선 영어몰입교육, 즉 영어국어화론을 주장한 사람은 바로 일본의 초대 문부성장관이자 국수주의자였던 모리 아리노리(森 有禮, 1847~1889)라는 인물입니다. 그는 1876년 메이로쿠샤(明六社)라는 근대 계몽학술단체를 발족시켜 서구

모리 아리노리

바바 다츠이

의 근대사상을 번역하고 이를 소개하는 활동에 전념하면서 영어를 국어로 삼자는 주장을 하였습니다.

영국과 미국에서 유학하고 일본 최초의 외교관으로 미국에 파견된 경험이 있어서인지 '일본의 독립을 지키기 위해서는 영어를 국어로 해야 한다'며 1885년 영어 의무교육을 관철시켰지만, 결국은 이러한 주장 때문에 1889년 일본 제국헌법 발포식장에서 국수주의자의 칼에 찔려 죽음을 맞이하게 됩니다.

1905년 러일전쟁 당시 시마네현(島根県)의 어느 해안에 표류해 왔던 러시아 병사에게 일본의 한 어부가 영어로 말을 걸었을 정도였다고 하니, 마치 오늘날 우리나라의 '영어열풍'과 비슷했던 상황이 100여 년 전 일본에서도 있었던 모양입니다.

두 번째 인물은 모리 아리노리와 상반된 견해를 갖고 있던 바바 다츠이(馬場辰猪, 1850~1888) 입니다. 그 역시 영국에서 유학하고 미국에서 사망할 정도로 서구세계에 대한 이해와 영어에 능통하였지만, 과격한 영어사용론에 대해서는 의문을 가졌지요.

'일본에서 영어를 채용할 경우 상류계급과 하층계급 사이에 격차가 생기고 말이 통하지 않게 될 것입니다.'

일본에서는 그의 주장이 점차 힘을 얻으면서 결국은 번역주의를 택하였습니다.

그런데 일본이 이렇게 대규모의 해외문물을 수입한 것은 이때가 처음이 아닙니다. 그토록 짧은 기간에 전 학문영역에 걸쳐 고도로 세련된 번역이 가능했던 배경에는 그럴만한 역사적 경험과 언어에 대한 지적 능력이 있었기 때문이지요.

일본은 이미 도쿠가와 막부 시절부터 나가사키(長崎)의 데지마(出島)란 곳을 개방하여 네덜란드와 교역을 하는 등 서구문명을 받아들이는 것에 거부감이 없었거든요. 이러한 배경 덕분에 메이지유신 이후 서구에 유학생을 파견하면서 영국에서는 해군제도와 해상무역을, 독일에서는 육군제도와 의학을, 프랑스에서는 법률과 예술을, 그리고 미국에서는 기업경영을 습득했던 것입니다.

한마디로 이 시기의 일본은 마치 스펀지가 물을 빨아들이듯 서양 문명을 받아들였고, 전 세계를 거대한 교실 삼아 각 분야의 정수(精髓)를 배우면서 수많은 서양 서적들을 대대적으로 번역하기 시작하였습니다. 즉 영어 자체가 중요한 것이 아니라 서구의 지식이 담긴 콘텐츠가 중요하다는 것이지요. 그리고 이를 대중화시키기 위해서는 번역만이 최고의 열매를 맺을 거라는 확신이 있었던 겁니다.

우리가 잘 알고 있는 후쿠자와 유키치도 동시대에 같이 활동하면서 철학에서 종교, 그리고 부인론에서 복장론에 이르기까지 전 분야에 걸쳐 번역을 주도하였지요. 그들은 서구문명에 대단한 열망을 품었던 인물들입니다. 그래서 일본 정부는 1870년 번역국(翻訳局)을 설치하고 국가차원에서 서양문물을 재빠르게 번역하여 보급하는 쪽을 택했습니다. 즉 학술서에서 대중서적에 이르기까지 국가가 주도해서 조직적으로 번역해 놓으면 영어 수준에 상관없이 누구나 근대적 지식에 접근할 수 있다고 생각한 것이지요.

'사회', '개인', '민주주의', '존재' 등등. 150년 전 일본은 서양의 낯선 개념들을 완전히 새로운 언어로 만들어 냈습니다. 당연히 학자들마다 다른 번역을 하였겠지요. 그중 경쟁에서 살아남은 단어가 오늘날 정착된 거구요. 그 수고와 땀의 대가는 서양의 개념들을 일본 것으로 만들면서 오히려 중국과 한국에 역수출되어 오늘날에 이르렀습니다.

우리나라는 서양의 지식이 도입되는 과정에서 일본의 이런 지적(知的) 노력에 무임승차해 온 측면을 부인하기 어렵습니다. 부끄럽지만 저도 일본책 한 권 번역한 적이 있는데, 사실 처음 접하는 전문용어를 번역한다는 게 생각만큼 쉽지 않더라구요.[4]

문재인 정부가 외쳤던 "기회는 평등하게, 과정은 공정하게, 결과는 정의롭게" 출발할 수 있는 길을 일본은 이때 국민들에게 번역을 통해 학문의 평등을 열어준 것이라고, 저는 생각하는 바입니다. 예를 들어 에드먼드 버크(Edmund Burke)가 1790년에 출간한 『프랑스혁명에 대한 고찰』(Reflections on the Revolution in France)은 1881년에 번역되었고, 홉스(Thomas Hobbes)가 1651년에 썼던 『리바이어던』(Leviathan)은 1883년에, 그리고 우리나라에서는 2007년 범우 출판사에서 국내 첫 완역본이라고 광고했던 몽테스키외(Montesquieu, Charles De)의 『로마인의 흥망성쇠 원인론』은 130여 년 앞선 1883년에 이미 번역되었습니다. 이무렵 일본은 그야말로 번역의 홍수에 푸욱 빠져 있었지요.

4 2008년 교우사에서 출간한 『일본경제의 구조변동』이란 책입니다.

역서독법

오죽하면 『譯書讀法』(역서독법, 1883)이라 하여 8만여 권에 이르는 번역서들을 안내하는 책자까지 등장했겠습니까? 8만여 권이라니! 과장된 이야기일지는 모르겠으나 저는 이 숫자를 보고 쓰러질 뻔 했습니다. 더군다나 이 책이 출간된 해가 1883년이라는 점은 눈여겨볼 만 합니다.

영어는 도구일 뿐인데도 우리나라는 유치원부터 대학에 이르기까지 영어공부에 너무 많은 시간을 빼앗기고 있습니다. 영어로 밥벌이 하는 사람이 아니라면 단어 외울 시간에 자신이 하고 싶은 일에 몰두하는 것이 그만큼 일에 대한 성취감과 전문성이 높아지고 특정 분야에 전문가로 우뚝 설 수 있을텐데 말이죠. 우리의 영어공부는 아무래도 국내 경쟁용인 것 같아 참으로 안타깝단 생각이 듭니다. 아무튼 번역의 힘이 오늘날 일본 경제와 어떤 관련이 있는지 궁금하시죠? 7장의 '노벨상의 원동력, 과학기술정책'에서 뵙겠습니다.

| 이와쿠라 사절단과 신세계

일본은 메이지유신을 통해 경제적으로는 일본식 자본주의를 성립했고, 정치적으로는 입헌정치를, 그리고 사회·문화적으로는 근대화를 추진하는 계기를 마련하였습니다. 또한 국제적으로는 제국주의 국가로서 천황제적 절

이와쿠라 사절단

대주의를 전 분야에 적용시켜 나가게 됩니다.

　그 중에서 특별히 소개할 것이 있습니다. 폐번치현 직후인 1871
년 12월 23일, 신정부는 막부시대 당시 서구열강과 맺었던 불평등한
조약을 개정하기 위해, 그리고 서구의 발달된 문명을 시찰할 목적으
로 이와쿠라 토모미(岩倉具視, 1825~1883)[5]를 특명전권대사로 임명하여
이와쿠라 사절단(岩倉使節団)을 서구에 파견하였습니다. 이 배에는 이
토 히로부미(伊藤博文, 1841~1909)[6]가 부단장으로 승선하였고, 그 외 정

5　이와쿠라 토모미는 막부 말기 정치가로서 메이지유신 이후 정부의 중추적인 역할을 담
　당하였으며 조약개정을 준비하기 위해 사절단을 이끌고 구미를 순회한 인물입니다.
6　이토 히로부미(伊藤博文)는 1882년 다시 한번 독일과 오스트리아에 건너가 프러시아헌
　법을 배워 1885년 내각제도를 창설했고 1889년에는 대일본제국 헌법을 제정한 후 초대
　내각총리대신이 되면서 일본의 입헌정치를 정착시켜 나간 인물입니다. 이때 절대천황
　제를 강조하기 위해 천황을 신으로 숭배하는 신토(神道)를 부활시키고 불교와 기독교

부의 고급관료들과 유학생들도 같이 탑승하였는데, 그 중에는 츠다 쥬쿠대학(津田塾大学)을 설립한 츠다 우메코(津田梅子, 1864~1929)라는 7세 여자아이도 포함되어 있었지요. 2019년 5월 1일 일본의 새 왕이 등극하면서 2024년부터 발행되는 5천엔 지폐 인물의 영광을 누리게 된 신여성의 상징적 인물입니다.

사절단은 미국에 도착하여 불평등하게 체결되었던 통상조약의 개정을 요구하였지만, 미국은 일본이 근대적 법률제도가 정비되어 있지 않다는 이유로 개정에 응하지 않았습니다. 사절단은 미국에서 6개월간 머물면서 약소국의 무능한 외교력을 절실히 통감한 후 유럽으로 향했는데, 유럽에서도 마찬가지로 일본의 요구는 거절당했습니다. 일본이 주장하는 것이 국제표준에 맞지 않는다며 오히려 일본의 내륙여행권과 연해무역권, 그리고 토지소유권을 요구하는 등 현행 조약보다 더욱 가혹한 조약 개정안을 제시했을 정도였어요.

그렇다고 사절단이 허탕만 치고 온 것이라고 생각하시면 오산입니다. 얻은 수확이 만만치 않았거든요. 한편으로 생각하면 사절단 본래의 목적인 조약 개정보다는 제도와 법률, 경제와 회계, 그리고 교육 등 각 분야의 문명시찰에 중점을 둔 시찰이라고도 해석할 수 있습니다. 당시 미국과 유럽을 둘러본 파견 기간은 2년여에 불과했지만 일본의 근현대사에 막대한 영향을 미쳤기 때문이에요.

열강들의 압박에 울분을 삼킨 일본의 신정부 지도자들은 1894년 조약이 개정될 때까지 강대국들이 요구하는 제도와 법률을 부지런히

는 탄압했는데, 특히 기독교는 천황숭배와의 마찰로 극우파들에게 공개적으로 배척받았습니다. 1905년 한국의 통감(統監)으로 부임했으나, 우리가 알고 있듯이 1909년 독립운동가 안중근에게 하얼빈에서 암살당했지요.

국제 표준에 맞게 뜯어 고쳤어요. 그리고 외교는 도덕의 세계가 아니라 실리를 찾아 나서는 보이지 않는 전쟁이었다는 것도 깨달았습니다. 이때 조상 대대로 내려오는 풍습과 관습도 가차 없이 버린 것들이 많습니다. 그만큼 개혁의 필요성을 실감했던 것이지요.

나아가 근대적 통일국가의 모델을 찾기 위한 각종 정보를 수집하여 이를 토대로 각 부문별 최상이라고 판단된 제도를 도입 모방하기로 결정합니다. 학제는 프랑스 교육을 모델로 1873년 새롭게 다졌으며, 해군은 영국을 모델로, 대학은 미국을, 그리고 형법은 프랑스를 모델로 체계를 다져 나갔어요. 특히 가장 많은 교훈을 얻었던 독일에서는 강병을 양성하는 독일식 육군훈련 방법을 모델화 했고 군주의 강력한 권한이 반영된 독일 헌법이 일본 입장에서는 천황의 권한을 헌법에 많이 반영할 수 있는 롤 모델로 벤치마킹하기에 적합했습니다. 그리고 철혈재상으로 막강한 실권을 행사했던 비스마르크(Otto Von Vismarck, 1815~1898)의 점잖은 충고에 정신을 바짝 차리기도 하였지요.

'국가와 국가 간에는 힘의 논리로 결정되는 것이 지난 역사를 통해 입증되었습니다.'
'강한 자가 승리하기 때문에 일본 역시 치열한 경쟁에 미리 대비해야 합니다.'

미국과의 조약개정에서 실패했던 경험이 있는 사절단에게는 깊은 감명과 충격적인 조언이었습니다. 국제법 역시 강대국의 이해관계가 일치할 때만 필요하지, 그렇지 않다고 판단되면 힘으로 밀어붙인다

일본 경제 고민없이 읽기

는 것은 오늘날도 마찬가지잖아요. 약육강식의 논리가 이후 일본을 지배하는 정치사상의 밑거름이 된 거지요.

이때 오오쿠보 토시미치(大久保利通, 1830~1878)를 비롯해 사절단들은 열강이 지배하는 국제정세에서 일본이 독립국가로 살아남기 위해서는 경제력과 군사력을 길러 반드시 식민지를 개척해야 한다는 절박감을 느끼면서 돌아왔습니다.

오오쿠보 토시미치

비록 서구열강들과의 조약개정 협상은 결렬되었지만 이들이 피부로 느낀 국제화의 격차는 돈으로 살 수 없는 귀중한 자산으로 환원되어 부국강병의 밑거름이 되었습니다. 그들은 자신들의 시야에 잡힌 서구열강의 우수한 각종 제도와 선진기술을 연구하는 데는 빈틈을 보이지 않았습니다. 사절단의 최종보고서는 2천 페이지의 다섯 권에 해당할 만큼 많은 양이 포함되어 있었으며, 이때 소요된 경비가 당시 메이지 정부 전체 예산의 약 2%를 차지할 정도였다고 하니, 초기투자치고는 리스크가 높았던 셈이지만 충분히 원금을 빼고도 남는 장사 아닌가요?

| 라스트 사무라이

한편 사민평등과 징병령으로 무사의 특권을 상실한 사족들은 자신들의 불만을 표출하고자 엉뚱하게도 정한론(征韓論)을 내세웠습니다. 그런데 정한론하면 떠오르는 인물이 있습니다. 바로 사이고 다카모리(西鄕隆盛, 1827~1877)입니

사이고 다카모리

다. 그는 1873년 조선사절단 파견을 둘러싼 집권부의 분열로 정계에서 밀려난 뒤 가고시마(鹿兒島)에 일종의 군사학교인 사학교를 세웠습니다. 그러나 구미에서 돌아온 이와쿠라 토모미나 이토 히로부미 등은 사이고의 주장에 동의하지 않았어요. 지금의 일본 국력으로 조선을 정복한다는 것은 위험하니 우선은 국내체제를 갖추어야 한다고 주장하였거든요.

타협점을 찾지 못한 사이고는 조선침략과 사족의 특권보호를 주장하며 세이난전쟁(西南戰争)을 일으켰지만 결국은 정부군에게 진압되고 49세라는 젊은 나이에 자결을 택합니다. 그러나 영화에서나 볼 수 있는 사무라이다운 죽음은 아니었으니 영화와 현실은 구분해야겠

영화 라스트 사무라이의 한 장면

일본 경제 고민없이 읽기

지요.

톰크루즈 주연의 '라스트 사무라이'(2004)가 이 시대 실화를 바탕
으로 만든 영화입니다. 시간 내서 한번 감상해 보시는 것도 나쁘진
않을 겁니다.

청일전쟁 러일전쟁과 일본의 산업혁명

섬나라 영국에서 시작된 산업혁명은 한마디로 소규모 수공업적 생산방식에서 대규모 공장제 생산방식으로 전환된 일종의 경제적 혁명이라고 할 수 있습니다. 그런데 일본도 영국과 비슷한 산업혁명기를 거쳤습니다. 비록 영국에 비해 1백여 년 뒤쳐졌다고는 하지만 두 차례에 걸친 산업혁명을 통해 아시아에서 최초로 근대 자본주의를 이룩한 국가로 기록됩니다. 두 차례라고 말씀드린 이유는 청일전쟁 직후인 1886년부터 1889년에 걸쳐 면방적업과 철도업, 그리고 광산업을 중심으로 나타난 제1차 산업혁명기와, 러일전쟁 직전인 1901년 생산수단이 국산화되고 야하타제철소(八幡製鐵所)가 철 생산을 시작한 제2차 산업혁명기로 구분하기 때문입니다.

한편 메이지유신을 이룩한 일본은 구미에 대한 굴종적인 태도와는 달리 아시아 여러 나라에 대해서는 강압적이고 침략적인 태도를 보였습니다. 당시 조선은 일본과 결탁하여 근대화를 추진하려는 개화파와 청에 의존하려는 반대세력이 대립하던 혼란의 시대였지요. 1884년 정권을 잡은 개화파 일부가 국내 개혁을 시도했지만 반대파가 청에 군대 파병을 요청하면서 결국 개혁은 실패로 끝나고 말았습니다. 그 후 지배계급의 부정과 악정, 무거운 세금에 시달렸던 조선 남부의 동학

신도들이 무기를 들고 봉기하면서 외세 배격을 주장하는 갑오경장(동학의 난)이 발발했고, 이를 진압하기 위해 조선정부가 청국에 출병을 요청하자 일본 정부가 청국에 선전포고를 하면서 청일전쟁이 시작되었습니다.

근대화에 앞서 있던 일본군은 육해군에서 모두 청국군보다 우세했습니다. 전쟁은 8개월 만에 일본의 승리로 끝났고, 1895년 4월 시모노세키조약(下關條約)[7]을 체결함으로써 일본은 청으로부터 조선의 독립을 확인함과 동시에 대만과 랴오둥반도를 양보 받았습니다. 동아시아의 새로운 질서가 재편된 역사적인 사건이지요.

일본은 청에게도 불평등한 통상조약을 맺으면서 당시 국가 세입의 약 세배 정도에 해당하는 2억 냥이라는 어마어마한 배상금을 획득하게 됩니다. 넉넉했던 배상금 덕분에 일본 정부는 군사공업과 중공업에 대한 투자를 확대할 수 있었고, 나아가 중국과 조선시장을 개척하면서 방적업과 직물업도 급속히 발전하는 계기를 마련하였습니다. 또한 제사업이 발달하면서 미국을 중심으로 수출이 활발해졌고 1900년경까지 경공업 부문으로 제1차 산업혁명을 완성하였습니다.

---

7 청일전쟁의 전후처리를 위해 일본의 시모노세키에서 청국의 이홍장(李鴻章)과 일본의 이토 히로부미(伊藤博文)가 체결한 조약의 내용은 다음과 같습니다. ① 청국은 조선국이 완전한 자주독립국임을 인정한다. ② 청국은 랴오둥반도(遼東半島)와 타이완 및 펑후섬(澎湖島) 등을 일본에 할양한다. ③ 청국은 일본에 배상금 2억 냥을 지불한다. ④ 청국의 사스(沙市) · 충칭(重慶) · 쑤저우(蘇州) · 항저우(杭州)의 개항과 일본 선박의 양쯔강(揚子江) 및 그 부속 하천의 자유통항 용인, 그리고 일본인의 거주 · 영업 · 무역의 자유를 승인할 것 등입니다. 이로써 일본은 한반도를 그 손에 넣고 대륙진출의 기반을 확고히 다지는 계기를 마련하였습니다.

일본 경제 고민없이 읽기

일본이 청일전쟁에서 승리하자 조선을 둘러싼 주변국들의 긴장감은 마치 찻잔 속의 태풍처럼 고조되기 시작했습니다. 그러나 러시아에게 랴오둥반도를 빼앗기고 국제사회에서 치욕과 고립감을 느낀 일본은 이때부터 강대국들과 대등한 입장에서 세계경영에 나서야겠다는 결심을 하게 됩니다. 그리고는 러시아에 복수하기 위해 절치부심(切齒腐心) 전쟁을 준비하며 영일동맹을 맺게 된 것이지요.

1904년 2월 8일, 일본은 선전포고도 하지 않은 채 만주 여순항에 있던 러시아함대를 기습 공격하면서 전쟁을 일으켰습니다. 조선과 만주에 대한 지배권을 둘러싸고 1년여에 걸친 전쟁에 돌입하였지만 영국과 미국이 일본을 지지하고 러시아의 국내혼란이 겹치면서 전황은 이제 막 제국주의 대열에 끼어 든 일본에 유리하게 돌아갔습니다.

전쟁이 시작되자 일본 측은 사상자 40여만 명에 20억 엔의 전비를 소모하였지만, 그 덕분인지 육군의 승리에 이어 바다에서도 러시아함대를 격파하면서 기세를 몰아갔습니다. 이후 미국 루즈벨트 대통령의 중재로 포츠머스강화조약[8]이 체결되면서 승전국 일본에게는 대한제국의 지도 · 감독권, 그리고 남만주 철도와 사할린 남부, 연해주와 캄차카의 어업권을 일본에게 양도하도록 하고, 러시아는 일본에게 전쟁에 대한 배상은 하지 않도록 하였습니다.

중요한 점은, 러일전쟁 후 일본의 중공업이 안정권에 정착하면서 제2차 산업혁명이 완성되었으며 일본 자본주의가 제국주의로 전환되는 계기를 마련하였다는 점입니다.

---

8 친일적인 성향이 있는 시어도어 루즈벨트 미국 대통령은 전쟁 종결을 성사시키면서 한국에서 일본의 우월권을 인정하는 등 일본이 한국을 식민지화 할 수 있도록 물꼬를 터준 장본이기도 합니다.

1904년 프랑스 신문은 세계인들이 지켜보고 있는 가운데 거인 러시아에 도전하는 일본을 빗대어 만화를 실었습니다. 당시에는 모두가 러시아의 승리를 점쳤습니다만 결과는 달랐지요. 일본에 패배한 중국인이 무대 뒤에서 지켜보는 것이 우습기만 합니다.

주변의 경쟁자를 몰아 낸 일본은 미국과 영국의 승인 하에 을사늑약을 체결하고 한국에 통감부를 두어 외교 · 내정 · 군사의 실권을 곶감 빼먹듯 약탈해 갔으며, 1908년에는 동양척식회사[9]를 설립하여 경제적 침략의 발판을 마련했습니다. 결국 1910년 통감이었던 이토 히로부미 암살사건을 계기로 일본은 한국을 병탄하고 조선총독부를 두어 식민지지배를 시작하였습니다.

이러한 점을 고려해 볼 때, 일본은 메이지유신을 기점으로 서양의 기술과 산업, 그리고 이를 뒷받침할 만한 근대국가 제도 등을 전면적으로 도입하였고 이를 바탕으로 국가가 산업 진흥을 위해 적극적인 정책을 펼쳐 나가면서 근대 자본주의를 정착시켰다고 볼 수 있습니다.

---

9 일본은 대륙침략과 조선의 식민지 농업경영을 위해 1908년 국책회사(国策会社)로 동양척식주식회사를 설립하고 이후 만주에도 진출했지만, 1945년 패전과 더불어 해체하였습니다.

2. 공업 발전의 기초를 마련하다

소비재 생산부문 메이지유신 초기의 일본 경제는 농업 중심의 산업구조였으나 서양제국을 따라잡기 위한 부국강병책을 전면에 내세우면서 상공업을 진행시켜 나갔습니다. 구미제국과 같은 근대 자본주의 국가가 되기 위해서는 대규모 기계공업을 육성할 필요가 있다고 신정부는 판단을 했구요, 따라서 관영공장을 설립할 목적으로 서구 선진국으로부터 기술과 기계도입에 막대한 금액을 투자하였습니다.

이렇게 시작된 일본의 공업 발전은 섬유공업을 선도산업으로 발전하였고, 그중에서도 제사업과 면방적 공업이 기업규모를 확대하면서 발전해 나갔지요. 일본은 미국과 수호통상조약(1858)을 맺을 당시에 관세자주권을 박탈당했기 때문에 기계제 면제품이 대량으로 수입되면서 면공업이 결정적인 타격을 받았습니다만, 이후 일본 정부가 면공업에 자금을 지원하고 외국기술을 도입하면서 서서히 발전하기 시작하였습니다.

이때 도입된 기술은 일본의 사회적 풍토에 맞도록 개량하면서 생산성을 높이고 비용도 절감할 수 있었습니다. 이를 개량공학 (improvement engineering)이라고 하는데, 일본이 경제적 근대화를 추진하기 위해 기초적인 기술은 대부분을 구미에서 도입하였지만, 일단 도입된 기술은 노동자들의 자질을 향상시키는 방향으로 조직적이고 섬세하게 개량하여 마침내 구미제국을 따라잡을 수 있었던 겁니다. 우선은 종주국의 기술을 철저히 복사하고 난 후 연구와 개량을 거듭하는 일본식 경제발전 방식을 택한 것이지요.

면방적공업은 1870년대 가고시마(鹿兒島)에 방적공장이 설립되면서 이후 전국에 걸쳐 소규모 방적공장이 우후죽순 들어섰습니다. 특히 오사카방적회사(大阪紡績会社, 1883년)의 엄청난 성공을 계기로 이후부터 근대적 방적공장 시대가 본격적으로 발전하는 계기를 마련하였습니다.

오사카방적회사가 성공했던 배경은 뭘까요? 우선 영국에서 방적기술을 배우고 돌아온 기술자가 존재했다는 점입니다. 둘째, 화족(華族) 등 유력 주주를 중심으로 여유 있는 자금을 조달할 수 있었구요. 셋째, 주야 연속 조업과 대규모 증기기관을 사용하면서 높은 자본회전율을 유지할 수 있었다는 점도 빼놓을 수 없겠지요. 그리고 중국으로부터 저렴한 면화를 수입해 왔기 때문에 원면비용을 절감했던 것도 중요한 배경 중 하나입니다(미와 료이치, 2004).

이후 주식회사 형태의 방적회사가 나타나기 시작하면서 생산력이 빠른 속도로 증가하였는데, 이로 인해 일본 자본주의 역사상 최초로 공황이 발생하였습니다. 이때 방적자본은 카르텔을 조직하여 조업단축을 실시하고 수출촉진정책을 추구하면서 공황을 극복해 나갔습니다. 대량생산 능력을 갖춘 면방적 공업은 이제 협소한 국내시장의 테두리를 벗어나 해외시장을 확보할 필요를 느꼈습니다. 청일전쟁에서 승리를 맞 본 일본이 한국과 중국시장을 확대해 나갔던 것도 이런 이유 때문이었지요. 1897년에는 수출액이 수입액의 2.6배에 달할 정도로 성장하였고 생산력도 증대되면서 국산면에만 의존하던 원면 공급은 중국산과 인도산으로 전환하였습니다.

제사업(製絲業)의 경우 해외수요가 증가하면서 수출산업의 주종목으로 발전해 나갔고, 생사생산량은 수출의 약 70%를 차지했던 미국시장 덕분에 크게 성장하였지요. 이에 따라 정부는 강력한 금융지원과 적극적인 수출진흥정책을 통해 제사업이 성장할 수 있도록 뒷받침해 주었습니다.

섬유공업과 함께 근대공업으로 발전한 또 다른 산업은 제지공업(製紙工業)과 제당공업(製糖工業)입니다. 제지공업은 1871년 기계를 수입하면서 급속히 발전해 나갔는데, 1886년 후지제지(富士製紙)와 요카이치제지(四日市製紙) 등과 같은 거대 제지회사가 설립된 이후에도 목재펄프를 원료로 종이를 만드는 오우지제지회사(王子製紙会社)가 시설을 확장하면서 대량생산체제를 갖추어 나갔습니다.

1895년에는 일본정제당(日本精製糖)과 일본정당(日本精糖)이, 그리고 1900년에는 일본 총독부 지원하에 대만에 타이완제당(台湾製糖)이 설립되는 등 19세기 후반의 일본 경제는 안정된 성장을 유지하면서 자본주의의 기틀을 마련해 나갔습니다.

| 생산재 생산부문　　소비재 생산부문이 조기에 정착한 것에 비하면 생산재 생산부문은 20세기에 진입한 후에야 발전하였습니다. 1887년 정부로부터 불하받은 가마이시제철소(釜石製鉄所)를 기초로 설립된 가마이시다나카제철소(釜石田中製鉄所)가 선철을 생산하였지만, 강(鋼) 생산의 경우 국영 군수공장이 전적으로 담당해도 전체 수입량의 67분의 1정도에 불과할 정도로 생산량이 워낙 적었던 시기입니다. 그러나 청일 · 러일전쟁을 경험하고 나서는 철도, 조선, 광산, 군수공업, 기계공업 등에서 철강 수요가 발생하면서 중공업 발전을 위한 기반을 마련하였습니다.

청일전쟁 승리 후 받은 배상금으로 후쿠오카현(福岡県) 야하타무라(八幡村)에 국영 야하타제철소(八幡製鉄所, 1901)를 설립하였는데, 이때를 전후로 제2차 산업혁명이 시작되면서 경제발전의 전환점을 만듭니다. 이곳에서 무기와 함정도 생산하였다고 하니, 전쟁해서 번 돈으로 다시 전쟁 준비를 위한 군수중공업을 설립했다는 것이 참 씁쓸하기까지 합니다.

야하타제철소는 군수산업을 중심으로 일본 철강업을 주도해 오다가 1934년 민간철강기업의 일부와 합동하여 반관반민(半官半民)의 일본제철주식회사로 바뀌었습니다. 제2차 세계대전 이후에는 미군정 하에서 과도경제력집중배제법(過度経済力集中排除法)[10]에 따라 야하타제철(八幡製鉄)과 후지제철(富士製鉄) 이렇게 2개사로 분할 해체되었지만, 1970년 신일본제철(新日本製鉄)이란 이름으로 다시 합병하였습

10　제2차 세계대전 후 재벌해체의 일환으로 경제력이 집중되는 것을 배제하기 위해 1947년에 제정된 법률이었지만 이법은 1955년에 폐지되었습니다.

니다. 그리고 다시 2012년 10월 1일, 구 스미토모금속공업(住友金屬工業)과 합병하면서 이제는 신니테츠스미킨(新日鉄住金, NSSMC)이라는 이름으로 새롭게 변경했습니다만, 2019년 4월부터는 일본제철주식회사로 사명을 다시 변경하여 사용하고 있습니다. 아무래도 '일본'이란 이름을 되살리고 싶은 이유가 강력했던가 봅니다.[11]

2018년 WSD(World Steel Dynamics)는 전 세계 35개 철강사 경쟁력 평가 순위를 발표했는데, NSSMC는 5위에 머물고 우리의 포스코가 자랑스럽게도 1위를 마크했습니다. 비록 철강 생산량 순위는 우리가 조금 뒤처지지만, 아마도 제가 나이가 들어 가는지 이런 뉴스 보면 몇 번이고 확인하고 또 확인하면서 기뻐하더라구요.[12]

야하타제철소를 계기로 제강업 분야에 민간 기업도 진출하기 시작하였는데, 예를 들어 가마이시제철소(釜石製鉄所), 스미토모주강장(住友鑄鋼場, 1901년), 고베제철소(神戸製鉄所, 1905), 가와사키조선소주강공장(川崎造船所鑄鋼工場, 1907년), 일본제철소(日本製鉄所, 1907년), 일본강관회사(日本鋼管会社, 1912년) 등의 민간 기업이 주로 군수용과 철

---

11 2018년 10월 30일, 한국 대법원은 일제강점기 야하타제철소에서 강제노동을 하고도 임금을 받지 못한 피해자들에게 위자료를 배상하라고 판결했습니다. 이에 대해 아베총리는 2019년 1월 6일 NHK '일요토론' 프로그램에서 징용노동자 문제는 1965년 한일청구권 협정으로 소멸되었다며 한국의 대법원 판결에 대해 국제사법재판소에 제소하겠다고 하였습니다. 역사는 참으로 아이러니하지요. 야하타제철소는 한일청구권의 일부로 설립한 포항제철에 기술을 제공한 기업이고 이후 포항제철이 급성장하면서 오히려 포항제철에게도 경쟁에서 밀리는 상황에 직면했던 기업입니다. 사명을 변경한 현재의 일본제철은 포스코의 지분 3%를 보유하고 있어서 한국의 대법원 판결로 인한 한일 간 외교문제는 복잡하게 흘러가고 있습니다.

12 공급과잉이 여전한 세계 철강시장에서 한국의 철강 생산량은 2018년 기준 세계 5위입니다. 중국이 전 세계 물량의 절반이 넘는 9억 2,880만 톤을 생산해 1위를 차지했고 인도, 일본, 미국이 그 뒤를 이었습니다(세계철강협회 자료).

도용 강 제품을 생산해 냈습니다. 그 중에서 국영 야하타제철소는 국내 선철생산의 70%, 강철생산의 90%를 차지하는 등, 정부주도하에 국가자본으로 철강공업 발전을 이끌었습니다.

메이지 초기에는 국가자본으로 세운 국영 군수공장이 경제발전을 주도해 나갔지만, 1887년을 전후한 시기부터는 민간 자본 주도하에 기계제작공장이 발전하기 시작하였습니다. 최초의 민영기업이었던 다나카기계공장(田中機械工場, 1875년)은 1893년 시바우라제작소(芝浦製作所)로 회사명을 바꾸어 전기전문제조업으로 기초를 다졌구요, 효고(兵庫), 나가사키(長崎) 양 조선소도 1887년에 민영화되었습니다.

■ 도쿄 마루노우치(丸の內)에 있는 일본제철(日本製鉄) 본사건물

한편 이케가이철강소(池貝鉄鋼所, 1889년)는 1905년 일본 역사상 최초로 선반을 만들었는데, 이를 계기로 기계를 전문으로 제작하는 히타치제작소(日立製作所)가 설립되었습니다. 러일전쟁 이후 본격적으로 발전하기 시작한 기계공업은 1910년경에 이르러 수입량과 비슷한 정도의 국내생산이 가능해졌습니다. 그러나 국영군수공장에 비하면 아직은 조족지혈(鳥足之血)에 불과한 단계였고, 이 부문에서도 역시 국가자본이 발전을 주도하였지요.

조선공업은 해운업의 발전 덕분에 동반성장을 하게 된 산업입니다. 메이지 초기에는 국영군수공장이 우위를 보였지만 러일전쟁 후에는 민영공장이 성장세를 보였습니다. 해운업은 정부의 산업보호육성정책 덕분에 발전하기 시작하였고, 청일 · 러일전쟁 기간 동안에 군수수요가 발생하면서 비약적인 발전을 보였습니다.

해운업의 발전을 주도한 것은 일본우선(日本郵船), 동양기선(東洋汽船), 오사카상선(大阪商船) 등입니다. 특히 일본우선은 일본 최초의 원양항로인 봄베이 항로를 개설(1893)하였으며 이후 유럽과 북미항로, 그리고 호주항로도 개척하였습니다. 동양기선은 샌프란시스코항로(1898)와 남미 서안항로(1905)를 열었고, 오사카상선도 북미 타코마선(1909)에 진출하는 등 일본 해운업은 1910년을 전후로 급성장하였습니다. 이후 선박이 대형화되면서 미츠비시(三菱), 가와사키 조선소(川崎造船所) 등에서는 1만 톤 급의 기선건조도 가능해졌습니다.

여기서 끝이 아닙니다. 제1차 세계대전이 발생하자 또 다시 세계적인 선박 수요가 증가하면서 비약적인 발전기를 맞이하였어요. 이들 민간 대기업은 상선(商船)만이 아니라 1922년에는 항모를 만들었고 태평양 전쟁 중에도 군의 발주로 15척의 함선을 건조할 만큼 일본의 조선기술은 세계적인 수준에 이르게 됩니다.

광업의 경우 국영기업이 미츠이(三井), 미츠비시(三菱), 히사하라(久原), 후지타(藤田) 등 민간 기업에 불하(拂下)되면서 민간 대자본 주도하에 석탄, 동, 그리고 철강석 생산량이 증가하기 시작하였지요.

이상에서 본 바와 같이, 일본 공업은 1880년대 중엽부터 1910년 전후에 걸쳐 근대적 발전과 함께 기초를 다지면서 산업혁명을 완성해 나갔습니다. 이 기간 중 제1차 산업이 차지하는 비중은 65%에서

42%로 줄어들었고 제2차 산업은 11%에서 22%로, 그리고 제3차 산업은 25%에서 36%로 각각 증가하였습니다. 제2차 산업 비중이 두 배나 증가했다는 의미는 그동안의 공업화 과정을 통해 일본이 이제는 근대적 발전의 기반을 확립하고 산업혁명을 완성하는데 제조업이 그만큼 중요한 몫을 담당했다는 의미로 해석할 수 있겠지요.

| 교통통신 철도는 당시 일본의 부국강병을 위한 통치수단으로 건설되기 시작하면서 근대화의 견인차 역할을 담당한 산업입니다. 현재 우리나라도 문재인 정부의 통일정책 사업으로 남북철도연결을 구축하겠다는 계획과 관련하여 말들이 많은데, 우리가 북한에 일방적으로 퍼주거나 돕는다는 측면보다는 북한의 자원을 확보한다는 측면에서 대한민국의 경제성장을 위한 인프라 건설사업의 밑바탕을 준비한다고 봐야 하지 않을까 합니다.

잠시 곁다리로 빠졌습니다만, 일본 최초의 철도는 1872년 10월, 영국으로부터 자본과 기술을 도입하여 개통한 도쿄의 신바시(新橋) 요코하마(橫浜) 간 17마일 철도였습니다. 뒤이어 오사카(大阪) - 고베(神戶), 오사카(大阪) - 교토(京都), 그리고 도쿄(東京) - 고베(神戶) 간 철도가 개통되었구요.

정부는 처음부터 국영철도를 원칙으로 하였지만, 철도수요가 급증하면서 재정압박을 받게 되자 이를 해결하기 위해 외국 자본을 도입했습니다. 이에 따라 1881년 최초의 민간철도회사가 설립되면서 도쿄(東京) - 아오모리(靑森) 간 철도를 개통(1891)하였습니다.

그런데 민간철도가 활발한 진전을 보인 이유가 있습니다. 몇 가지

예를 들면 민간철도회사가 토지를 매수할 때에는 용지 면세를 비롯하여 연 8%의 이익보증, 금리보조 등의 특권을 후하게 제공하였거든요. 기업이란 생리상 이익이 없으면 절대 참여하지 않잖아요. 그래서 그런지 1889년에 이르러는 민간철도의 연장거리가 이미 국유철도의 약 3배 규모까지 증가하였습니다. 그런데 러일전쟁이 발발하면서 군사적, 경제적 측면에서 철도가 얼마나 중요한 역할을 담당하고 있는지를 깨달으면서 철도 국유화론이 새롭게 대두되었습니다.

결국 1906년 3월, 철도국유법이 통과되면서 일본 정부는 국내 17개 사철회사를 매수하여 국유화하는 한편, 한반도의 부설권을 획득하면서 경부철도도 매수해 버렸습니다. 1911년에는 압록강 철교를 만들어 조선철도를 만주철도와 연결하고는 저렴한 운임으로 화물운송이 가능한 특약운임을 적용해 조선의 많은 물자를 일본으로 반출하였습니다.

저는 2012년 여름 중국 선양(瀋陽)의 랴오닝대학(辽宁大学)에서 개최한 국제학술대회에 참가한 후 압록강 철교를 방문하면서 박지원의 열하일기를 추억하며 상념(想念)에 잠긴 적이 있습니다. 일본이 군수물자를 수송하기 위한 목적으로 1908년부터 3년여에 걸쳐 연인원 5만 명을 동원하여 북한의 신의주와 중국 단동시 간

한국전쟁으로 끊어진 압록강 철교

에 준공한 다리였다는 점에서 보면 가슴 아픈 역사의 흔적입니다. 지금은 중국측에 연결된 절반의 다리만 남아 있어서 한국전쟁의 흔적으로 관광지화 되어 있을 뿐이지만, 20세기 초에 이렇게 튼튼한 다리를 만든 일본의 기술력에 새삼 놀랐습니다.

일본 기관차의 국산화는 1912년에 이루어졌습니다. 1919년에는 지방철도법이 공포되어 정부가 지방철도에 투자하는 근거를 마련하였고, 1922년에는 철도부설법이 개정되면서 정부가 지방철도에 직접 투자하기도 하였습니다. 그 결과 수요예측을 정확히 하지 못한 철도가 건설되는 등 정치인과 철도관료들 간의 꼴사나운 진흙탕 싸움이 벌어지기도 하였지만, 한편으로 보면 전국으로 철도망이 확대되는 계기가 마련된 셈이기도 합니다.

제1차 세계대전 중에는 군부의 요청으로 열차가 운행되었고 도심 한복판에서는 노면전차를 볼 수 있었습니다. 1923년 관동대지진[13]은 철도사업에 제동이 걸린 엄청난 사건이자 피해를 입은 재난이었습니다. 기차나 전차가 지진으로 운행이 불가능해지고 교통이 완전히 마비된 상태에서 복구공사는 커녕 긴급환자 운송도 불가능한 최악의 교통대란이 일어났기 때문이지요. 이때를 계기로 자동차라는 운송수단이 새롭게 부각되기 시작하였지요. 그래서 일본 정부는 미국에서 포드의 T형 자동차를 대량으로 수입하여 엔타로(円太郎) 버스를 만들어 동경 시내에서 운행하도록 하였습니다. 이것이 일본 시내버스 역사의 모

---

13 1923년 9월 1일 오전 11시 58분에 발생한 진도 7.9의 대지진으로 사망자 9만 9천 명, 행방불명자 4만 3천 명, 부상자 10만 명, 피해세대 69만 가구에 이르는 피해를 입었습니다.

태입니다.

1927년에는 도쿄의 아사쿠사(淺草) - 우에노(上野)간 지하철이 개통되었구요, 1937년 '자동차제조사업법'이 시행되면서 본격적인 자동차 생산이 가동되었습니

JR교통박물관에 소장된 엔타로 버스

다. 이러한 역사적 배경을 바탕으로 일본은 오늘날 세계 최고의 철도왕국, 자동차 제조왕국으로 발돋움하게 된 것이지요.

3. 은행제도와 주식회사

| 근대적
은행제도의 출발 | 산업혁명을 완성하기 위해서는 무엇보다 대중 자금을 동원하고 이를 공급할 수 있는 제도가

뒷받침되어야 합니다. 이러한 필요에 따라 도입된 것이 바로 은행제도와 주식회사제도인데요. 국립은행을 통해서 은행제도가 도입되고 재벌계 은행을 통해 근대적인 도시은행들이 발전하기 시작했습니다. 당시 은행과 유사한 업무를 해 왔던 업체들은 은행조례에 따라 설립허가를 받아야 했는데, 신청만 하면 설립허가를 받다보니 1800여 은행이 설립(1901) 될 정도로 포화상태에 이르렀습니다.

그런데 수적으로는 급증하였지만 대부분 소규모 약소은행이었기 때문에 대량자본을 공급하기에는 아직 부족한 상태였지요. 이때 은행합병법을 통해 은행 간 합병을 유도하면서 약소은행은 도태되고 은행 수는 급격히 감소하였지만 미츠이(三井), 미츠비시(三菱), 야스다(安田), 스미토모(住友), 다이이치(第一) 등은 오히려 두각을 나타내면서 5대 재벌계 은행으로 성장하는 계기를 마련하였습니다. 이들 은행은 산업지배력을 강화해 나가면서 그 지위가 크게 향상되었으며 은행자본의 질적 발전을 가져왔습니다. 이 중 미츠이은행은 1876년 7월에 영업을 시작한 최초의 사립은행이기도 합니다.

한편, 보통은행은 일반예금을 통해 자금력을 확충하면서 단기 운영자금을 공급할 뿐만 아니라 장기 산업자금까지 공급하는 역할을 감당했습니다. 메이지 정부는 본래 보통은행이 단기산업금융을, 특수은행이 장기산업금융을 지원하도록 은행기능의 분업주의를 지향했지만, 이 당시는 아직 신용으로 거래하던 사회가 아니었기 때문에 보통은행이 장기 산업금융까지 지원해야 했지요. 다시 말하자면, 보통은행이 단기자금을 공급하는 상업은행의 기능과 장기금융을 지원하는 투자은행의 기능을 같이 수행하는 겸업은행의 성격을 갖고 성장해 나갔다는 겁니다.

그러나 보통은행이 급속한 공업화에 필요한 모든 자금을 충족시키기에는 능력의 한계를 보였습니다. 이러한 분위기에서 투자은행을 설립해야 한다는 목소리가 점점 커지면서 1897년 일본권업은행(日本勸業銀行)이 반관반민(半官半民)의 특수은행으로 설립되어 장기자금을 공급하는 역할을 감당했습니다. 당초에는 공업대출이 대부분이었지만 나중에는 지주 및 부농층에 대한 농업대출에도 관여하면서 농촌사업과 농업개량에 기여한 측면이 있습니다.

일본권업은행은 이후 1950년 보통은행으로 재발족하였고 1971년에는 제일은행과의 합병을 통해 제일권업은행(第一勸業銀行)으로 바뀌었다가, 지금은 일본의 3대 메가뱅크 중 하나인 미즈호은행(みずほ銀行)의 전신으로 남아 있습니다. 3대 메가뱅크에 대해서는 6장의 2

■■■■ 구 홋카이도척식은행 삿포로본점

절에서 자세히 다루도록 하겠습니다.

앞서 언급한 일본권업은행 외에도 홋카이도척식은행(北海道拓殖銀行)[14]이 부동산을 담보로 장기대출이 가능한 특수은행으로 설립되었고, 동산(유가증권)을 담보로 하는 일본흥업은행(日本興業銀行)[15]도 이 당시에 설립된 특수은행입니다.

---

14 제2차 세계대전 때까지만 특수은행으로 존재하였다가 1998년 파산할 때까지는 도시은행으로 존재했습니다.
15 메이지유신 이후 중공업 발전을 위해, 그리고 제2차 세계대전 이후에는 경제부흥을 위한 특수은행으로 존재했습니다만, 제일권업은행과 마찬가지로 현재는 미즈호은행에 흡수되었습니다.

일본 경제 고민없이 읽기

주식회사의 발달 근대 일본 경제를 주도한 것은 주식회사 형태의 기업입니다. 자본축적의 기반이 약한 상태에서 주식회사를 설립하고 선진기술을 도입하기 위해서는 대규모 대중자본이 필요했습니다. 이에 정부는 주식회사제도에 관한 지식을 일반에게 알리고 사족과 상인, 그리고 지주로부터 자금을 동원한 후 이를 산업자본화하려고 노력하였습니다.

일본의 근대적 기업은 제1차 산업혁명이 시작된 1880년대 중엽 이후 정부가 일찍부터 광산, 제철, 조선, 기계 등의 산업분야에서 국영기업을 설립하고, 철도, 은행, 방적 등의 새로운 산업분야에서도 근대적 기업을 설립하면서 발전해 나갔습니다. 이들 근대적 기업이 일본 산업 발전과정에 미친 전략적 역할에 대해서는 높이 평가하고 싶습니다만, 국영기업이다 보니 경영면에서는 적자상태였고 군수공장은 채산을 무시한 채 경영되었던 것이 사실입니다.

1880년대 후반부터는 광산, 탄광, 방적, 조선, 시멘트 등의 산업부문에서 본격적으로 국영기업을 민간에 불하(拂下)하면서 근대적 기업이라고 부를 만한 공장들이 성장하기 시작하였고, 자본가 계급도 이때 형성되었습니다. 이를 계기로 미츠이(三井), 미츠비시(三菱) 등 재벌계 기업들이 산업적 기반을 확보한 후 사업 다각화를 추진하면서 종합재벌로 발전하였지요.

특히 청일전쟁 후 받은 엄청난 전쟁배상금과 러일전쟁까지 이어지는 군사비 팽창에 자극을 받은 민간 기업들이 넝쿨째 굴러 들어온 호황을 경험하였습니다. 이후 일본은 조선과 중국에 대한 지배영역을 확대하고 1911년 미국에게 빼앗겼던 관세 자주권을 회복하면서 다수의 기업이 성장할 수 있는 좋은 여건을 만들어 나갔습니다.

4. 자본주의 발전과 정부의 역할

| 정부의
기업가적 역할　　일본의 자본주의 발전과정에서 정부의 역할은 큰 비중을 차지했습니다. 근대적인 경제제도의 기초가 정비되었다고 해서 곧바로 근대산업이 발전하고 자본주의가 자생적으로 발전할 수는 없는 겁니다. 그래서 메이지 정부는 아직 자본주의가 정착되지 않았던 초기 상황에서 기업가 활동이 어렵겠다는 것을 인지하고 처음부터 정부가 직접 기업가적 역할을 수행하면서 각종 금융지원과 행정지도를 통해 기업 활동을 유도하였습니다. 정부는 부국강병이라는 국가목표를 추구하기 위해 민간 기업을 지원하고, 기업은 정부의 지원을 바탕으로 성장할 수 있는 계기를 마련한 것이지요.

대표적으로 정부는 식산흥업정책(殖産興業政策)을 추진하면서 직접 기업가로서의 역할을 수행하였습니다. 식산흥업정책이란 이런 겁니다. 1873년 오쿠보 도시미치(大久保利通, 1830~1878)란 인물이 내무성을 설치하면서 군사 · 광산 · 철도 · 통신 등과 관련된 분야를 관영화하고, 민간 기업에게는 수입기계를 불하(拂下)하거나 조성금을 교부하는 등 육성정책을 내놓으면서 산업을 부흥시키겠다는 정책을 추진한 것이지요.

이러한 정책 덕분에 일본 기업의 기술수준이 전반적으로 향상되었고, 1880년대 이후에는 군사 · 철도 · 통신을 제외하고는 관영산업을 민간에 불하하여 산업자본을 육성하는데 기여하였습니다. 정부는 여기에서 한 발자국 더 나아가 적극적으로 민간 기업을 육성하기 위한 권업자금(勸業資金)을 지원하기도 하였습니다.

일본 정부는 군수공장과 제철, 철도, 통신 분야의 기업을 직접 경영하면서 산업발전을 주도해 나갔는데, 앞서 말씀드렸던 것처럼 국영 야하타제철소(八幡製鐵所)를 설립(1901)하여 철강부문에서 압도적 지위를 점했던 것이 가장 모범적인 사례라고 볼 수 있습니다. 또한 1908년에는 민간자본 주도로 건설된 철도의 약 90% 정도를 국유화하면서 정부가 직접 관리하기도 하였습니다.

그런 가운데 정부와 기업은 밀접한 인적관계를 맺고, 양자의 상호의존적이며 협조적인 관계는 메이지 초기부터 궁극적으로 일본주식회사(Japan, Inc.)의 형태를 보이면서 경제발전을 주도해 나갔습니다. 일본주식회사에 대해서 Patrick & Rosovsky(1976)는 다음과 같이 정의하였지요.

"의도적이고 강력하고 효과적으로 국익을 추구할, 그리고 동질적이고 통합되고 획일적인 힘을 만들어내기 위해 중앙정부가 대단히 협력적인 거대 기업부문에 대해 지도력을 발휘하는 힘이다."

이렇듯 정부와 산업계가 찰떡같은 호흡으로 동맹관계를 형성하면서 세계시장을 향해 뻗어나가는 것을 보고 Kaplan(1972)은 일본 정부와 기업 간의 상호작용을 이렇게 표현하였습니다.

"다른 나라의 경우와는 달리 일본 정부는 기업과의 관계에서 특수한 형식과 범위가 있습니다. 즉, 일본주식회사는 경제생활의 실체라고 할 수 있지요."

어찌 보면 사회주의 국가에서나 있을 법한 이러한 관계는, 시대적으로 양상은 다를지 몰라도 1990년대 버블경제 이전에 이르기까지 지속되었어요.

| 산업보호 · 육성자로서의 역할

1911년 미국으로부터 관세자주권을 회복하기 전까지는 일본의 국내 산업을 보호한다는 것이 어려웠을 겁니다. 그럼에도 불구하고 일본 정부는 메이지 초기부터 국가 차원에서 각종 정책수단을 지원하면서 공업과 무역, 해운업 등을 육성하였지요.

당시 일본의 외국무역 및 해운업은 외국상인들이 지배하고 있었던 때여서 그에 대항하여 일본 정부가 적극적으로 해운회사를 설립하여 운영하였거든요. 그런데 민간해운회사인 미츠비시(三菱)와의 경쟁에서 참패하자 정부는 깨끗이 패배를 인정하고 오히려 미츠비시에게 군사수송에 대한 독점권을 부여해 육성정책을 취했습니다. 더 나아가 정부 소유 선박을 불하하고 보조금을 지급하면서 적극적으로 보호해 주었죠. 특히 1896년 항해장려법과 조선장려법, 1910년 원양항해보조법 등을 제정하여 해운·조선부문에서 한 단계 도약할 수 있는 발판을 마련해 주었습니다.

정부의 지원은 여기서 멈추지 않았습니다. 공업부문에서는 방적기계를 도입한 후 장기할부로 민간에 불하하여 방적산업을 육성하였고, 농업시험장을 설립하여 농업생산성을 향상시켰으며, 농지정리법을 제정하고 토지개량사업 및 농업협동조합을 제도화해 나갔어요. 이 모든 정책들은 1900년 이전에 완성된 것입니다.

메이지 정부는 기업에게 보조금과 장려금을 지급하기 위해 보호대상 기업을 선정하는데 일정한 기준을 정했습니다. 즉 메이지 전기에는 정부와 결탁관계를 맺고 있던 특권 정상(政商)에게 특혜적으로 정부보조금이 지급된데 비해서, 메이지 후기부터는 일정한 능력을 갖추기만 하면 무차별적으로 지급하였습니다. 전자의 경우에 해당하는 기업은 미츠비시(三菱)와 미츠이(三井) 이구요, 후자의 경우는 1896년 이후의 해운·조선 부문과 관련된 기업에 대한 보조금 지급 등이 두드러진 예입니다.

한편 메이지 정부는 기업에 대한 규제·통제자로서의 기능도 발휘하였습니다. 정부는 기업이 공익증대와 산업질서를 유지할 수 있도록 각종 법과 제도 및 인허가를 포함한 행정지도를 통해서 기업행동을 규제해 나갔습니다. 정부에 의한 기업통제는 메이지시대의 철도, 전기 등 공익사업에서 일방적으로 감독권이나 인허가권을 행사하는 방식으로 이루어졌지만, 쇼와(昭和)시대에 들어와서는 공익사업이든 아니든 산업계를 대표하는 심의회·위원회의 의결을 거쳐 이루어졌습니다.

아마쿠다리 문화가 일본을 망치고 있다는 삽화

| 신진대사
공급자로서의 역할

정부의 고급관료들 중 일부는 기업으로 진출하면서 정부와 기업 간의 관계를 통해 자연스럽게 상호 이권을 획득하기도 하였는데, 이를 낙하산 인사, 일본어로는 아마쿠다리(天下り)라고 합니다. 하늘에서 내려올 정도의 힘이 있다는 거겠지요. 정부의 입장에서 보면 기업과의 인사소통이 원활해지는 효과가 있고 또 관료의 신진대사를 촉진하는 수단으로도 활용할 수 있다는 편리함이 있다 보니 고급관료들이 퇴직 후에 기업으로 이동하는 일이 잦아졌습니다.

게다가 과거와 달리 기업의 사회적 지위가 높아지면서 관료가 되길 선망했던 제국대학(帝国大学)¹⁶ 출신들이 기업으로 진출하기 시작하였습니다. 제국대학 출신의 관료와 기업가들이 증가하면서 양자가 동창관계로 엮여져 협력관계로 발전하는 거지요. 이들이 정부와 기업의 중추적인 지위를 이용하면 불가능한 일도 가능해지는 기적이 일어날 수 있겠지요. 마치 JTBC 개국 이래 최고 시청률을 돌파했던 드라마 'SKY 캐슬'(2019)과도 같은 견고한 성벽처럼 말입니다.

일본주식회사는 이들의 결속을 기반으로 성립하였다고 해도 무리한 해석은 아닐 겁니다. 그러나 오늘날 이를 바라보는 해석은 과거와 다르겠지요. 절대 권력은 절대 부패하게 마련이니까요.

---

16 1886년에 공포된 제국대학령에 따라 설립된 대학으로 일본 국내에 7개(東京, 京都, 東北, 九州, 北海道, 大阪, 名古屋), 그리고 당시 식민지였던 조선의 경성제국대학(현 서울대학)과 대만의 타이페이제국대학(현 국립타이완대학) 등 총 9개교가 설립되었습니다.

5. 초기 기업가의 유형과 경영이념

지도자형 기업가　메이지유신을 통해 사회가 변했다고는 하지만, 그렇다고 해서 상공업 활동에 종사한다는 것이 사회적으로 높이 평가받던 시대는 아니었습니다. 일본은 전통적으로 공적이익(公的利益)을 위해 활동하는 사람은 높은 평가를 받았지만, 사적이익(私的利益)만을 위하는 상인들은 천시했던 문화가 남아 있어서 일본의 엘리트들은 기업 활동에 종사하는 것보다는 정부 관료가 되기를 선호하였습니다. 왜냐하면 에도시대(1605~1868)의 사무라이들은 수공업과 상업에 종사하는 사람들, 즉 쇼쿠닌(職人)과 쵸우닌(町人)을 농민들보다 비천한 신분이라는 의미의 천상(賤商)이라고 깔보았거든요. 아직은 사농공상의 중세적 신분질서가 엄격했던 시대여서 상인들은 관료들에게 늘 비굴할 수밖에 없었겠지요. 그래서 에도시대에는 일본에서 자본주의 정신이 발현되기 어려웠다고 합니다.

　　이러한 사회적 분위기가 지속된다면 결국 신정부가 추구하는 부국강병을 이루는데 걸림돌이 될 것이라는 판단하에, 정부는 근대적 산업기반을 일으키는 기업가들이 천상(賤商)이 아니라 국가발전에 공헌하는 실업가(実業家)임을 강조하면서, 이들이 긍지와 사명감을 갖고 실업계에 진출하도록 적극적으로 유도하였던 겁니다. 기업가 프렌들리정책(Entrepreneur-friendly policy)이라고 해도 되지 않을까 싶습니다. 그래서 정부는 기업가가 된다는 것이 국가발전을 위해 얼마나 중요한 역할인지를 강조하고, 기업가가 공업화의 실제 주역이라고 내세웠습니다. 이러한 배경에서 탄생한 기업가들은 그들의 발생배경 및 행동패턴을 기준으로 지도자형, 정상형, 기술자형, 지방형 등의 네 가지 유형으로 구분하기도 합니다(김종현, 1991).

이중에서 지도자형 기업가를 대표하는 두 명의 인물, 즉 관료에서 기업가로 신분이 바뀌면서 일본 근대기업 발전에 주도적 역할을 담당했던 시부사와 에이이치(渋沢栄一, 1840~1931)와 고다이 토모아츠(五代友厚, 1835~1885)를 소개하겠습니다. 이 두 사람은 흔히 '동(東)의 시부사와 서(西)의 고다이'로 불리울 정도로 관동지방과 관서지방의 기업 발전에 큰 역할을 담당한 지도자입니다(三戸公, 1991).

두 사람은 모두 무사출신으로 일찍이 메이지유신 이전에 유럽에 건너가 서구의 문물제도를 공부한 후 메이지 정부의 관료가 된 공통점이 있지요. 이들은 기업이 궁극적으로 국가의 이익을 위해 활동해야 한다고 강조하면서 국익지향적 경영이념을 보급하는데 주력하였습니다.

그렇다면 먼저 시부사와에 대해 알아보도록 합시다. 그는 호농(豪農) 출신으로 도쿠가와막부(徳川幕府) 말기에 바쿠신(幕臣 : 막부의 신하)으로 기용되어 영국, 프랑스 등 유럽을 외유하면서 서구 선진 자본주

시부사와 에이이치

의 국가의 산업제도가 얼마나 우수한지 몸소 체험하고 돌아와 일본의 조세, 화폐, 은행, 회계제도 등을 개혁한 인물입니다.

1867년 27세의 젊은 나이로 요코하마(橫浜) 항구를 출발해 프랑스 파리 만국박람회에 참가한 적이 있는데, 이때 바라본 서양의 기술과 문명은 아시아 변방국에서만 살다 온 그에게는 가히 충격적이었습니다. 상인과 수공업자를 은근히 천시하는 일본의 분위기와는 판이하게 달랐던 것을 깨달았거든요.

그는 프랑스에서 근대회계법과 금융, 그리고 주식회사의 구조를 배웠고 그 후 스위스, 네덜란드, 벨기에, 이탈리아, 영국 등을 방문하며 서양의 근대 자본주의 발달을 직접 체험했을 뿐만 아니라 합리적인 경제기구와 상공업을 존중하는 문화 등을 익혀 돌아왔습니다.

2년여간 서양문물을 공부하고 1868년에 귀국한 그는 대장성(大藏省)의 총무국장 관료로 3년 반 정도 근무하다가 1873년에 퇴관하여 실업계에 투신하였습니다. 관료시절에는 지폐제도 도입과 철도 부설 등 근대 경제건설의 핵심 정책을 입안하기도 했지요. 1902년 60세가 넘은 나이에 미국과의 외교관계에도 깊은 관심을 가지면서 당시 미국 대통령이었던 시어도어 루스벨트(Theodore Roosevelt)와 록펠러(Rockefeller)도 만났는데, 이때의 감정을 이렇게 표현하더군요.

'미국 땅에 발을 들여 놓았을 때 그 모든 것이 기뻤습니다. 마치 오랫동안 가보지 못했던 고향에 돌아온 느낌이지요.'

말이 너무 길어졌습니다만, 어떤 형태로든 그가 기업을 설립하거나 관여하면서 일본의 근대적 기업의 발전을 주도한 사업체는 거의 전 산업을 망라하여 500여 개에 이릅니다. 일본 최초의 은행인 제일은행(第一銀行, 현 미즈호은행)을 비롯하여 증권거래소, 오우지제지(王子製紙), 도쿄해상화재(東京海上火災), 오사카방적(大阪紡績), 일본적십자 등이 대표적입니다. 그는 근대적 주식회사 조직의 이점을 강조하여 이를 보급하는데 노력하였고 국가주의적 경영이념을 고취시켜 기업가의 사회적 지위를 높이는 데도 공헌하였습니다. 그러면서도 자신은 재벌기업 하나 조성하지 않았는데요. 일본에서 그를 '일본 기업의 아버지', '일본 자본주의 최고의 지도자'로 칭송하는 이유가 여기에 있습니다.

그는 실업가를 '산업을 확립하기 위하여 성실성을 갖고 일하는 사람'이라고 정의하면서 실업가가 사적 이익만을 추구하는 구시대의 상인과는 근본적으로 다르다는 것을 강조하였습니다. 뿐만 아니라 천상의식(賤商意識)을 타파하고 근대 기업가 활동이 제대로 평가받을 수 있는 윤리적 근거를 찾기 위해 논어(論語)에서 말하는 부귀(富貴)와 도의(道義)와의 관계에도 주목하였습니다. 한손엔 주판을, 한손엔 논어를 들어야 한다고 말이죠. 이렇게 해서 얻어진 부귀는 비천한 것이 아니라 오히려 가치 있는 것이라는 뜻으로 해석해야 한다고 주장한 겁니다. 따라서 실업가가 도의에 합치되는 사리추구를 통하여 공익에 봉사한다면 관료 못지않게 국가사회에 공헌하는 것이라고 믿었던 겁니다.

> '한 개인이 아무리 부자가 되어도 사회 전체가 가난하다면 그 개인의 부
> 는 보장받지 못합니다. 사업가는 개인의 이익을 취하기에 앞서 사회의
> 이익을 먼저 생각해야 합니다.'

이것이 바로 그 유명한 '도덕경제합일설'입니다. 상업은 공익을 동
반해야 하며 개인의 영리활동은 공익과 국가의 부를 전제로 한다고
했습니다. 기업 활동은 다름 아닌 '국사'(国事) 그 자체라는, 즉 기업가
가 이익을 추구하는 것이 결과적으로 국가와 공공의 이익으로 연결
된다는 것이지요.

그래서 그의 사상은 새로운 시대에 대응한 도덕적 윤리와 경제관
념을 교묘하게 접목했다는 점에서 높이 평가받습니다. 국익을 우선
하고 도리에 합치되는 기업경영, 즉 유교윤리에 기초한 국가주의 경
영이념을 확립하고 기업가의 사회적 위신향상에 기여한 그의 영향력
은 당대의 기업가들에게 큰 용기를 주었습니다. 그래서 많은 기업가
들이 그를 선구자적 사업가로 존경하고 있는 겁니다.

어떻게 생각하십니까? 기업의 사회적 책임(CSR: Corporate Social
Responsibility)을 넘어 기업의 공유가치창출(CSV, Creating Shared Value)
을 강조하는 오늘날의 경영이념이 150여 년 전에 일본에서 강조되었
다는 점만으로도 일본사람들이 시부사와를 존경할 만한 충분한 이유
가 되지 않겠습니까?

2006년 중국 호북성에 있는 화중사범대학(華中師範大学)에서는,
서양의 경영학에 피터 드러커(Peter Ferdinand Drucker, 1909~2005)가 있

다면 동양의 경영학에는 시부사와가 있다고 평가를 하면서 '시부사와 에이이치 연구센터'를 세웠다고 합니다.[17] 그가 일본 경제에 끼친 영향은 참으로 지대하여 2019년 5월 1일 나루히토(德仁) 새 일왕의 즉위와 더불어 지폐 인물을 모두 바꾸기로 하면서 시부사와는 1만 엔짜리 최고가 지폐의 인물이라는 영광을 차지하였습니다. 2018년 12월 21세기북스에서 『일본의 설계자 시부사와 에이이치』라는 책을 발간했으니 한번 읽어 보시기 바랍니다.

두 번째 인물인 고다이 토모아츠는 짧게 소개할께요. 그는 메이지유신에 참여한 후 메이지 정부에서 고관을 지낸 경험이 있는 학자였으나, 메이지유신 직후인 1869년 실업(実業)에 전념하기 위해 고향인 오사카(大阪)로 돌아와 스스로 광산업을 경영하기도 하였습니다. 또한 오사카주식거래소(大阪株式取引所), 오사카상법회의소(大阪商法会議所: 大阪商工会議所의 전신) 등을 설립하면서 재계의 지도적 인물로 활동했습니다. 어떤 학자들은 그를 메이지시대에 활약했던 실업가들의 정신적 지침이었던 '사혼상재'(士魂商才)의 전형적 인물로 평가하기도 합니다.

---

17 우리나라에도 진정으로 노블레스 오블리주(noblesse oblige)를 실천한 위대한 경영학자가 있지요. 유한양행의 창업주인 유일한 박사님이십니다. 이 분은 '기업의 소유주는 사회이다.'라고 주장하였으며, 우리나라 최초로 주식을 직원들에게 아주 싼 값으로 나누어 주었고 회사의 경영권도 자식에게 세습하지 않고 전문 경영인에게 넘겼어요. 재산도 모두 재단과 사회에 환원하였습니다. 저는 이런 분 두말할 필요 없을 만큼 존경합니다.

| **정상형 기업가**

정상형(政商型) 기업가란, 정부 관료들과의 결탁 관계를 통해 각종 특권과 보호를 받으면서 자본을 축적하여 근대적 기업을 일으킨 기업가를 말합니다. 호가호위(狐假虎威), 마치 호랑이를 뒤에 두고 완장 찬 권력을 휘두르는 여우처럼, 이들 중 상당수는 막부 말기와 메이지 초기에 이미 유력한 상업 자본의 기반을 갖추었습니다. 특히 국영기업을 불하(拂下)받아 산업적 기반을 갖춘 후 재벌기업으로 발전한 경우가 많습니다. 미츠이(三井), 미츠비시(三菱), 스미토모(住友), 야스다(安田), 오오쿠라(大倉), 후루카와(古河), 아사노(浅野), 가와사키(川崎) 등 우리가 잘 알고 있는 일본의 대기업 중 대부분이 이 부류에 속하지요.

사실 지도자형 기업가와 정상형 기업가는 모두 정부와의 특별한 관계를 잘 활용하여 사업을 성장시켰다는 공통점을 가지고 있습니다. 이러한 정경유착 관계는 당시 기업을 성장시키기 위해 정부와 관료로부터의 특혜가 반드시 필요했던 시대였기 때문에, 정부와 대기업 양자 모두가 불법을 행하지 않는 이상 바람직한 것으로 간주되었어요. 이는 패전 후 오늘날에 이르기까지도 일본 자본주의의 주요 특징으로 거론되는 부분이기도 합니다.

앞서 말씀드린 아마쿠다리도 그런 맥락에서 이해하시면 될 것 같습니다. 왜냐하면 정부 입장에서도 신뢰할 만한 우호적 자본가를 육성하길 원했고, 또한 식산흥업(殖産興業)을 조기에 달성하고자 하였기 때문에 기업들은 관료 출신의 낙하산인사를 받아들이는 것에 큰 부담을 느끼지 않았거든요. 정부 입장에서도 기왕이면 유능한 인재를 기업에 파견한다는 의미에서 동반 성장하려는 노력을 보였기 때문에 어찌 보면 윈윈(win-win)이라고도 해석할 수 있겠지요.

일본 경제 고민없이 읽기

| 기술자형과
| 지방형 기업가
기술자형 기업가는 근대 과학기술에 정통하면서 자신의 재능과 근면성, 그리고 노력 덕분에 경영자가 된 사람들을 말합니다. 당시는 근대산업이 도입되고 발전하던 시기여서 숙련된 기술자들이 절대적으로 부족했기 때문에, 이러한 시대적 상황에서 이들은 일본의 근대산업 전 분야에 걸쳐 서서히 두각을 나타내면서 기업가로 성장하였습니다. 비록 위에서 언급했던 두 가지 유형의 기업가들에 비하면 성장속도도 느리고 스스로 개척해 나아가야 할 부분이 많았겠지만, 나름대로 일본 근대산업의 기초를 닦는 중요한 역할을 수행하였습니다.

지방형 기업가는 주로 지방의 부농과 상인, 그리고 하급무사 출신들이 지방은행이나 지방에 기초를 둔 근대적 산업기업을 설립한 후 자신들이 직접 경영하면서 지방의 산업발전에 기여한 인물들을 말합니다. 이들은 전국적으로 알려진 기업가는 아니었지만 각 지방과 여러 산업분야에서 두각을 나타냈습니다.

이들을 신분계층별로 구분해 보면, 하급무사들은 강력한 내셔널리즘으로 무장하여 메이지유신이라는 정치개혁을 주도한 계급이었으며, 상인과 농민들은 지배계급은 아니지만 하급무사에 준하는 사회경제적 지위에 있으면서 스스로도 무사적 가치를 수용하고 있던 계층이었습니다.

| 경영이념
그렇다면 초기 일본 기업가들은 어떠한 정신적 바탕에 근거하여 기업을 경영하였을까요? 한마디로 요약해서 말씀드리면 일본 특유의 '국가주의', 즉 '내셔널리즘'(Nationalism)이라고 할 수 있습니다. 그렇다고 해서 내셔널리즘이 기업가 활동의 유일한 동기는 아니었겠지만, 그들의 경영이념의 바탕에 흐르는 특징에는 공통적으로 내셔널리즘이 농후하게 나타나고 있었다는 겁니다.

내셔널리즘은 메이지시대 후반기 기업가 활동에서도 나타났어요. 경영자들 사이에는 기업의 존속 이유가 적극적인 이윤 추구라는 합리주의적 경영을 전면에 드러내면서도 그 밑바탕에 흐르는 내셔널리즘은 여전하였거든요. 메이지시대 전반기의 무사출신 기업가들이 보여줬던 강력한 내셔널리즘은 상인 출신 기업가들에게도 영향을 미쳤습니다. 예를 들어 정상(政商)의 대표적 인물인 미츠비시(三菱)의 창업자인 이와사키 야타로(岩崎彌太郎, 1835~1885)의 경영이념은 다음과 같았습니다.

'단순한 이윤추구를 위해서 기업을 경영한 것이 아니라 외국기업에 대항하면서 일본의 해운업을 발전시켜야겠다는 국가의식에 근거를 두고 기업을 경영해 왔습니다.'

토요타자동차 역시 마찬가지입니다. 일본의 발명왕이라고 불리는 토요타 사키치(豊田佐吉, 1867~1930)는 자동직기 특허권을 영국의 플랫 브라더스사(Platt Bros & Co Ltd)에 매각해 마련한 자금으로 아들 토요타 기이치로에게 건네주면서 이런 당부를 합니다.

'아들아. 난 평생 방직기를 돌려 나라에 충성했다. 너는 좋은 자동차를 만들어 나라에 충성을 다하거라.'

일본 경제 고민없이 읽기

이러한 산업보국(産業報国) 역시 내셔널리즘에 기초한 경영방식이지요. 즉 당시의 기업가 활동에서 중요한 것은 사적이익을 국가와 사회를 위한 공공 이익에 종속시킨다는 강력한 애국적, 공공지향적 동기가 있었다는 것입니다.

이러한 내셔널리즘은 때로는 사적 이익 추구를 종속시킬 만큼 강렬한 것이어서 과도한 사적 이윤을 추구하는 기업가들을 윤리적

일본의 내셔널리즘은 경영에도 영향을 미쳤을까요?

으로 비난한 경우도 있었거든요. 그래서 일반적으로 서구를 '자기중심적 기업가'라고 표현할 때 일본은 '사회집단중심적 기업가'의 이념을 갖고 있다고 말하는 것 같습니다.

일본에서 내셔널리즘이 기업 경영이념의 일부분을 차지하고 있다는 것 때문에 가끔은 일본의 자본주의가 후진적이라는 비난을 받기도 하였습니다. 그러나 역사적인 배경을 살펴보면, 일본은 서구 자본주의의 강압으로 개국한 아픈 경험이 있어서 정치적 독립과 경제적 자립, 그리고 이를 발전시키기 위한 강력한 부국강병정책이 필요하다는 분위기에 어느 정도 국민들의 암묵적 동의가 있었을 겁니다. 그 핵심이 바로 공업화를 추진하는 것이고, 공업화는 강력한 내셔널리즘이라는 이념을 기본으로 해야 한다는 거지요. 그리고 부국강병의 주역은 기업이기 때문에 기업경영의 사상은 내셔널리즘이 바탕이 되어야 하고, 여기에는 일본 고유의 정신과 서구기술이 결합한 '화혼양

재'(和魂洋才)의 일본식 자본주의 정신이 깔린 거구요.

정부가 궁극적으로 바랐던 것은, 민간 기업가가 공업화의 추진자로서 그 역할을 담당할 수 있도록 그들의 활동을 적극적으로 지원해주는 것이지만, 민간의 자본축적 기반이 취약했기 때문에 정부가 스스로 기업가적 역할을 수행하면서 공업화정책을 적극적으로 추진해야 했습니다. 기업가들의 활동이념이 처음부터 내셔널리즘적 성격을 띠게 된 것도 이런 맥락에서 이해하시면 됩니다.

한편, 자신이 기업가는 아니지만 국가주의적 경영이념을 정립하고 실업가의 사회적 지위를 높이는 데 큰 공헌을 한 또 다른 인물이 있었으니, 그가 바로 후쿠자와 유키치(福沢諭吉, 1835~1901)입니다. 후쿠자와는 앞에서도 '일본의 볼테르'라고 말씀드렸지만, 그만큼 일본의 근대 자본주의 정착 단계에서 중요한 인물이기 때문에 다시 한번 소개하도록 하겠습니다.

그는 서양문명을 접한 당대의 최고 지식인이면서 계몽가로서 문명개화기의 일본에 서양의 신사상(新思想)을 전파하는데 크게 공헌한 인물입니다. 그는 『西洋事情』(서양사정)이란 저서를 통해 서양의 실업가들은 높은 사회적 지위를 누리고 있다는 점을 강조하면서 관존민비의 가치의식은 비판하였습니다. 국가발전에 있어서도 실업(実業)이 얼마나 중요한지를 강조하고 실업계의 지도자를 양성하기 위해 일본 최초의 사립대학인 케이오기쥬쿠(慶應義塾)를 설립하였습니다. 관료가 되기 위해 제국대학을 선호하던 시기에 사족 출신의 자제들에게 실업계의 지도자가 되어줄 것을 권유하였지요. 그 덕분인지 케이오대학 출신의 새로운 엘리트들이 실업계에 진출하면서 미츠이(三井),

미츠비시(三菱)를 비롯한 여러 재벌기업집단에서 중추적 지위를 차지하고 근대기업의 발전과 기업가의 사회적 지위를 높이는 데 기여하였습니다.

그러나 후쿠자와의 사상 기반에도 역시 강력한 내셔널리즘이 있었다는 점을 간과해서는 안 됩니다. 경영이념으로서의 내셔널리즘은 특히 무사출신과 무사적 교육을 받은 기업가들에게서 강력하게 나타났습니다. 메이지유신 이후에도 지배적 지위를 차지했던 무사계급은 자신들이 국가발전의 주역이라는 사명의식을 갖고 있었으며 기업 활동을 한다는 것이 곧 부국강병을 위한 길이고 국가발전에 이바지 하는 것이라고 생각했기 때문에 국익과 합치될 때만 사적이익이라든가 영리성이 정당화될 수 있다고 주장했던 것입니다.

| 불쌍한 노동자계급　　　한편 일본의 개항(1854)과 더불어 외국자본이 침투하면서 봉건제도는 무너졌지만, 봉건영주의 고리대금으로 고통받던 농민과 수공업자들은 서서히 몰락하기 시작했습니다. 대신 두 차례에 걸쳐 산업혁명이 전개되면서 영세 공장 수는 급속히 증가하였습니다. 노동자들은 대부분 경공업 부문에 종사하였으며, 섬유산업의 경우 압도적으로 어린 여공(女工)의 비율이 높았습니다.

당시 도시로 유입된 농민과 외국상품과의 경쟁에서 견뎌내지 못한 수공업자들, 그리고 지위를 상실해 가던 하층 무사들은 도시의 공장으로 흘러 들어가 누구도 알아주지 않던 보잘 것 없는 자존심마저 값싼 노동자 임금과 맞바꾸어야 했습니다.

시골 어르신들은 경제적 곤궁 때문에 자녀들이 도시로 유입되어 저임금 공장노동자로 전락되는 것을 막지 못했습니다. 그렇다고 해서 우후죽순처럼 공장이 설립되던 초기에 노동력을 확보한다는 것도 쉽지만은 않은 일이었습니다. 이러한 노동력 문제를 해결하기 위해 '모집인제도'(募集人制度)가 도입되었는데, 모집인이 농촌의 젊은 노동력을 모집하는 과정에서 사기문제가 불거지고 그렇게 고용된 노동자들은 엄격한 노동환경과 가혹한 노동조건을 견디지 못하고 도망가면서 노동력 이동이 빈번해졌습니다. 노동자들은 주야 2교대 심야 노동을 강요당하였고 하루 14시간, 때로는 18시간의 노동에 시달렸는데도 이러한 장시간 노동이 당시에는 당연한 듯 만연해 있었습니다. 그들이 받는 최저임금에서 식대를 공제하고 나면 저축은 아예 꿈도 못 꿀 정도였구요, 그 임금마저도 1년에 두 차례에 걸쳐 받는 악습이 이어졌습니다.

더구나 급속한 산업혁명으로 노동력에 대한 수요가 급증하던 시대였기 때문에 이들을 안정적으로 확보하기 위해 고용주들 간에는 다툼이 일어나기도 했어요. 이를 해결하기 위한 방편으로 기숙사제도를 도입했지만, 방적공장에서 일하는 여공들은 매우 열악한 기숙사에 감금되다시피 수용되어 가혹한 규율하에서 노예같은 생활을 강요당했다고 합니다.

노동력의 주요 공급원천이 대부분 저임금의 출가형(出稼型) 노동자들이었지만 이중에는 부녀자뿐만 아니라 아동들도 섞여 있었습니다. 광업 및 중공업과 같은 산업에서는 남자 숙련노동자가 대부분이었지만, 이들은 '내부청부제'(內部請負制)라는 복잡한 제도에 의해 이중으로 고용되었습니다. 즉 고용주는 청부제를 통해서 숙련노동자인 오야가타(親方)와 계약을 맺고 일반노동자의 고용과 임금에 관해서는 오야가타가 관리하는 이중 관리방식을 취한 것입니다.

노동자들의 열악한 노동조건과 경제적 곤궁에 대한 사회적 관심이 나타나기 시작한 것은 1900년을 전후한 시기입니다. 이 문제에 대해서 당시의 정치가, 지식인들은 인도주의적 입장에서 여론을 환기시켰고, 농무성(農務省)에서는 노동자들의 비참한 실상을 고발한 『職工事情』(직공사정, 1903년)이라는 보고서를 발간하여 사회적으로 큰 충격을 주었습니다.

열악한 노동조건과 경제적 곤궁에서 오는 노동자의 신체적·정신적 손상은 국가적으로도 우려되는 일이었기 때문에 정부는 공장법 제정을 추진하였습니다. 그러나 고용주들은 이것이 자신들의 권리와 자유를 침해하는 것이고, 이는 결국 일본의 국제경쟁력을 약화시켜 산업발전을 저해할 것이라는 논리를 내세워 반대하였지요.

공장법은 1916년에 이르러 간신히 시행되면서 부녀자 및 아동들의 노동시간이 제한되고 법적으로 노동조건을 보호받을 수 있게 되었습니다만, 이 법은 종업원 15명 이하의 공장과 성인남자 노동자들은 제외하였기 때문에 정말로 노동자를 위한 법인지 의심받기도 하였습니다.

'이들의 희생이 없었다면 과연 일본이 19세기 말 산업혁명과 근대화가 이루어졌을까'

이런 질문에 대해 생각해 보지 않을 수 없습니다.

'레미제라블'이라는 뮤지컬 영화가 2013년 1월 한반도의 강추위를 몰아낼 정도로 관객동원에 성공했는데, 대히트의 원인이 뭘까 생각해 보았습니다. 물론 휴 잭맨과 앤 해서웨이 등 명품 배우들의 미

2013년 대 히트작 '레미제라블'

친 연기, 그리고 영화와 뮤지컬의 조화가 주는 시너지효과도 있었겠지만, 저는 그보다는 서민들의 뼈 아픈 삶을 잘 묘사했기 때문이 아닌가 싶습니다. 하류인생을 사는 길거리 부랑자, 창녀, 저임금 노동자와 미래가 안 보이는 청년들이 고난과 역경 속에서 혁명을 일으킬 수밖에 없는 과정이, 동일한 시대에 살고 있다고 생각하는 우리들의 상처받은 마음을 치유해 주는 효과가 있었던 것은 아니었을까요?

일본의 당시 서민들과 노동자들의 삶이 '레미제라블'과 비슷한 정도의 환경이었는지는 잘 모르겠습니다만, 저는 영화를 보는 내내 감동만큼의 우울함도 앙금처럼 함께 남아 있더군요. 최근 우리나라 젊은이들 사이에서 유행하는 '헬 조선'이란 말을 들을 때마다 'Do You Hear The People Sing?' 멜로디가 귓가에 맴돕니다.

일본 경제 고민없이 읽기

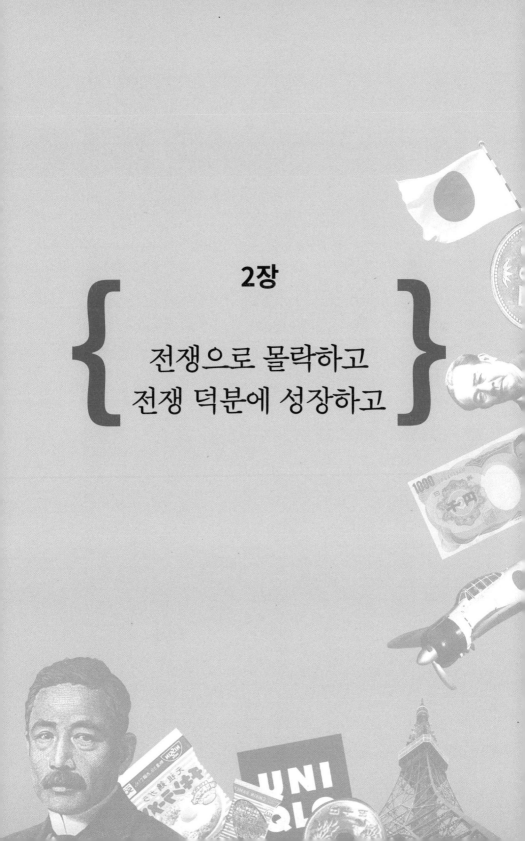

2장

{
전쟁으로 몰락하고
전쟁 덕분에 성장하고
}

1. 제국주의 일본과 전쟁의 후폭풍

일본을 세계로 진출시킨 두 차례의 전쟁　일본 자본주의는 출발부터 제국주의적 성향을 강하게 띠면서 전개되었습니다. 일본 국내의 자원부족과 협소한 시장, 그리고 국제적으로는 자본주의 열강들이 전 세계를 상대로 땅따먹기 전쟁을 벌이고 있는 치열한 각축전에서 일본도 뒤질세라 제국주의적 대외팽창을 지향했던 것이지요. 그래서 메이지 정부는 초기단계부터 조선침략을 대외 기본정책의 하나로 세워 놓고, 결국 1876년에 강화도조약을 강요하여 조선침략의 발판으로 삼았던 것입니다.

그리고는 어떻게 했습니까? 청일·러일 양 전쟁과 연결된 산업혁명이 완성되고 난 후 공업생산력이 급격히 발전하면서 해외시장을 확대할 필요성을 느꼈지요. 일본은 마치 사냥꾼이 사슴의 뿔을 베어 가듯 조선을 식량과 공업원료 등의 공급지로, 그리고 공업제품의 판매시장으로 일본 자본주의에 종속시켰습니다. 나아가 중국에 대해서는 영토할양과 전쟁배상금을 요구하면서 중국시장을 확장하는 발판으로 삼았으며, 대만은 일본 자본주의가 남방으로 팽창할 수 있는 거점으로 하여 이 지역의 사탕자원을 비롯한 원료·식량공급처로 활용하였습니다.

일본의 독점자본은 우리나라에 들어와 금, 은, 철, 석탄 등 다양한 광물자원을 개발하였고, 특히 1918년 미츠비시가 황해도 황주에 겐지호제철소(兼二浦製鉄所)를 건설하면서 조선의 광물자원은 수탈의 대상이 되어 버립니다.

사실 제국주의를 팽창시키기 위한 전쟁에는 막대한 비용이 소모됩니다. 그런데 한편으로 전쟁에 필요한 군사비 지출은 군수공업의 수요를 확대시키면서 경제활동을 자극하는 측면도 있어서 설비투자와 생산력을 확대할 수도 있습니다. 청일전쟁과 러일전쟁 당시 일본이 그랬구요. 특히 러일전쟁 중 일본은 군비확장과 중공업 발전을 위해 거액의 외자를 도입하였는데, 이를 계기로 일본 경제가 한 단계 발전하는 계기가 되었다는 것은 부인할 수 없는 사실입니다.

한편 일본의 근대 자본주의 발전에서 중요한 역할을 담당했던 것은 무역입니다. 아마도 협소한 일본 국내시장과 부족한 자원 때문에 더욱 무역에 매달렸는지도 모릅니다. 아무튼 일본은 경공업제품을 수출하여 벌어들인 외화로 각종 원료와 기계류를 수입하였는데, 그럴 수밖에 없었던 이유는 중공업 기반이 취약하다 보니 처음부터 수입에 의존했기 때문입니다. 그러나 러일전쟁 이후 중공업이 발전하면서 이들 상품도 점차 국내산으로 대체되어 나갔습니다.

한편 조선과 중국에 대한 일본의 면제품 수출은 크게 증가하였습

일본군을 코스프레 한 도쿄 고라쿠엔(後樂園) 앞에 있는 젊은이들

니다. 면방적업을 중심으로 대규모 공장이 세워지고 공급이 증가하자 국내시장이 흡수하지 못한 잉여수요를 해외시장으로 돌리기 시작했습니다. 이때를 전후하여 일본은 중국과 한국시장에 면제품을 수출하고 조선으로부터는 쌀과 콩을, 중국에서는 철광석과 석탄을 수입하는 무역형태가 정착되었습니다. 야하타제철소의 경우 철광석의 55%, 코크스용 석탄의 90% 이상을 중국에서 수입하였으며, 기계·기구류 등은 거의 대부분 영국과 미국, 그리고 독일로부터 수입해 왔습니다. 그 중에서도 영국은 총 수입의 약 45% 이상을 차지하는 가장 중요한 무역 대상국가로 부상하였습니다.

1911년 일본은 구미제국과 대등한 지위에 오르면서 미국으로부터 관세자주권을 되찾아 옵니다. 이전까지는 실질적으로 무역자유화 상태나 마찬가지였기 때문에 일본은 자국 내 산업을 보호할 수가 없었고, 따라서 초기의 일본무역은 보호관세 이외의 방법으로 성장할 수밖에 없었습니다. 그럼에도 불구하고 1880~1913년에 걸쳐 매년 7.5%의 성장률을 기록했는데, 이는 당시 전 세계 성장률보다 두 배나 빠른 속도였습니다.

| 그리고,
| 제1차 세계대전

1914년 6월, 오스트리아 황태자가 세르비아의 한 청년에게 암살당한 사건을 계기로 오스트리아가 선전포고를 하면서 제1차 세계대전이 발발하였습니다. 세르비아를 후원하는 러시아에 대항해서 독일과 오스트리아가 동맹을 맺자 러시아는 프랑스 및 영국과 연합하여 대항하면서 전 유럽은 포화 속으로 빠져 들었습니다. 일본은 영일동맹(英日同盟)에 근거하여 재빠르게 연합국 측에 가담하고 독일에 선전포고를 하면서 제1차 세계대전에 참전하였습니다.

제1차 세계대전 발발 초기였던 1914년 7월, 당시 일본은 약 19억 6천만 엔에 이를 정도의 부담스러운 부채와 수년간의 불경기로 인해 경제적으로 상당히 어려움을 겪고 있던 시기였지만, 유럽이 전쟁으로 무역을 제한하면서 연합국인 영국, 프랑스, 러시아에 군수품과 식료품을 수출하는 전쟁특수의 기회를 잡았습니다. 나아가 유럽이 전쟁으로 정신 못 차리는 틈을 타서 중국을 침략해 국익을 챙기려고 했기 때문에 중국의 대일감정을 악화시켜 거센 반일운동을 일으키기도 했습니다. 전쟁을 기회로 삼아 아시아와 아프리카에 이르기까지 팔을 펼치면서 장삿속을 발휘하더니, 앞서 말씀드렸던 엄청난 빚을 갚고도 대외채권을 보유할 만큼의 행운을 얻게 됩니다.

그뿐만이 아닙니다. 선박 수요가 급증하면서 일본의 해운업과 조선업은 세계적인 산업으로 성장하였구요, 1918년 11월 연합국이 승리하자 일본 역시 승전 국가로 분류되면서 보상까지 받게 됩니다. 이때 만들어진 국제연맹에서 일본은 상임이사국이 되는 등 제1차 세계대전은 일본에게 막대한 이익을 가져다주었습니다. 재주는 곰이 부리고 돈은 왕서방이 챙긴 격이지요.

제1차 세계대전 이후 일본의 무역은 광범위한 지역으로 확장되었습니다. 무역흑자는 파도가 밀려오듯 엄청나게 증가하였고 이에 당황한 국가들은 일본상품에 대한 수입규제 및 제한조치를 취하면서 경계태세를 취했습니다.

일본 정부는 이러한 일련의 과정 속에서 얻은 막대한 이익으로 중화학공업에 집중 투자하면서 비약적으로 발전하였습니다. 그러나 아직은 일본의 중화학공업제품이 국제수준에 달할 만큼 양질의 상품은 아니었기 때문에 중화학공업 수출의 60% 이상을 식민지가 흡수하였다는 점, 특히 한반도가 26%의 비중을 담당해야 했다는 것은, 우리 입장에서 볼 때 어처구니없게도 대낮에 눈 뜨고 도둑질당한 기분이었을 겁니다.

그런데 제1차 세계대전이 종결되자 일본 경제는 새로운 국면을 맞이하였습니다. 대전 초기의 호황과 달리 전쟁이 종결되면서 물가폭등과 더불어 쌀 가격도 동반 상승하였고 1918년 7월에는 일본 전역에 걸쳐 약 70여만 명이 참가한 민중폭동이 발생하였습니다. 1920년 3월에는 도쿄주식시장과 상품시장이 동반 폭락하면서 공황이 발생하였습니다. 그런 상황에서도 군비확장에 대한 욕망을 버리지 못한 채 1922년 첫 항모를 건조했고 태평양전쟁 전까지 약 10여 척을

관동대지진 당시 만행된 조선인 학살

보유하기에 이릅니다.

1923년 9월 1일, 진도 7.9의 막강한 관동대지진(関東大地震)이 발생하면서 사망자 약 9만 9천여 명, 행방불명 4만 3천여 명, 부상자 10만여 명, 전소건물 46만 5천 호 등 엄청난 피해를 입었습니다. 대지진의 혼란 속에 재일조선인들이 우물에 독약을 넣고 폭동을 일으킨다는 유언비어가 난무하면서 군대와 경찰에 의해 약 8천여 명의 재일조선인들이 학살을 당하는 비극이 발생한 것은 우리 역사의 아픔이 아닐 수 없습니다.[18]

당시 조선인 학살에는 사회적 배경도 맞물렸습니다. 앞서 말씀드린 것처럼 1920년대 일본 경제가 불황에 접어들면서 실업자가 증가하고 일본 공산당이 창당되는 등 노동자와 농민들의 권익투쟁이 고조되던 시대였는데, 하필이면 이러한 시기에 국가적 대재앙이라고 할 수 있는 지진이 일어나자 일본 정부는 자칫 국가의 기반이 전복될 수도 있겠다는 위기의식을 느꼈던 겁니다. 때마침 도쿄에서 유학생들이 중심이 되어 2.8 독립선언을 외쳤고 조선에서는 3.1 독립운동까지 일어나면서, 일본인과 조선인들 사이의 민족감정이 극단적으로 대립되던 분위기였지요. 그래서 조선인들이 관동대지진을 계기로 뭔

---

18 그런데 이와 관련하여 일본 도쿄도 교육위원회는 고등학교 역사 교과서에서 '학살'이라는 표현을 삭제하기로 결정했다고 합니다.(2013. 1. 26. 조선일보에서)

가 모를 잠재적인 폭동을 일으키지는 않을까 지레짐작 겁을 먹었던 겁니다.

제1차 세계대전을 소개하고 있는 책

모두(冒頭)에 말씀드렸던 주제로 다시 거슬러 올라가면, 일본이 제국주의적 팽창을 추구하면서 발전해 왔다는 것을 증명할 수 있는 것은 이뿐만이 아닙니다. 1929년 미국 발 세계대공황으로 일본 경제 역시 위축되면서 심각한 불황이 초래되었는데 이 과정에서 생산의 집적과 자본집중이 촉진되면서 독점이 진행되었습니다. 결국 재벌의 지배체제가 확립되던 시기가 이때부터라고 할 수 있지요. 여기서 중요한 키워드는 일본이 공황을 극복하기 위해 적극적인 대외침략과 군비확장을 했다는 점입니다.

제1차 세계대전이 종결된 후에도 일본은 만주사변과 중일전쟁을 거치면서 태평양전쟁에 이르기까지 스스로 파멸에 빠지는 모습이 눈에 보이는데도 포기하지 않았습니다.

제2차 세계대전 전, 즉 1925년에 일본 포드가, 1927년에는 일본 GM이 설립되어 연간 1만 대 정도의 생산규모를 갖추면서 일본 국내 자동차시장의 90%를 점유하고 있었으나, 1936년에 이르러는 군부가 전면에 나서면서 외국 메이커의 생산을 제한하고 부품관세율을 인상하는 등 간접적인 규제방법으로 미국 기업을 퇴출시켰습니다.

이렇게 되자 분위기가 일순간 바뀌었습니다. 기존 재벌도 정신 차리지 않으면 군부에 의해 어떻게 될지 모른다는 두려움이 엄습한 겁니다. 지레 겁먹었으니 군부 중심의 정책에 부응하지 않을 수 없었겠지요. 군부는 기존의 재벌에 대해 비판적이었기 때문에 자신들의 노선에 협조할 수 있는 새로운 파트너를 찾아 이른바 '신재벌'을 육성해 나갔습니다. 군부의 대륙침략 정책을 잘 따랐던 닛산(日産)이나 쇼와덴코(昭和電工) 등이 이때 급성장하면서 대기업으로 성장한 케이스입니다. 제국주의 정부의 정책과 노선에 의존하지 않고서는 특혜를 받기 어렵고 결국은 성장할 수 없다는 것을 깨닫게 된 눈치 빠른 기업들이지요.

의존경로(path dependency)라고 할까요? 이때부터 일본 기업들은 정부주도의 국가경제에 협력하는 경영체질이 고착된 것 같습니다.

| 태평양전쟁　　전쟁이 일어난 배경은 이렇습니다. 1937년 일본은 중국을 침략한 것으로도 부족해 자원 확보를 목적으로 동남아시아까지 공격합니다. 이에 분노한 미국은 일본에 대하여 경제제재와 석유금수조치를 취했는데, 당시 일본이 비축했던 석유량은 1~2년 정도에 불과했기 때문에 미국의 이러한 조치는 일본을 흥분시키기에 충분했습니다. 그래서 일본 내에서는 미국과의 전쟁이 당연하다는 분위기였지요.

상황이 일순간에 급변하자 정부의 군사비 지출은 일반회계 지출을 뛰어 넘고 조선에서의 강제징용도 더욱 극심해 지면서 징용된 사람들 중 상당수가 군수산업 현장이나 아니면 그와 관련된 곳으로 보

내겼습니다. 이를 제도화한 것이
1939년 7월 공포한 '국민징용령'입
니다. 모든 물자를 군수산업에 우
선 배분하겠다는 '총동원법'(1938년
4월)이 의회의 승인도 없이 통과되
었고, 일본은 승리를 장담하지 못
한 전쟁에 발을 디뎠습니다.

1941년 12월 8일, 일본은 미국
하와이의 진주만을 기습 공격하면
서 태평양전쟁을 일으켰고, 아시
아 지배를 정당화하기 위해 대동

아공영권(大東亞共榮圈)이라는 슬로건을 내세웠습니다. 아시아 민족
을 서양의 식민지배로부터 해방시키기 위해서는 일본을 중심으로 대
공아공영권을 결성해야 한다는 것입니다. '대동아'에 포함되는 나라
는 동아시아뿐만 아니라 인도차이나 반도, 호주와 뉴질랜드에 이어
인도에 이르기까지 광대한 지역을 포함하고 있기 때문에 일본은 태
평양전쟁을 '대동아전쟁'이라고 부르고 있지요.

일본이 하와이 진주만 공격을 시작으로 태평양전쟁을 일으켰지
만, 연합군이 반격하면서 미드웨이(Midway), 과다카날(Guadalcanal),
사이판(Saipan), 이오시마(硫黄島), 오키나와(沖縄) 등에서 치명적인 타
격을 입었고, 나아가 일본 본토까지 공습을 받았습니다. 그런데도 브
레이크 없는 자동차처럼 일본의 전쟁 광란은 멈추지 않았어요. 결국
일본은 이 게임에서 밀리면서 인류 역사상 최초로 1945년 8월 6일 히
로시마(広島)에, 그리고 8월 9일 나가사키(長崎)에 원자폭탄이 떨어지

는 치욕을 당했고, 그 후 제국주의 일본은 역사에서 서서히 사라지는 운명을 맞게 된 겁니다.

가미카제 특공대

여러분들도 잘 아시다시피 일본은 이때까지만 해도 역사상 본토를 공격당한 적이 없었습니다. 과거에 한 번 그럴 뻔 했던 적은 있었지요. 고려시대 몽골군이 한반도를 침략했을 때 몽골은 내친김에 일본까지 정복하려고 정동행성(征東行城)을 설치하고는 여몽연합군을 편성하여 출항했는데, 일본 해안에 정박할 즈음에 우연찮게도 태풍이 불었던 겁니다. 아침까지만 해도 창창했던 하늘에 웬일인지 갑자기 태풍이 몰아치면서 여몽연합군이 전멸당하고 말았지요. 그래서 일본인들은 가미(神)가 태풍을 보내 자기들을 구해준 거라고 믿고 이를 '신의 바람'이란 뜻의 '가미카제'(神風)라고 불렀습니다.

여기까지는 역사와 관련된 내용입니다만, 일본이 이 단어를 1천년이 지난 시점에서 다시 끄집어 사용하게 된 배경에 대해서는 여러분들도 충분히 추측했으리라 믿습니다. 바로 '가미카제특공대'이지요. 일본이 태평양전쟁을 일으키면서 전세가 불리하게 돌아가자 마지막 발악을 위해 만든 작전이 바로 가미카제(神風) 작전이었습니다.

가미카제 특공대원들

1천 5백여 명의 젊은 특공대원들은 적진에 겨우 도착할 편도 분량의 연료만 넣은 채 천황을 위해 죽음을 택한 것을 명예롭게 여기며, 미국의 함대와 주요 군사시설에 자폭하는 공격을 가했습니다. 혹시 마음이 바뀌어 탈출한다 해도 돌아올 연료가 없으니 바다 한가운데 빠질 것이고, 만에 하나 살아서 돌아온들 일본땅에서 받아들일 리 만무하다는 것도 알고 있습니다.

　　결국 30척 이상의 연합군 군함과 350척이 넘는 전함을 공격했지만, 이들의 목숨도 같이 산화하는 운명을 바꿀 수는 없었습니다. 야스쿠니신사(靖国神社)에 묻히는 영광의 죽음이라는 과대망상의 선전에 속아서……

　　이것이 바로 개인보다는 사회 집단이나 국가의 중요성을 더 강조하는 전체주의(totalitarianism)에 꼼짝 못하게 당하는 오류가 아닐까요?

다카쿠라 켄 주연의 영화 '호타루'(2002)

　　가미카제특공대와 관련된 좋은 영화 한 편을 소개하겠습니다. 일본 최고의 배우 다카쿠라 켄(高倉健)[19] 주연의 '호타루'(ホタル, 2002)라

19　당사자는 밝힌 적이 없지만 다카쿠라 켄이 재일교포라는 사실을 대부분의 일본인들도 알고 있을 겁니다. 제가 다녔던 메이지대학(明治大学)을 졸업했고 한국에서도 유명한 『철도원』이란 영화로 2000년 일본아카데미상 최우수 남자배우주연상을 받았습니다. 우리나라로 비유하자면 최불암＋이순재＋박근형 정도로 유명한 대단한 배우였습니다. 그가 사망했던 2014년 11월 10일에는 호외(號外)가 발행될 정도였으니까요.

는 영화 보셨는지요? 우리말로 '반딧불이'란 의미입니다만, 태평양전쟁이 막바지로 치닫던 1945년, 조선인 출신의 가미카제특공대원 김선재씨가 약혼녀 도모코를 뒤에 둔 채 가네야마(金山)라는 이름으로 전쟁에 출격한 후 결국은 죽음으로 돌아오는 시나리오입니다. 영화에서도 알 수 있듯이 당시 가미카제 특공대원으로 사망한 조종사는 일본의 젊은 청년들뿐만이 아니라 한국 청년을 포함하여 1,465명으로 추정하고 있습니다.

저는 일본에서 유학하는 동안 도쿄돔 야구장 두 배에 해당할 만큼 넓은 야스쿠니신사 내에 있는 유수관(靖国遊就館) 전쟁박물관을 방문한 적이 있었는데, 1층 전시실에 걸려 있던 특공대원들 사진을 보면서 만감이 교차했던 기억이 선명히 남아 있습니다. 나이 어린 청년들이 정말로 750여 년 전 가미카제의 전설을 떠올리며 죽음 앞에서 의연하게 대처했을까 하는 의문이 들었거든요. 저는 감히 아니었다고 말하고 싶습니다.

그런데 말입니다. 이들이 두려움을 견디기 위해 히로뽕을 복용하고 출격했다는 사실을 아십니까? 히로뽕이라는 약물은 사실 1893년

대일본제약회사가 판매한 히로뽕 광고

도쿄대 의학부교수였던 나가이 나가요시(長井長義)가 한방에서 천식약으로 사용하던 마황에서 에페드린을 추출하다 우연히 발견한 메스암페타민이 시초입니다. 파킨슨병과 발

작성 수면증에 널리 쓰였던 이 약은 1941년 대일본제약(大日本製藥, 현재 大日本住友製藥)이 '히로뽕'(ヒロポン)이란 상품명으로 시판하면서 오늘날 일반명사처럼 쓰이고 있는 각성제입니다. 악마의 백색가루인 히로뽕은 패전 후 허탈감에 빠진 일본

송강호 주연 영화 『마약왕』(2018)

인들이 상시 복용하다가 중독으로 인한 사회문제가 대두되면서 일본 정부가 각성제단속법(1951년)으로 금지한 약품이지요. 2018년 히로뽕을 주제로 한 송강호 주연의 '마약왕'이 바로 그런 배경을 담은 영화입니다.

| 인플레이션? 원인이 뭘까?   2차세계대전이 끝나고 나서 일본에서는 '강해진 건 여성과 양말뿐'이라는 말이 유행했다고 합니다만, 일본은 전쟁으로 인해 거의 모든 생산설비 및 생산수단이 파괴되었을 뿐만 아니라 해외식민지와 시장까지 상실되면서 최악의 경제상황을 맞이하였습니다.

중일전쟁부터 시작하여 15년간이나 지속된 전쟁으로 전사자만 약 240만 명, 민간인 사망 및 행방불명자가 약 32만 명에 달하였는데, 이는 당시 일본 인구가 약 7천만 명 정도임을 감안해 볼 때, 인구 백 명 당 4명 꼴로 목숨을 잃은 수치입니다. 그 외 전국 119개 도시에 걸쳐 약 220만 호가 파괴되었고 공장과 도로, 항만시설 등이 파괴

되는 등 국부의 4분의 1이 손실되었습니다. 물자부족 및 식량난 역시 심각하여 아사자가 발생하고 전쟁에서 돌아온 군인들과 구식민지로부터 귀국한 사람들이 증가하면서 실업문제도 발생했습니다.

그렇다면 패전 이후 이렇게까지 경제적 피해가 컸던 이유가 뭘까요? 상식적인 선에서 한번 생각해 봅시다. 우선 일본 전 국토가 전쟁터가 되면서 군부는 산업구조를 군수 중심형으로 바꾸었는데, 이것이 패전 후 민간산업으로 재빨리 전환되지 못했다는 점입니다. 쉽게 말하면 전차나 대포를 생산해 왔던 공장이 전쟁이 끝났다고 해서 금방 자전거나 재봉틀을 만드는 민생품 생산시설로 전환한다는 것이 누워서 떡 먹기처럼 쉬운 일은 아니었겠지요. 1990년대 전반 구 소련이 분열하면서 사회주의 계획경제에서 시장형 경제로 이행하는 과정이 순조롭지 못했던 것을 생각하면 이해가 가실 겁니다. 러시아의 군수산업이 민간산업으로 전환되지 못한 채 이것이 오히려 성장의 발목을 잡아 러시아 경제를 후퇴시켰거든요.

또 다른 이유는 일본 본토가 공격받은 것에 대한 대처능력이 부족했다는 점입니다. 공격받고 난 후 발생했던 급격한 인플레이션의 원인이 뭘까에 대해 의견이 분분했습니다. 알아야 면장도 해 먹는다고, 원인을 알아야 해결책을 제시할 수 있지 않겠습니까? 결과적으로 인플레이션의 원인이 공급능력의 부족이라고 주장하는 측과 과잉수요가 원인이라는 두 가지 측면으로 요약되었습니다.

그렇다면 첫 번째 측면부터 살펴봅시다. 당시 초인플레이션의 주원인을 공급능력의 부족이라고 생각하는 입장에서는 일본 경제의 공급정책을 우선해야 한다는 주장을 제기하였습니다. 공급이 스스로 수요를 창출한다는 세이의 법칙(Say's Law)을 적용하여 장기실업까지 잡겠다는 거지요. 민생품 산업과 관련된 생산 설비가 턱없이 부족하다 보니 충분히 생산할 여력이 없었고, 그래서 노동자도 고용하기 어려워지면서 대량실업(유휴노동력)이 발생했다고 본 것입니다.

전쟁에 의한 피해규모는 미국 전략폭격기의 융단폭격에 의한 것보다는 해외로부터의 원재료 차단이 더욱 치명적이었습니다. 미국은 일본의 철강생산을 제한하고 생산능력을 갖춘 4백여 곳의 공장과 산업시설 등을 철거하여 전쟁 배상금으로 충당하기도 하였습니다. 만일 패전 이후 곧바로 원재료 수입이 재개되었다면 일본 경제가 어느 정도 회복의 발판을 마련했을 수도 있었겠지요. 그런데 미국이 전후 세계적 물자부족을 이유로 일본이 해외로부터 원재료를 수입하지 못하도록 제한하였던 겁니다.

따라서 이를 해결하기 위해 생각해 낸 고육지책(苦肉之策)이, 공급을 증가시켜서 인플레이션과 실업을 동시에 해결하는 한편, 생산능력도 향상시켜 극단적인 생필품 부족을 해소하자는 겁니다. 그리고 이를 '경사생산방식'(傾斜生産方式: the priority production)이라는 이름으로 추진해 나갔습니다.

이 방식은 중요하니 조금 더 구체적으로 말씀 드려야겠어요. 즉 석탄과 철강생산 등 특정 부분의 산업을 집중적으로 성장시킨 후 이를 통해 경제 전체에 파급효과를 가져오도록 하자는 방식인데요, 철과 석탄이라고 하는 기간산업의 생산을 증강시키고 노동력도 대량으로 투입하면 그것이 다른 민생품 산업의 생산에도 영향을 끼쳐 난국을 타개할 수 있다는 논리입니다.

1946년 말에 도입되었던 경사생산방식은 다음 해에 바로 효과가 나타났습니다. 한지에 먹물 스며들 듯 기초산업인 요업, 섬유, 조선, 화학 등에서 생산력이 증가하면서 기계공업 생산도 회복하였고, 군수기술인 항공기 부품, 군수용 광학, 통신기기 등이 평화산업으로 전환되면서 재봉틀, 카메라, 자전거, 시계, 직기 분야에서도 생산력이 상승하였습니다. 정부는 이들 산업을 지원하기 위해 특수금융기관인 경제부흥금융금고(經濟復興金融金庫)[20]를 설립하여 석탄, 전력, 비료, 철강 등 중점산업에 장기 융자를 해 주었습니다.

다양한 산업이 존재하지만 그 중에서도 정부가 인위적으로 선택한 석탄과 철강이라는 특정산업을 선택하여 자원과 자금을 지원하는 부흥정책이 당시의 인플레이션 정책으로서는 어느 정도 유효했다는 것을 입증한 결과입니다. 또한 1949년에는 통산성을 창설하여 수출시장에서 일본이 경쟁력을 갖출 수 있는 기반을 마련했어요. 통산성 관료들은 기술혁신을 장려하고 대기업 간 합병과 각종 공모 합의를 통해 자원을 효율적으로 이용하도록 지도했구요, 외국환 및 외국통상법을 제정하여 외환할당의 권한을 갖고 기업을 지배하였습니다. 무슨 말인고 하니, 당시 일본 기업들은 외국의 원자재와 기술도입이 절실히 필요했던 때인데 통산성이 절대적인 영향력을 갖고 있었기 때문에 밉보이지 않도록 해야만 했거든요.

두 번째 측면은 인플레이션의 원인을 공급측면이 아닌 수요측면에서 바라보는 시각입니다. 당시 일본의 재정금융정책을 재건하기 위해 특별 경제고문으로 초대받았던 디트로이트 은행장 조셉 도지

---

20) 1946년 10월 7일에 설립된 전액 정부지출 금융기관입니다. 줄여서 부금(復金)이라고도 합니다만, 설립 당시에는 GHQ의 지도하에 미국의 부흥금융회사를 모방했다고 합니다.

(Joseph Morrell Dodge, 1890~1964)는 정부통제나 정치적 개입에 대해 강한 반대의견을 내세웠습니다. 그는 일본 경제가 미국의 원조가 없더라도 자력으로 부흥할 수 있어야 한다고 주장했지요. 그래서 내세운 정책이 정부의 보조금을 삭감하여 시장메커니즘을 회복시키는데 주력하였고, 국내 총수요를 억제하여 수출을 확대시키는 정책을 취하면서 인플레이션을 억제시켜 나갔습니다. 결과적으로 볼 때 국내소비는 억제되고 산업계로 흘러들어가는 자금은 줄어들었지만, 이러한 디플레이션 효과가 '안정공황'(stabilization crisis)의 형태로 산업계에 적지 않은 손해를 입힌 것 또한 사실입니다.

조셉 도지가 제안한 도지라인(dodge line)은 악성인플레이션에 빠진 일본 경제를 위기로부터 탈출시키고 경제부흥의 발판을 만들었다는 점에서는 높이 평가할 만하지만, 한편으로는 그 결과로 지나친 디플레이션 효과도 나타나면서 일본 경제를 공황에 빠뜨렸다는 지적도 있습니다. 특히 중소기업을 중심으로 실업자가 증가하였고 도산도 늘어나면서 그런 평가를 받게 된 것이지요.

2. 반딧불의 묘

재벌개혁
1945년 8월 15일, 일본이 연합군에 항복한 이후 미국 태평양 육군 총사령관이었던 맥아더장군(Douglas Mac-Arthur, 1880~1964)이 이끄는 연합군최고사령부(GHQ)[21]는 6년 8개월간에 걸쳐 점령정책(1945. 10~1952. 4)을 실시하였습니다. 점령지 일본에서의 맥아더는 일본인들에게 '벽안의 대군', '백인 천황'(White Emperor)으로 불리면서 일본 천황 이상의 권위와 권력을 누렸습니다.

맥아더의 점령방식은 독일과 같은 분할점령이나 군정에 의한 직접통치방식이 아닌, 점령주도권은 미국이 행사하지만 천황을 비롯한 중앙정부 기구는 해체하지 않은 채 일본 정부를 통한 간접통치방식을 선택하였습니다. 이러한 방식을 택한 이유는 일본 정부의 강력한

---

21 연합군 최고사령부(GHQ, General Headquarters)는 1946년 8월 '지주회사정리위원회'를 통해 지주회사 해체, 재벌가족의 기업지배력 배제, 주식소유의 분산, 경제력집중 배제 등을 통해 재벌해체작업을 진행하였습니다.

일본 경제 고민없이 읽기

요구도 있었거니와 일본국민들의 직접통치에 따른 저항감을 고려하였기 때문입니다. 한마디로 성가신 일은 하고 싶지 않다는 거지요.

또 하나, 미국은 지난 수십 년 동안 아시아 최고의 자본주의 뿌리를 잘 조성한 일본의 정치, 경제 인프라를 그대로 두고 이를 최대한 이용하고자 하는 속셈이 있었습니다. 이는 결과적으로 전후 일본 경제의 부흥을 촉진함과 동시에 정치·사회·문화 등 모든 영역에 걸쳐 엄청난 변화를 가져왔다는 점에서 오늘날에 이르기까지 커다란 영향을 끼쳤다고 평가받고 있습니다.

여담일 수 있습니다만, 맥아더의 통치기간에 일본인들은 투쟁이나 저항을 했을까요? 어땠을까요? 일본인들은 적장(敵將)이었던 맥아더를 마치 연예인처럼 호의적으로 떠받들면서 친근감을 드러냈고 수많은 감사 편지를 보내어 맥아더를 자기도취에 빠지게 만들었습니다. 나른한 오후에 맥아더는 자신을 칭송하는 편지를 읽으면서 낮잠을 청했다고 하니, 일본사람들은 자존심도 저항심도 강한 우리 민족과는 참으로 한참 다른 것 같습니다.

점령정책의 핵심은 헌법 개정을 축으로 하는 민주제도 도입, 교육의 민주화, 그리고 경제개혁 등 일본의 국가체제를 근간부터 변화시킬 정도의 개혁이었습니다. 그 중에서도 가장 큰 변혁은 재벌 해체겠지요. 재벌 해체의 기본 내용은 재벌 지배의 중심이었던 재벌본사, 즉 지주회사를 해체하여 족벌의 기업지배를 배제하고 소유 주식을 공개 분산시키는 것인데요, 미츠이(三井), 미츠비시(三菱), 스미토모(住友), 야스다(安田) 등의 4대 재벌 구조를 해체하겠다는 내용입니다. 결국 이들 4대 재벌의 본사는 해체·청산되었고 그 보유주식은 각각

'지주회사정리위원회'에 이양된 후 일반에게 공개되는 순서를 밟았습니다.

1947년에는 '과도경제력집중배제법'을 만들어 대기업을 분할하였으며 '재벌해체와 독점금지정책'[22]을 통해 재벌을 해체하였습니다. 해체대상이 된 지주회사는 83개 사였지만 산하기업까지 세어 보면 약 4천 5백여 개 사에 이를 정도였지요. 비록 재벌해체가 계획대로 완벽하게 시행되지는 못했지만, 재벌 산하의 기업들이 분할 독립되고, 재벌 간부 및 재벌 가족들이 현장에서 추방되는 정도의 성과는 있었습니다. 그 결과 전문경영자가 기업 운영에 실질적 책임을 지는 '소유와 경영'이 완벽할 정도로 분리되었고, 과거에 관리권을 행사하던 사람들이 배제되면서 경영자의 세대교체가 이루어졌지요.

원래 미군정이 재벌을 해체하려고 했던 목적은 재벌의 독점적 지배력과 군국주의가 부활할 만한 잠재적 가능성을 봉쇄하고자 했던 것이지만, 결과적으로 볼 때 일본 기업의 지배구조가 근본적으로 바뀌게 된 계기가 되었다는 점에서 그 의미는 높게 평가받을 만합니다. 그러나 재벌이 해체되었다고 해서 산하 기업들이 완전히 독립적 경영체가 된 것은 아니에요. 주식의 상호소유를 통해 거대한 '기업집단' 또는 '기업계열'을 형성하였고 전후 일본의 자본주의는 주식을 일반 대중이 소유하는 것이 아니라 기관회사(법인)가 소유하는 '법인자본주의'라는 특징을 갖게 된 것이지요. 이에 대해서는 3장에서 자세히 다루도록 할게요.

---

22 독점금지정책은 1947년에 사적 독점, 불공정 거래 금지를 통해 자유로운 시장경쟁을 확보하기 위한 목적으로 제정되었습니다만, 1953년 불황 카르텔이 인정되는 등 한때 법 정신이 후퇴되기도 하였습니다.

일본 경제 고민없이 읽기

| 반딧불의 묘 | 제2차 세계대전 이후 자본주의 세계의 최강국으로 부상한 미국은 일본을 간접통치하면서 봉건적이고 |

권위주의적인 통치형태를 청산시키고 다시는 전쟁을 일으키지 못하도록 공업, 농업, 노동 등 전 분야에 걸쳐 개혁을 실시하였습니다. 일본의 숨통을 장악한 미국은 아마도 일본을 아시아의 삼류 농업국가로 만들 생각이었던가 봅니다.

그러나 이러한 초기의 점령정책은 국제정세의 변화와 미국의 의도에 따라 어쩔 수 없이 수정되었습니다. 미국의 의도는 이렇습니다. 마치 일본 제국주의로부터 해방된 한국을 신탁통치하는 동안 친일파를 청산하지 않았던 것과 마찬가지 이유로, 미국은 일본에서도 보수층과의 협력을 통해 보수 세력을 성장시키고 독점자본을 부활시켜 경제적 부흥을 일으키고자 했던 것이지요. 실제로 1946년 중국대륙에서 국민당 정권과 중국 공산당 사이에 내전이 시작되고 필리핀과 베트남에서도 공산당 운동이 강화되자 일본의 가치는 더욱 상승되었거든요. 공산주의에 대항하기 위해서라도 하루 빨리 일본 경제를 부흥시키는 것이 긴급과제라는 인식을 갖게 된 겁니다.

제2차 세계대전 이후 동유럽이 공산화되는 것을 목격한 미국은 아시아지역 역시 공산화 되지 않을까 극도의 스트레스를 견디지 못했어요. 자라 보고 놀란 가슴 솥뚜껑 보고 놀란다더니, 태평양을 지나는 관문인 일본마저 공산화된다? 세계경찰 미국의 입장에서는 상상하기조차 견디기 어려웠던 거지요. 결국 미국은 일본을 서방진영으로 끌어들이기로 전략을 바꾸었습니다. 패전 후 자본주의와 사회주의 진영이 대립되는 이데올로기 전쟁에서 공산권 세력에 위협을 느낀 미국은 대일정책을 전환하는 이른바 '역코스'(Reverse Course) 정

2. 반딧불의 묘   99

책을 선택한 거예요. 이를 위해서는 일본의 경제적인 안정 내지는 자립이 필요하였고 미국은 일본에 대한 경제 지원을 결심합니다.

그러나 패전 이후 일본의 경제상황은 극심한 인플레이션과 식량 위기에 직면하였고, 미국의 원조식량으로 겨우 생명을 유지할 정도였지요. 전쟁의 후폭풍으로 일본 국내의 교통, 통신, 유통, 금융 등 생산관련 인프라는 심각한 타격을 받았으며 소비재 수요는 발생했지만 공급이 수요를 만족시킬 만큼 충분하지 못하여 결국 초인플레이션을 경험하게 됩니다. 1947년 인플레이션율은 이미 100%를 기록하였는데, 이는 1948년 190%, 1949년 240% 등에 비하면 새 발의 피에 불과했습니다. 1945년부터 1949년까지 소매물가지수는 79배, 도매물가지수는 60배로 급상승할 정도였으니까요.

일본 경제가 최악의 상황을 맞이하면서 어느덧 서민들의 삶에 비관적인 패배감이 팽배해진 것은 사실입니다만, 놀랍게도 일본 경제는 빠른 회복을 보였습니다. 그 원인은, 일본은 이미 19세기 후반부

드라마화 한 '반딧불의 묘'

일본 경제 고민없이 읽기

터 20세기 초반에 걸쳐 아시아에서 유일하게 자생적인 산업혁명을 경험했고, 제2차 세계대전 이전에 벌써 중화학 공업화를 완성하면서 성장 잠재력을 갖추었던 나라였기 때문입니다.

원작 만화영화 '반딧불의 묘'

패전 당시의 참혹한 일본 경제 상황을 잘 묘사한 영화 한 편을 소개할게요. 전쟁으로 폐허가 된 고베시(神戸市)에서 어머니는 화상으로 숨을 거두고 아버지는 전쟁에서 살아 돌아오지 못하면서 고아가 된 두 남매가 결국 먹을 식량이 없어 굶어 죽어야만 하는 비참한 상황을 묘사한 '반딧불의 묘'라는 만화영화입니다.

영화는 사뭇 어둡고 답답한 장면으로 이어지지만, 전쟁이 얼마나 참혹하고 비도덕적인지, 그리고 인간성 그 자체를 파괴하는 극악한 범죄행위인지를 잘 보여주고 있습니다. 한편으로는 가해자인 일본이 원폭을 맞은 피해자로 둔갑된 영화라는 비판도 있지만, 시각을 달리하여 전쟁 그 자체에 초점을 맞춘다면 볼만한 영화입니다. 아무튼 제가 하고 싶은 말은, 이 영화를 보면 일본이 폐전 후 얼마나 심각한 가난과 재화의 부족으로 타격을 받았는지를 알 수 있다는 것입니다.

3. 이제야 살았다? 한국전쟁 특수

맹귀우목(盲龜遇木)　이러한 시대적 배경하에 1950년 6월 25일 한국전쟁이 발발하였습니다. 전쟁 발발 후 한 달도 안 돼 국제연합군이 참전하고 같은 해 11월 중공군이 참전하면서 한국전쟁은 국제전으로 확대되었습니다. 소련에 이은 중국의 공산당혁명이 성공하자 미국은 한국전쟁이 자칫 제3차 세계대전으로 이어질지도 모른다는 긴박감에 일본에 주둔하고 있던 미군을 출동시켰습니다. 이로써 일본은 한반도 전쟁의 전략물자 보급기지가 되었고 이를 위한 비용은 미국 군사예산에서 달러로 지불되었습니다.

미국을 주력으로 한 국제연합군이 전선(戰線)에서 필요한 군수물자와 서비스를 일본을 통해 사들인 것 말고도, 종전 교섭단계에 들어서면서부터는 한국 부흥용과 주일 연합군용 자재 및 서비스까지 포함시켰습니다. 여기에 더하여 미국의 병력확장 전략과 아시아 군사원조와 관련된 물자와 서비스 등, 이른바 '신특수'로 범위가 확대되었지요.

당초 일본은 한국전쟁 특수를 일회성 반짝 호황 정도로 생각했지만 예상외의 수요 효과를 가져 오면서 속으로는 한국전쟁이 장기화되길 바랐을지도 모릅니다. 일본은 이때 발생한 이윤을 신기술과 기계도입의 주된 자금원으로 사용하였지요. 남의 불행이 나의 행복이 된 케이스라고 할까요. 한국전쟁은 침체에 빠진 일본 경제가 단번에 도약할 수 있는 계기를 마련해 주었으며, 그 중에서도 각종 군수품 생산과 섬유, 그리고 금속산업에서 특히 큰 호황을 누렸습니다. 이제 일본의 국제수지는 흑자로 돌아섰고, 1949년 말 2억 달러에 불과했던 외화는 1950년 말 9억 4천만 달러로 4.5배나 급증하였습니다. 소위 한국전쟁특수를 누리게 된 것이지요.

　　토요타와 닛산 등 일본자동차 산업이 호기를 맞게 된 것도 이때입니다. 토요타는 태평양 전쟁시인 1944년 군수공장으로 지정돼 육군용 트럭을 생산하였지만, 패전 후 극심한 인플레이션으로 현금흐름

토요타 크라운 초기 모델(토요타박물관 소장)

에 어려움을 겪으면서 1948년 총자산가치의 여덟 배에 이르는 부채를 떠안게 됩니다. 토요타는 도산을 피하기 위해 관리자들이 자발적으로 감봉을 하고 모든 종업원들이 임금을 10% 삭감하는 정책까지 실시하였지만, 결국 1950년 파업사태로 파산위기에 직면하면서 토요타 키이치로(豊田喜一郎, 1894~1952) 사장이 물러났어요. 그런 와중에도 키이치로는 '우리 엔지니어들이 손도 씻지 않고 식사를 할 정도로 매진하고 있는 것을 보면, 일본 산업을 다시 건설하려는 우리의 능력을 확신할 수 있다'고 말하였습니다. 역시 시부사와 에이이치의 국가주의 경영이념은 토요타에 이르기까지 맥을 놓지 않고 있는 것 같아 저는 무섭게까지 느낍니다.

그런데 토요타가 법정관리에 들어간지 20일 만에 한국전쟁이 발발하였고 이때 미군으로부터 군사용 트럭 1천 대를 한꺼번에 발주받으면서 기사회생하는 전환점을 마련합니다. 그리곤 TPS(Toyota Production System, 1953년)라는 고유의 토요타 생산시스템을 도입하고, 1955년과 1957년에 개발한 승용차 '크라운'과 '코로나'로 성장의 계기를 마련하면서 승승장구합니다. 두 모델은 60년대 중반 대우자동차의 전신인 신진자동차가 한국에 도입하기도 하였습니다.[23]

이뿐만이 아닙니다. 우리도 잘 알고 있는 파나소닉은 또 어떻습니까? 역시 한국전쟁으로 기사회생한 기업입니다. 한국전쟁 전에는 물

---

23 2018년 10월 토요타 아키오 사장은 글로벌 리더가 되기 위해 일본 최대 통신사인 소프트뱅크(Soft Bank) 손 마사요시 사장에게 먼저 자율자동차 동맹을 맺는 협업을 제시하였습니다. 토요타는 차량에 대한 정보는 있지만 소프트뱅크가 보유한 사람에 대한 정보가 없다는 점을 인식한 것이지요. 이어 2019년 1월에는 파나소닉과 배터리공동생산을 위한 합자회사 설립을 발표하면서 미래에 다가올 4차산업혁명 인공지능 시대의 주도권을 장악하기 위한 발판을 마련했습니다.

일본 경제 고민없이 읽기

건이 팔리지 않아 허덕였지만, 전쟁 이후 군용트럭에 필요한 선반의 폭발적인 수요에 힘입어 밤샘작업을 해도 따라가지 못할 정도로 생산량을 늘려 갔습니다. 일본 국적항공사 JAL은 점령기간에 적용되었던 항공운행 금지기간이 해제되면서 1951년 8월 일본 최초의 항공사로 자리 잡았습니다.

이런 것을 어려운 형편에 우연히 행운을 얻게 된다는 고사성어인 맹귀우목(盲龜遇木)이 적절하게 들어맞는 상황입니다.

| 요시다 시게루, 이제야 살았다?   참으로 재수 좋은 과부는 엎어져도 가지밭에만 엎어진다고, 미국은 한국전쟁을 대처하기 위해 자국의 가공 제조업을 일본으로 대거 이전시키고, 이를 눈여겨 본 일본은 이 기회를 이용해 선진기술을 확보하여 손쉽게도 자기 것으로 만들었습니다. 오죽했으면 당시 일본수상이었던 요시다 시게루(吉田茂, 1878~1967)가 '이제야 살았다' 하고 한국전쟁에 쾌재를 다 불렀겠습니까? 경천동지(驚天動地)할 일이지요.

사실 요시다 시게루는 전후 일본의 국가형성에 주역을 담당한 '보수 본류'로 구분되는 인물입니다. 그는 맥아더와의 개인적 신뢰관계를 이용해 상징천황제, 국민주권, 평화주의 등 신생국가의 모습을 구축하면서 리더십을 확보해 나갔습니다. 미군

■ 요시다 시게루

이 일본에 주둔하기로 결정될 때 수많은 반대가 있었지만, 그는 미국의 힘을 지렛대 삼아 일본을 일으키겠다는 신념을 갖고 밀어 붙였습니다.

"지금 일본은 힘이 없어. 그러나 방위는 필요하지. 근데 말이야.
그 방위라는 것이 한번 돈이 들어가기 시작하면 한이 없거든.
지금은 경제력을 갖춰야 할 시기야. 방위에 쓸 돈이 어디 있어?
물론 미군이 돌아가면 일본이 방위를 맡아야 하겠지만 지금은 그럴 능력이 안 되니 미국에게 첨병역할을 부탁했다고 생각하면 돼.
지혜 없는 자들은 일본이 아직 점령상태에 있다고 생각하겠지?"

"그렇지만 미군이 영원히 주둔하진 않을 걸세. 우리도 계속 이용당하리라곤 생각 안 해. 미군이 철수하겠다고 말할 때가 반드시 올 거야. 그때가 바로 미국과 일본의 지혜싸움을 벌이는 때야."

그래서 그의 별명이 '슈퍼현실주의자', '안보무임승차론자'였는지도 모르겠습니다.

이후 일본은 오늘날에 이르기까지 GNP의 1% 전후의 방위비 지출을 부담하고 있는데, 이는 다시 말하면 GNP에서 차지하는 방위비 지출이 낮은 만큼 경제 인프라와 복지증진에 여분의 힘을 쓸 수 있다는 의미이겠지요. 맨큐의 경제학 제1 기본원리를 참고하자면, 대포냐 버터(guns or butter)[24]냐 중에서 대포(국가안보)를 희생하고 버터(경제성장)

24 맨큐의 경제학 책을 보면 모든 선택에는 대가가 따른다는 의미로 '대포와 버터'의 선택

일본 경제 고민없이 읽기

를 선택한 케이스입니다. 전후 일본이 높은 경제성장률을 유지한 배경 중 하나입니다. 참고로 우리나라의 GDP 대비 방위비 지출은 대략 2.5% 전후입니다.

한편 일본은 한국전쟁으로 미군이 빠져나가자 일본 국내 치안을 보충한다는 명목으로 1950년 8월, GHQ의 지령에 따라 경찰예비대를 창설하였는데, 1952년 이는 다시 보안대로 개편된 후 1954년에 방위청이 설치되면서 자위대(自衛隊)로 성장하는 계기를 마련하였습니다. 역사에는 이프(if)가 없다고는 하지만, 만일 한국전쟁이 없었다면 자위대도 창설되지 않았을 테고 오늘날 일본의 수상 아베신조(安倍晋三)가 헌법을 바꾸면서까지 군대를 보유하려고 하는 야심은 꿈도 꾸지 못했을 겁니다. 하나 하나가 직간접적으로 한국과 깊은 관련을 맺고 있군요.

결과적으로 볼 때 일본 경제는 한반도의 비극을 통해 위기에서 벗어나 경제 활기를 찾았고, 그 덕에 전전(戰前)의 경제수준까지 부활하면서 고도경제성장의 기초를 다져 나갔습니다. 미국의 일본에 대한 원조도 1951년 6월 기준으로 중단되는데, 이 역시 미국으로부터 더 이상 원조를 받지 않아도 될 만큼 일본 경제가 성장했다는 뜻으로 해석할 수 있습니다. 그러나 일본이 전후 재건에 성공했던 것이 단순히

문제가 나옵니다. 즉 우리가 국토를 지키기 위해 돈(대포)을 쓴다면 그만큼 우리의 생활수준을 높이기 위해 사용해야 할 돈(버터)는 줄어들 수밖에 없다는 것이지요. 그러나 대포냐 버터냐의 양자택일이 아니라 둘 다 선택할 수도 있어요. 아베노믹스가 바로 그런 것 같습니다. 집단적자위권과 경제성장, 사회보장을 동시에 추구하겠다는 정책이니까요.

한국전쟁의 덕이라고는 말할 수 없는 이유가 몇 가지 있습니다.

첫째, 일본은 아시아에서 유일하게 제국주의 국가로서 전전(戰前)부터 생산설비와 기술을 축적한 국가입니다. 전쟁으로 생산시설이 파괴되었다고는 해도 그 기술력과 근면한 민족성 등은 남아 있었던 거지요.

둘째, 질 높은 인적자본과 지적 수준이 높은 정부의 정책 관료들이 있었기 때문입니다. 그들은 전후 혼란기 상황 속에서도 영혼이 있는 공무원의 역할에 충실하였으며, 성실하게 일을 처리해 나갔습니다. 정부 주도하에 기업에 자금을 지원하는 정책을 실시할 때도 이들 엘리트층의 청렴성은 그야말로 일본의 대 국민적 분위기에 힘을 실어 주었습니다.

셋째, 재벌해체 이후 새롭게 진입한 젊은 경영자들의 왕성한 기업가정신(Entrepreneurship)입니다. 청렴한 관료와 행동주의적인 젊은 경영자들의 결합이 시대적으로 맞물리면서 활발한 설비투자와 전후 산업합리화를 추진하는 원동력이 되었다고 할 수 있지요.

4. 일본기업의 3대 고용관행

종신 고용제 | *When they were young they might spend the night at the office, sleeping under their desks. For years they would go out drinking with colleagues and clients, returning home sozzled at 3am before rising at dawn to head back to the office. They accepted boring jobs or postings to provincial backwaters without question. And they did it all simply because the company asked them to. The thought of finding another employer never crossed their minds.*

하하하. 갑자기 영어가 튀어나와서 당황하셨나요? 일본 샐러리맨들의 하루 일과를 적절하게 표현한 2008년 1월 3일 『The Economist』의 'Sayonara, Salaryman' 기사 내용입니다. 일본 샐러리맨들에게 회사란 근로의 현장일 뿐만 아니라 인간관계를 맺는 장소이고 하나의 운명공동체 같은 곳이기도 하지요. 이러한 샐러리맨들의 희생이 없었다면 일본이 세계 제2의 경제대국으로 우뚝 서기 어려웠을 겁니다.

그렇다면 이들은 왜 이렇게도 근면과 성실성을 바탕으로 회사를 위해 희생하고 높은 충성도를 보였을까요? 그건 아마도 일본 특유의 종신고용제와 연공서열제 등 일본 기업의 특수한 고용관계에서 비롯된다고 봅니다.

종신고용제도를 한마디로 정리한다면, 기업이 정규직 종업원에게는 정년까지 고용을 보장하는 노동관행을 말합니다. 그렇다고 해서 이를 근로조건으로 명문화하거나 어떤 법적인 근거를 갖고 강제적으로 시행하는 것은 아닙니다. 즉 어떤 특정한 형태의 계약서를 갖고 있는 것은 아니며 설사 계약이라는 행위가 있더라도 그 자체는 별 의미가 없습니다. 오직 도의적 관습으로 노사 간에 유지되어 온 일종의 심리적 계약이라고 할 수 있습니다. 따라서 경영자가 노동자를 절대로 해고할 수 없거나 또는 노동자가 결코 직장을 그만둘 수 없다는 의미는 아니겠지요.

그렇다면 왜 일본에서 종신고용제가 정착할 수 있었던 걸까요? 19세기 말 일본의 자본주의는 급속한 발전을 가져왔지만 그 과정에서 기업가들이 숙련되고 기율(紀律)을 갖춘 노동자를 구한다는 것이 쉽지만은 않았습니다. 숙련노동자가 항상 부족하다 보니 각 기업들이 이들을 확보하고 장기적으로 묶어 둘 장치가 필요한 상황에서 일본식 종신고용제가 자연스럽게 정착된 거지요. 신규 채용한 종업원이 기업 내 훈련을 통해 숙련공이 되고 나서 혹시 타 기업으로 갈아

타지 않도록 복리후생시설을 마련하고 연공임금을 적용합니다. 또 그것이 기업의 입장에서 볼 때도 유리하기 때문에 종신고용제가 유지되는 측면도 있지요.

게다가 2차세계대전이 일어나자 1939년 '임금통제령'을, 그리고 1940년 '종업원 이동 방지법' 등을 반강제적으로 시행하면서 노동자들의 기업 간 이동을 금지시켰습니다. 어찌 보면 이 두 개의 전시법령이 종신고용의 출발점이라고도 할 수 있습니다. 두 개의 법령에 따라 임금은 동결되었고 종업원들은 연 1회 월급을 올려 주는 것 정도만 인정되었어요. 전시 경제체제를 유지하기 위해 제정된 법령이니 전쟁이 끝난 후에 당연히 폐지되었지만, 이후에도 높은 임금을 쫓아 회사를 옮겨 다닌다는 것은, 남의 시선을 중요시 여기는 일본 문화에서 어불성설(語不成說) 쉽지 않았을 겁니다.

이러한 현상에 대해 일본인들은 회사를 일종의 이상적인 가정처럼 느끼면서 심리적·조직적·경제적으로 결속된 공동체라고 믿기 때문이라고 보는 학자도 있습니다. 근로자들은 기본적으로 자신이 속한 회사를 위해 자신의 일생을 헌신하리라 생각하고 있고, 회사는 노동자들을 끝까지 돌봐줄 것이라고 믿는 거지요.

그런 점에서 볼 때 일본사회는 상호적 이타주의(reciprocal altruism) 가 잘 발달된 사회인 것 같습니다. 즉 인간의 경제는 사회적 관계 속에 묻혀 있어서, 물질적 재화를 소유하거나 개인적 이익을 수호하기 위해서만 행동하지는 않는다는 거예요. 자신이 속해 있는 사회적 입장과 요구, 그리고 사회적 자산을 보호하기 위해 행동하기 때문에 우리가 살고 있는 공동체가 비경제적 동기에 의해서 작동하고 있다는 겁니다.

생애고용(生涯雇用)이라고도 불리우는 이러한 종신고용제도하에서 일본의 근로자들은 통상 정년이 될 때까지 동일회사에 충실히 근무하면서 가족과 사생활보다는 회사를 더 우선시 여겨왔다 해도 과언이 아닙니다. 영국의 시사주간지 "Economist"(1979)는 이런 일본인들의 불쌍하리만큼 성실한 모습을 '토끼장에 살고 있는 일벌레들'이라고 표현했지요. 일본이 전 세계 최고의 노동생산성을 자랑하고 있는 것은 바로 이 때문입니다. 기업에 대한 노동자들의 귀속의식을 높여 '회사인간'(会社人間)을 만들어 내다보니, 때로는 노동자들의 기본 인권을 무시하는 기업도 있습니다만, 대부분의 일본 노동자들은 워낙 착해 제 목소리를 내지 못하는 경우도 수두룩하거든요.

저와 같이 일본에서 유학했던 한 친구는 학부를 졸업하고 일본 기업에 취업했다가 숨이 막혀 도저히 견딜 수 없다며 퇴사하고 한국으로 돌아왔습니다. 그렇게도 바랐던 튼튼한 기업이라서 축하해 주고 열심히 하라는 덕담도 해 주었건만, 일본기업의 풍토와 근무환경이 너무나 엄격하고 빈틈이 보이지 않아서 적응하기 힘들었다고 합니다. 우리와 체질이 다른 것이지요. 업무량이 많은데도 불평 한마디 없이 회사를 위해 뼈가 가루가 되도록 열심히 일하는 환경을 보면서, 왜 일본을 '과로사 대국'이라고 표현했는지 실감이 나더라는 겁니다.

한편 일본에서 소규모 기업들이 쉽게 도산하는 이유 중 하나로 직원을 해고하기 어려운 사회분위기 탓을 말하기도 합니다. 직원을 해고하는 기업이라는 부정적 이미지를 남기느니 차라리 파산선고를 하거나 규모를 줄여 회사를 재정비하는 편이 낫다고 생각하는 거지요.

기업은 때로는 경제 불황으로 경영 위기에 직면할 때 직원을 해고시켜야만 하는 상황이 발생할 수도 있는데, 회사는 직원을 돌봐주

일본 경제 고민없이 읽기

어야 한다는 보수적인 보호이념이 남아 있어서 쉽게 결정을 내리기 어려운 것이지요. 종신고용제가 일종의 사회적 규범으로 정착되다 보니 이러한 암묵적인 규범을 준수해야 좋은 회사로 인정받고 그래야 질 높은 직원을 채용할 수 있을 뿐만 아니라 기업의 신용도 얻게 됩니다. 그래서 기업경영이 악화되더라도 노동자를 해고하기 보다는 노동시간을 단축하거나 작업배치 전환, 혹은 파견 등으로 고용

아사히신문사에서 2002년에 출간한 '회사인간이 회사를 망친다'는 책

을 유지하는 방법을 택합니다. 아니면 신규채용을 중단하는 방법도 있겠지요. 이렇게까지 하는 이유는 단 하나, 고용안정입니다.

그러나 종신고용제 역시 세월이 흐르고 변모하면서 이제는 서구형 성과주의제도를 도입하는 기업도 많아졌습니다. 즉 일본의 산업지도가 구조불황이라는 전환기를 맞이하면서, 제조업뿐만 아니라 관리직에서도 고용유지에 어려움을 겪고 있거든요. 버블붕괴로 저성장에서 빠져 나오기 힘들었던 기업입장에서는 종신고용제 및 연공서열제를 통한 임금체제를 유지하기 어려웠을 겁니다. 이 부분에 대해서는 6장의 '4. 일본식 고용시스템의 변화'에서 다시 다루겠으니, 최근의 변화에 대해서는 그쪽에서 한번 더 공부하도록 하자구요.

연공서열제 한편 일본 노동자들이 그들이 원하는 대로 직장을 옮기지 못하는 데는 또 다른 이유가 있습니다. 즉 월급과 승진, 그리고 퇴직금 등이 직원의 연령과 근속년수에 따라 정해지는 임금체제가 존재하고 있기 때문이지요. 게다가 관리직으로 승진할 수 있는 가능성과 의사결정에 참여할 수 있는 길이 열려 있어서 노동자의 충성심도 따라옵니다. 초기 임금은 상대적으로 낮지만 연령에 따라 급여곡선이 상승하기 때문에, 최종 학교를 졸업한 후 회사에 들어가 정년퇴직 할 때까지 그 회사를 다니고, 서열에 따라 봉급이 올라간다는 것을 자연스럽게 받아들입니다.

입사동기인데도 불구하고 임금격차가 생기면 회사원들 간에 위화감이 생기지 않겠습니까? 그런데 비슷한 월급에 승진도 계급장도 비슷하다면 쓸데없는 경쟁심은 완화될 것이고 연대의식을 갖게 된다는 장점도 있습니다. 노동자들의 실적이나 능력과 임금 사이에는 격차가 존재하는 경우도 있겠지만 입사 초년생들은 현재 월급이 적어도 시간이 흐르면 자신들의 승진과 더불어 월급이 상승될 것을 알고 있기 때문에 잘 참고 직장을 다닙니다. 그래서 1970년대 한국의 평균 이직률이 평균 5% 일 때 일본은 고작 1.5% 였다고 합니다(Ito and Kang, 1989).

그렇다면 한번 생각해 봅시다. 만일 여러분들이 직장을 옮길 경우 연공서열을 적용받지 못해 승진에서 불리할 뿐만 아니라 연봉 역시 처음부터 다시 시작해야 한다면 직장 이동을 쉽게 결정하기 어렵겠지요. 사실상 도중에 회사를 옮긴 사람들은 학교를 갓 졸업하고 들어온 신참자와 거의 동일한 대우를 받게 될 테니까요. 물론 이렇게 중간에 입사한 사람들도 능력만 된다면 서열상승이 가능하겠지만, 일반적으로 한 직장을 그만두면 승진 기회와 경제적인 손해를 볼 뿐만 아니라 뭔가 문제가 있어 직장을 옮겼을 거라는 부정적인 뒷담화가 있는 사회에서 이직을 결정하기는 쉽지 않을 겁니다. 이런 분위기에서 일본 노동자들은 종신고용제 및 연공서열제를 자연스럽게 받아들였습니다.

그렇지만 연공이란 근속년수로만 임금체제가 좌우되지는 않습니다. 이에 더하여 기능과 지식, 기업에 대한 공헌도 등 직무수행능력이 함께 평가되는 종합적인 개념이기도 합니다(野村, 2007). 연공서열 중 기능과 지식은 월급명세서에 '직능급'으로 따라 오기 때문에 직장생활만 오래 한다고 월급을 올려 주는 게 아니라는 거지요. 근로의욕을 올리기 위한 인센티브제도를 제외할 수는 없잖아요. 그래서 엄격한 의미에서는 일본의 연공서열제하에서의 임금체계를 연공급과 직능급을 동시에 갖고 있는 '병존형 임금체계'라고도 합니다(우준희, 2018).

그렇다면 기업은 모든 사원들에게 종신고용과 연공서열제를 적용할까요? 그렇지는 않습니다. 임시공이나 파트타임 등 정규직이 아닌 경우와 중소기업은 적용범위에서 벗어납니다. 대기업 역시 저학력자나 여공, 인사고과가 낮은 노동자들에게는 적용하지 않는 경우가 많습니다.

이렇게 볼 때 연공서열제란 정규직 노동자들에게만 해당되고 기업은 이들 숙련공들이 타사로 이동하지 못하도록 기업 내에 가두어 버리는 제도로 연공임금제를 활용하고 있다고도 볼 수 있겠지요.

| 기업별 조합　제2차 세계대전 이후 일본의 노동조합은 미군정하에서 급속도로 조직되었습니다. 패전 후 미군정은 재벌 또는 자본가 집단이 일본의 민주화에 가장 큰 걸림돌이라고 생각했고, 이들의 힘을 약화시키기 위해서는 상대적으로 노동운동을 활성화시키는 것이 무엇보다 좋은 방법이라고 생각했습니다. 즉 GHQ는 대기업 위주의 산업구조가 재무장의 원인이었다고 지목한 이후 노동조합과 노동운동을 통해 대기업의 입지를 축소시키길 원했습니다. 그래서 일본 신헌법(28조)을 제정하여 노동3법을 부활시키고 노동자의 단결권, 단체교섭권, 단체행동권 등을 법적으로 보장하였죠. 그 결과 노동쟁의는 1946년 920건에서 1950년 1천 5백여 건까지 증가하였고, 1945년 0%이던 노동조합은 불과 4년 만에 56%까지 상승할 정도로 빠르게 결성되었습니다.

그런데 일본의 노동조합은 영미식의 직업별 조합이나 산업별 조합과는 달리 기업별 조합이라는 특징을 가지고 있습니다. 여기서 말하는 기업별 조합이란, 각각의 기업에 속한 종업원이 직종에 상관없이 기업 자체가 하나의 조직단위로 노조를 결성하고, 노조활동 역시 연합조직이 아닌 기업수준에서 이루어지고 있는 경우를 말합니다. 산업별 조합체제하에서는 실업자 문제나 때로는 정치적 이슈도 중요한 과제이지만, 기업별 조합에서는 고용된 조합원의 복지를 보다 중요한 과제로 삼는 것이 특징입니다.

그렇다면 일본에서는 왜 기업별 노조가 형성된 것일까요? 여기에는 몇 가지 원인이 있습니다. 노동자들은 패전 이후 자신들의 안정적인 고용보장과 생활을 확보하기 위한 투쟁을 전개했지만, 기업 경영자 역시 무엇보다 기업의 이익을 최우선으로 해야 하는 상황이었습니다. 그런데 기업과 종업원 양측은 서로를 필요로 하는 운명공동체이기 때문에 기업을 안정적으로 경영하는 것이 최선이라고 상호 인식하고 있었던 겁니다. 이러한 상황 속에서 '노직일체'(勞職一體)의 기업별 조합이 탄생한 것이지요.

물론 노조는 종업원의 경제적 지위를 향상시키기 위해 단체교섭을 조직하고 때로는 스트라이크를 일으키기도 하지만, 기업의 업적이 악화될 경우에는 실업자가 발생하지 않도록 임금상승을 자제하는 대신 고용확보를 우선시 하였고, 자신들이 속한 기업의 존속과 발전을 저해하는 활동은 자제하는 '차악한' 특징을 갖고 있습니다.

물론 일본에도 노동운동이 있습니다. 일본식 노동운동은 매년 벚꽃이 피는 봄에 산별 노조가 결집하여 통일지도부하에서 임금인상을 주요 쟁점으로 하는 춘투(春鬪)를 합니다. 이케다내각(池田內閣)의 '국민소득배증계획'이 시작된 1960년 이후 높은 경제성장과 노동력 수요급증을 배경으로 노조는 노동운동을 통해 연 10%가 넘는 임금인상의 성과를 올리기도 했습니다. 이때가 연공서열형의 임금체계, 종신고용제, 기업별 노동자조합을 통한 노사협조 등 일본형 기업경영의 특징이 완성기를 맞이했던 시기입니다. 70년대 중반 이후에는 오일쇼크로 인해 일본 경제가 저성장시대로 전환되면서 노동자들이 고용불안을 느끼자 노동조합의 주요 관심사는 임금인상보다는 고용안정에 우선을 두었지요.

사실 일본 기업 문화의 특징을 말할 때 경영가족주의를 자주 언급합니다. 이윤추구를 위해 설립된 기업임에도 불구하고 일본의 기업가들은 종업원들을 마치 자신의 가족과 같이 생각하고 있다는 겁니다. 1990년대 초반부터 시작된 경제 위기 속에서 일본 기업들이 구조조정을 통한 인력 감축을 포기하고 기업 파산 신청을 했던 기업들이 많습니다. 이는 전 세계 어느 문화 속에서도 찾아보기 어려운 행동으로 비추어 졌습니다. 노동자에 대한 가족적 의식은 사측이 노조와 대화할 채널을 항상 열어 두고 있다는 공동체 인식을 갖게 될 것이고, 이러한 분위기가 노사 대립 문제에 직면할 때 대화 채널로 문이 열리게끔 하니 궁극적으로 발전적인 정책이 도출되면서 선순환적인 노사관계가 정착되겠지요. 이것이 소위 게임이론에서 말하는 팃포탯(Tit-for-Tat) 전략[25]이 아닐까요?

이러한 노사관계가 정착하게 된 배경은 무엇보다 노조가 정치에 개입하지 않으려 했고, 기업은 고도경제성장을 배경으로 근로자들의 복지에 주력한 것이 가장 큰 이유일 것입니다. 그래서 일본식 노동관행이 일본기업의 지속적 성장은 물론 기업 내 노사 간의 일체감 증대와 노사관계 안정에 크게 기여해온 것으로 높이 평가되어 왔습니다.

이와 같은 노사 간 긍정적인 선순환 구조가 한국에서는 왜 보기 힘들까요? 그건 아마도 한국의 노조가 협력적 전략을 취했을 때 오히려 더 큰 손해를 경험했거나 또는 협력하려 해도 기업과 국가가 신뢰할 만한 태도를 보이지 않은 경험이 있어서 그럴 겁니다. 그래서 그런지 오늘날에 이르기까지도 한국의 노사문화에서의 협력관계는 요원해 보입니다.

---

25 Tit-for-Tat 전략은 반복게임 상황에서 기본적으로 협력상태로 시작하며 상대가 협력하면 자신도 협력해서 윈-윈 관계를 만드는 상호작용 전략 중 하나입니다. 이에 대한 논의는 김영세(2005)에서 자세하게 설명하고 있으니 참고하시기 바랍니다.

3장

{ 재벌구조와
메인뱅크 }

1. 재벌의 흥망성쇠

재벌이란?   일본에서 재벌(ザィバツ, zaibatsu)에 대한 이미지는 일족(一族)에 의해 부(富)가 편중되어 폐쇄적이고 반사회적이라는 부정적인 이미지도 있지만, 국민경제에 있어서 일정한 효율성과 합리성이 인정되는 측면도 있습니다. 특히 개발도상국이 압축경제성장을 도모하고자 할 경우에는 일본식 재벌체제가 경제모델이 될 수도 있다는 긍정적인 평가도 받고 있지요.

이러한 배경에는 대체로 재벌이 에도시대(江戸時代, 1603~1867)에 생성되어 메이지시대(明治時代, 1868~1912)를 거치는 동안 국가권력으로부터 각종 보호정책과 장려책의 도움을 받으면서 성장했다는 시각과, 이로서 일본의 근대화와 경제발전을 달성하는데 주도적인 역할을 감당해 온 것이 또한 재벌이라는 인식이 남아 있기 때문입니다. 일반적으로 일본의 재벌은 몇 가지 중요한 특징을 갖고 있습니다.

첫째, 재벌은 가족 중심의 소유체제를 이루면서 본사기구를 정점에 두고, 절대적인 위치에 있는 주요 산하기업을 직계 또는 방계의 형태로 통합, 관리하며 경제력을 집중해 왔습니다. 즉 재벌 내부의 지배구조는 피라미드 형태로 구성되어 있어서 최상층에는 지주회사, 그 밑으로 자회사, 계열회사, 방계회사 등 계층적으로 회사를 지배하는 형태입니다. 특히 근대화 이후 경제력 집중을 통하여 국민 경제에 강력한 지배력을 행사해 왔습니다.

둘째, 재벌은 거의 모든 산업을 문어발식으로 확장시켜 나갔고 그들은 재벌에 종속되거나 단지 일부의 권한만을 제한적으로 갖고 있으면서 기업지배구조에 종속되어 있었습니다.

셋째, 재벌은 제조업 부문뿐만 아니라 금융 부문도 지배했습니다. 즉 은행을 시작으로 신탁회사와 보험회사도 소유했는데, 이들 금융기관이 그들 자본의 주요 원천이 되었고 다른 회사를 지배하는 수단으로도 이용하였습니다.

일본에서 최초로 통합된 재벌의 모습을 갖춘 대표적인 기업으로는, 해운업과 관련 산업의 다각화를 통해 성장한 미츠비시(三菱), 직물과 금융산업으로 성장한 미츠이(三井), 그리고 동 제련과 광업으로 부를 축적한 스미토모(住友) 등입니다. 보통 이들 3사를 3대 재벌이라고 부르는데, 각 재벌의 특징을 다음과 같이 표현하기도 합니다.

'조직의 미츠비시, 인간의 미츠이, 결속의 스미토모'

이들 각 재벌은 전전(戰前) 일본 자본주의의 생성 및 발전과 더불어 20세기 초반 일본이 군국주의 · 제국주의화 되는 과정에서 높은 경제력집중을 통해 국민경제에 강력한 지배력을 행사해 왔습니다.

3대 재벌과 현대자동차의 유전자 '제로센'

그렇다면 먼저 미츠비시(三菱)부터 알아보겠습니다. 미츠비시는 이와사키 야타로(岩崎弥太郎, 1835~1885)란 인물이 메이지 유신 이후 정부로부터 불하받은 해운업을 통해 거대한 이익을 벌어들이면서 성장한 재벌입니다. 이후 일본우선(日本郵船)의 해상운송에서 독점적 지위를 기반으로 발전하였으며 미츠비시합자회사(三菱合資会社)를 본거지로 해운 · 광산 · 조선 · 철도 · 은행 · 상업 · 무역 등 거의 전 산업에 걸쳐 다각적인 경영을 이룩해 온 재벌이지요.

그 중 미츠비시중공업은 제2차 세계대전 때 가미카제 특공대의 탁월한 기동력으로 미국 전투기를 압도했던 고성능 전투기 '제로센'(零戰)[26]을 설계하였고 나카지마비행기사와 공동으로 생산하였습니다. 전함 '야마토'(大和)도 미츠비시중공업 작품입니다.

그런데 미군이 일본을 점령했던 당시에 가장 격정하면서 경계를 했던 기

■ 미츠비시중공업

---

26 2006년 『永遠の0』(영원한 제로) 책이 600만 부나 팔리는 스테디셀러 반열에 올랐는데, 이 책은 2013년 영화로 만들어 제38회 일본 아카데미상 최우수작품상을 수상하였고 2015년에는 TV 드라마(日本テレビ)로 제작하였습니다.

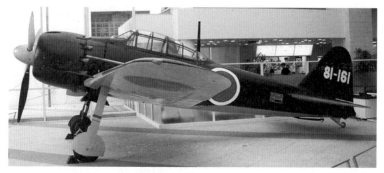
미츠비시가 생산한 제로센 A6M5 전투기(야스쿠니신사 유수관박물관에 전시)

술이 바로 일본의 항공기술이었다는 사실을 알고 계시나요? 진주만 공격의 끔직한 경험 때문인지 점령군 미국은 이들 기업을 해체해 버렸습니다만, 기업을 해체한다고 해서 머릿속에 내장되어 있는 기술력까지 사라지지는 않겠지요. 항공 기술력이 걱정된 미군은 '항공금지령'을 내려 어떤 기업도, 어떤 기술자도 항공기 제조와 관련한 연구를 할 수 없도록 조치하였습니다.

미군의 항공금지령으로 일거리를 잃은 기술자들은 자리를 옮겨 후지중공업과 미츠비시에서 비행기제조기술을 토대로 자동차 제조에 뛰어들었습니다. 그들은 마치 주머니에 숨겨도 뚫고 나오는 송곳처럼 그곳에서 자신들의 기술력을 증명해 나갔습니다.

한국전쟁은 이들에게 또 다른 기회를 안겨줍니다. 당시 미국은 급진적 자유주의자들이 권력을 장악하면서 일본 중공업을 재기불능상태로 만들어 일본을 농업소국으로 전락시키려는 파괴적인 계획을 준비하였지만, 결국 한국전쟁으로 물거품이 되어 버렸지요.

미국은 한국전쟁에서 고장 난 미군 전투기 점검과 수리를 이들에게 부탁하였는데, 이때의 기술력으로 일본의 항공산업은 다시 극적으로 재기합니다. 1956년 미국이 항공금지령을 전면 해제하면서 후지중공업의 자동차 부문은 'SUBARU'(스바루)라는 브랜드로 다시 탄생하였지요.

미츠비시는 1973년 엔진기술공여를 시작으로 현대자동차와 제휴하였는데, 오늘날 현대의 유명한 그랜저와 갤로퍼는 미츠비시의 '데포니아', '파제로'를 그대로 들여다 만든 것이고, 한국 첫 토종 자동차로 알려진 포니와 엑셀, 소나타 역시 미츠비시에서 들여온 플랫폼을 토대로 만든 것이라고 합니다. 이렇게 추적해 나가다 보니 결국 현대자동차의 유전자가 제로센과 연결되네요. 기술의 생명력이란 이런 건가 봅니다.

그런데 참으로 역사가 아이러니 한 것이, 이때 초특급 엘리트기술자로 제로센의 설계를 이끈 인물이 누구인지 아십니까? 바로 A급 전범으로 사형대에 올랐던 도조 히데키(東條英機) 총리의 차남 도조 데오루(東條輝雄)라는 사실입니다. 그는 1962년 일본 최초의 국산항공기인 'YS-11', 그리고 항공자위대의 'C-1'까지 만들었고, 이후 미츠비시중공업의 부사장을 거쳐 사장, 회장까지 역임하였지요.

'너는 기술자로 살아서 보국(報国)하거라'

도조 히데키가 자식들을 훈계할 때마다 언급했던 말이라고 합니다.

도쿄 니혼바시에 있는 미츠이 본사 건물

미츠이(三井)는 에도시대부터 전형적인 고리대금업자로 출발한 재벌로, 미츠이은행과 미츠이물산이 중심 역할을 하였습니다. 메이지 유신 때는 정상(政商)으로 발전하였고, 이후 1909년 지주회사격인 미츠이합명회사(三井合名会社)를 본거지로 은행·신탁·보험·광산·중공업·전기·가스·상업·무역 등 전 분야에 걸쳐 종합적인 콘체른을 형성하면서 일본 최고의 재벌로 성장하였습니다.

제2차 세계대전이 끝날 때까지 미츠이는 지주회사를 통해 100% 지분을 가지고 계열사를 지배하는 구조를 형성하였으며 재벌해체 전까지만 해도 약 270여 개의 회사를 보유할 정도였습니다. 여담입니다만, 미츠이 집안에서는 자녀들이 결혼하면 아래의 세 가지 내용이 적혀 있는 병풍을 선물로 주는 가풍이 있다고 하네요.

오사카시에 있는 구 스미토모 본사 건물

첫째, 명주옷을 입지 말 것

둘째, 밥상에 세 가지 이상의 반찬을 놓지 말 것

셋째, 사업은 형제가 장손을 중심으로 굳게 뭉쳐서 할 것

무엇보다도 탄탄한 계승의식과 사회 발전적인 가치관을 심어주기 위해 겸손을 겸비하고 부단히 노력하는 모습에서, 오늘날까지 미츠이라는 기업이 지속 발전해 온 원천을 찾을 수 있을 것 같습니다.

스미토모(住友)는 전 세계 재벌역사에서도 가장 오래된 1590년에 동상(銅商)을 경영하면서 부를 축적한 재벌입니다. 메이지 유신 이후에는 동 제련과 광업으로 부를 축적하면서 스미토모은행(住友銀行)을 중심으로 콘체른을 형성한 재벌이지요.

스미토모 재벌의 가장 큰 특징은 중화학 공업을 중심으로 금속공업, 기계공업, 화학공업 등에 집중하면서 약 120여 개 사를 보유하였지만, 특이하게도 섬유와 상업 부분에는 투자를 하지 않은 기업입니다. 앞서 스미토모 하면 '결속'이라고 말씀드렸는데, 패전 후 하쿠스이카이(白水会)라는 재벌 내 사장단회의를 비밀리에 조직하여 집단지도 체제를 확립하고 연대의식을 통해 결속을 다진 재벌로 유명합니다.

| 재벌 해체　　재벌에 대해 말씀드린 이유는 GHQ가 시행한 핵심적인 경제 민주화 개혁 중 하나가 재벌 해체였기 때문입니다. 1946년 1월 미국정부 재벌조사단 단장이었던 에드워즈(Corwin D. Edwards)는 '재벌이 군사적 침략에 편리한 기구를 제공했다'며 전쟁책임을 재벌조직과 결부시켜 추궁하면서 해체를 권고하였습니다.

당시 일본 경제는 소비능력이 없는 저임금 노동자들과 높은 저축률 때문에 일본 국내시장이 협소해 지면서, 결국은 시장 확대를 위해 제국주의 전쟁에 빠져들었다는 인식이 강했습니다. 그래서 재벌 해체의 목적을 두 가지 측면으로 나누어 정리해 볼까 합니다.

첫째, 재벌이 전쟁수행의 주체가 되어 군국주의와 결탁하면서 일본의 제국주의적 침략전쟁에 적극 협조하였기 때문에 향후 전쟁수행 능력을 없애기 위해서라도 재벌을 해체해야 한다고 판단한 것입니다. 재벌 해체의 원인으로 가장 주목한 점이 바로 이 부분입니다.

둘째, 전시 계획경제하에서 비합리적일 만큼 비대해진 재벌의 힘을 시정하기 위함입니다. 당시 GHQ는 재벌이 정치적으로는 민주주의를 억압하고 경제적으로는 노동자를 착취해서 국내시장을 독점하는 제국주의적 충동을 부추긴 원흉이라고 판단했거든요. 또한 국제적 시각에서는 이를 아시아 침략이라는 사실과 관련지어 일본을 무장 해제해야 한다고 보았던 것이지요. 실제로 당시의 일본 경제에서 차지하는 재벌의 경제력 집중도는 매우 높았기 때문에 재벌을 해체하지 않고 경제민주화를 추진한다는 것은 불가능한 일이었습니다.

재벌 해체의 기본내용은 재벌 본사인 지주회사[27]를 해체하여 소유주식을 공개 분산시킨다는 것이었습니다. 재벌 해체를 위한 최초의 조치는 미츠이(三井), 미츠비시(三菱), 스미토모(住友), 야스다(安田)[28] 등 4대 재벌에게 자발적인 해체 계획을 제출하도록 직접 지시한 것입니다. 이에 따라 1945년 11월 4대 재벌의 지주회사인 본사의 활동은 정지되었고, 1946년부터 지주회사를 해산하면서 유가증권은 지주회사정리위원회에 이양된 후 일반에게 매각하였습니다. 즉 지주회사로부터 소유주식을 양도받아 주식을 일반에게 공매(公売)하고, 족벌을

---

27 그러나 이제는 금융기관의 경쟁력 강화 차원에서 1997년 관계법령을 정비하면서 금융지주회사 설립을 허용하였습니다.

28 앞서 3대 재벌에 대해서는 말씀드렸으니 4대 재벌에 포함된 야스다에 대해서도 짧게나마 언급하겠습니다. 야스다 재벌은 야스다 젠지로(安田善次郎)가 설립한 이후 은행과 보험사업으로 발전한 재벌입니다. 특히 히비야공회당(日比谷公會堂)과 동경대학의 야스다강당(安田講堂)을 기부한 것으로도 유명합니다.

동경대학 중앙에 세워진 야스다강당

포함한 재벌 지배자를 관계기업에서 추방하겠다는 것입니다.

　1947년 2월에는 4대 재벌을 필두로 10대 재벌 가족과 재벌 산하 직계기업의 경영자(회장, 부회장, 사장, 부사장, 전무, 상임이사, 상임감사) 약 천오백여 명의 지위를 박탈하면서 향후 10년간 이들의 취임을 금지시켰습니다. 1947년 12월에는 대기업의 독점적 지배를 배제하기 위해 과도경제력집중배제법(過度経済力集中排除法)을 공포하면서, 이를 근거로 독점적 지배력이 있는 재벌계의 대기업들을 분할하였지요.

　나아가 1948년 1월에는 '재벌동족지배력배제법'(財閥同族支配力排除法)을 제정하여 추방조치에서 누락된 자들을 추가하고, 훗날 재벌 관계자들이 다시는 복귀할 수 없도록 기회를 봉쇄하면서 이제는 더 이상 이전과 같은 재벌기업군은 역사의 저편으로 사라지는 듯 보였습니다. 추방 대상자는 10대 재벌가족 56명과 동일 호적에 딸린 255

명의 재벌 동족자, 그리고 재벌관계 임원 약 3천여 명에 이릅니다.

그러나 동서냉전이 진전되는 가운데 미군에 의한 점령정책이 전환되면서 재벌 해체라는 본래의 목적은 그대로 실현하지 못했습니다. 실제로 해체된 지주회사는 소수에 불과하고 분할대상으로 지정된 회사 역시 18사 정도에 머물렀습니다. 근본적으로 해체된 기업은 재벌 본사나 그와 직접 관계가 있는 회사로 한정되었을 뿐이었지요. 심사지정자 역시 700여 명으로 줄어들었고 추방자는 50여 명에 머물렀는데, 이는 피지정자의 대부분이 공직추방으로 이미 배제되었기 때문이기도 합니다.

지주회사가 해체되면서 기업의 자금력은 약화되었지만 해체 적용 대상에서 제외된 은행은 향후 기업집단의 형성에서 막강한 자금력을 바탕으로 중심적인 역할을 했어요. 역시 경제력은 이념과 시대를 막론하고 자금력에서 나오나 봅니다.

이렇듯 재벌 해체는 당초의 의도와 달리 철저히 시행되지는 못하였지만, 일본식 자본주의 체질과 성격을 바꾸는 중요한 계기가 되었습니다. 특히 공직 추방 후에 선임된 임원들이 대부분 젊은 중간 관리자층에서 발탁되면서 경영진의 세대교체와 함께 일본 기업의 소유와 경영이 완전히 분리되는 특징을 보였고, 이러한 환경에서 젊은 경영자들은 자유롭고 신축적으로 기업가정신을 발휘할 수 있었던 겁니다.

2. 기업집단의 형성

| 기업집단의
| 특징

기업집단(business group, corporate group)이란, 구 재벌의 중추적인 역할을 담당했던 은행과 상사(商社)가 중심이 되어 패전 이후 동일 자본계 기업으로 재구성된 형태의 이름입니다. 어떻게 보면 '재벌'이 '기업집단'이라는 이름으로 바뀌었을 뿐 그 본질은 같기 때문에 그대로 부활한 것은 아닌가 하고 생각할 수도 있습니다.

기업집단은 흔히 두 가지 형태로 분류되는데, 우선 미츠비시(三菱), 미츠이(三井), 스미토모(住友) 등 패전 이전의 재벌이 모체가 되어 시중은행을 중심으로 성장한 3개의 구 재벌계 기업집단과, 그 외 야스다 그룹을 중심으로 생성된 후요(芙蓉), 후지그룹과 가와사키그룹 산하를 중심으로 성장한 제일권업은행(第一勸業銀行), 그리고 산와은행(三和銀行) 등 대규모 은행이 중심이 된 3개의 은행계 기업집단 등입니다. 그리고 이들을 6대 기업집단이라고 부르지요.

이 외에 후발주자로는 제조업 분야의 신닛데츠(新日鉄), 토요타(豊田), 닛산(日産), 히타치(日立) 등의 독립적인 기업집단이 있으며, 유통 및 서비스 분야의 도큐(東急), 세이부(西武) 등도 합류하였습니다. 이 같은 독립적인 그룹들은 대개 계열회사들로 구성되어 1950~60년대 일본의 고도성장기에 함께 성장한 기업들입니다. 이렇게 해서 새롭게 형성된 기업집단은 계열사 금융기관과 종합무역상사들의 상호를 그대로 사용하기 때문에 전쟁 전의 구 재벌과 비슷한 듯 보이지만, 그래도 여러 측면에서 차이점이 발견됩니다.

첫째, 기업집단 내의 거대기업들은 서로 각기 다른 기업의 지분을 소유하는 주식상호보유(相互持ち合い)를 통해 상호 결속을 다짐합니다. 기업집단은 구 재벌과는 달리 지주회사나 지배가문은 없지만 대신 계열사들끼리 주식을 상호 보유하고 있거든요. 따라서 구 재벌이 상층 지주회사들로부터 일방적으로 수직적인 주식보유구조를 가지고 있던 것에 비해, 계열사들 사이의 관계는 수평적인 구조라고 할 수 있지요. 메인뱅크로 불리우는 도시은행은 기업집단의 최대 주주이면서 기업 간 주식상호보유 관계의 중심에서 기업집단 내에 다른 계열사들의 자금을 조달하는 금융 매개체로서의 역할도 감당합니다.

둘째, 각 기업집단은 계열회사의 사장들로 구성된 사장단회의(社長会)를 갖고 있습니다. 각 사장들은 자기 기업이 보유하고 있는 동료 계열사들의 지분을 대표하기 때문에, 사장단회의는 실질적으로 대주주들의 이사회로서의 역할을 감당합니다.

그렇다면 방금 말씀드린 기업집단의 특징 두 가지에 대해 조금 더 구체적으로 알아보겠습니다.

주식상호보유　일본은 1949년 70%에 달했던 개인지분이 1993년에 이르러서는 23%에 불과할 정도로, 고도성장기간동안 주식소유의 법인화 현상이 극단적으로 진행되면서 기업 간 주식보유(intercorporate shareholding)를 당연시 하던 분위기였습니다.

주식상호보유를 쉽게 설명하자면 다음과 같습니다. 즉, A기업의 주식을 B기업이 일부 소유하고, 반대로 B기업도 A기업의 주식을 소유하는 거지요. 이렇듯 기업과 기업, 혹은 기업과 금융기관 간에 주식의 일부분을 안정적으로 상호 간에 보유하는 주식상호보유는 일본 대기업에서는 일반적인 현상입니다.

기업집단 내 계열기업들은 주식을 상호 보유하면서 동시에 상호 보유되어 있기 때문에 기업 간 결합을 견고하게 지탱해 주는 역할을 합니다. 따라서 상대측 경영자의 의지에 반하는 지배력을 행사하려고 하지 않고, 상대측 경영자 역시 그 지배력을 자기 의사에 상반되는 방향으로 행사하지 않을 것이라는 기대를 갖게 됩니다. 양자의 의사에 큰 차이가 발생하거나 대립이 표면화하지 않는 한 상대측 경영자에게 보유주식에 대한 권한을 전면적으로 위임하여 의사결정 할 수 있도록 합니다. 이러한 관계는 기업 양자 간에 신뢰관계가 형성되지 않고는 불가능하겠지요.

그렇다고 해서 주식의 상호보유가 정식계약을 통해서 이루어지는 것은 아닙니다. 또한 투자자의 입장에서 볼 때는 주식을 매각하지 않을 것이라는 암묵적인 원칙하에서 매입하기 때문에 자산차익소득(capital gain)을 포기하는 것과 마찬가지입니다. 그래서 주주의 절대 다수가 배당이나 주가상승을 통한 직접적인 이익을 챙기려는 개인이 아니라, 기업 간 거래관계를 갖고 있는 법인(기업)이 대다수인 거예요. 이들은 당장 눈앞에 보이는 이익을 챙기기보다는 장기적인 이해관계를 중시하기 때문에 안정주주(stable shareholder)[29]라고 합니다. 기업 경영자들의 입장에서 볼 때는 외부의 적대적 매수나 합병의 공포로부터 경영권을 보호해 준다는 의미에서 장점으로 받아들일 수 있어요.

또한 상대 기업이 경영실패를 하거나 업적이 악화될 때에는 상호 체크기능과 감시를 통해 기업집단 외 세력이 경영에 참여하지 못하도록 저지하고 경영의 자주성을 상호 보증해 주기도 합니다. 상호 보유된 주식은 시장에 유통되지 않고 주주권도 행사하지 않는다는 점에서 자사주식을 보유하는 것과 같은 효과를 갖고 있기 때문에 기업은 장기 설비투자의 의사결정에서 안정된 경영을 지속할 수 있습니다. 만일 부득이한 사정으로 주식을 처분해야 할 경우에는 사전에 기업과 상의하거나 매도의사를 통보할 정도이니까요.

| 사장회 | 기업집단의 특징 중 또 다른 하나는 사장회입니다. 사장회(社長会, Presidents' Council Meeting, Shacho-kai)는 재벌

이 해체된 이후 기업집단의 사장단들이 정기적으로 모이는 회의입니

---

[29] 안정주주란 같은 계열 안에서 순수 투자목적을 위한 주주가 아니라 거래관계를 전제로 주식을 보유하고 특별한 경우 이외에는 주식을 팔지 않는 주주를 말합니다.

다. 겉으로 볼 때는 개별기업의 업무내용이나 사업에 대한 교섭이 주된 회의 안건이 아닌 것처럼 보일 수도 있습니다. 왜냐하면 회의 내용이란 게 외부강사를 초빙해 내외경제정세 등의 강연을 듣거나 기업의 기부 활동 등을 보고하는 자리를 갖기 때문입니다. 즉 이 모임은 기업집단 차원에서 의사를 결정하는 공적인 모임이라기보다는 업무상의 연락을 취한다든지, 정보를 수집하거나 공유를 통해 이를 경영실무에서 활용하기 위한 회의라는 것이지요.

오쿠무라(奧村, 1976)는, 사장회는 일종의 비밀회의를 주재(主宰)하는 사적 모임처럼 되어 있어 외부자의 방청은 금지되어 있고 회의 내용도 정확히 알 수 있는 방법이 없다고 하였습니다. 그래서 마치 이너서클(inner circle)과 같은 개념으로 이해하기도 하지요.

그러나 사장회 자체가 의사결정에 관여하지 않고 경영간섭기능이 없다고 해서 단순히 웃고 떠드는 사교모임이라고 오해하시면 안 됩니다. 사장회에도 그 나름의 권한이 있거든요. 우선, 계열 기업 간 다툼이나 조정할 일이 발생했을 때에는 상당한 역할을 발휘합니다. 다른 그룹이나 그 외 대기업과의 관계를 조정할 때, 그리고 때로는 그룹 이외의 기업을 매수 합병하거나 계열화할 때도 사장회를 통해서 검토됩니다. 또한 재계ㆍ정치와의 관계에 대한 토의, 그룹 단위로 행하는 사회사업에 관해서도 사장회에서 결정하지요. 또 다른 권한으로는, 그룹기업의 수뇌 인사에 관한 권한입니다. 멤버 기업의 사장이나 이사를 결정할 때 개입하는 경우도 있습니다.

6대 기업집단의 사장회 이름을 외울 필요는 없지만 기업집단의 특징을 상징한다는 의미에서 소개하도록 하지요. 미츠이(三井)는 二木会(니모쿠카이), 미츠비시(三菱)는 金曜会(킨요우카이), 스미토모(住友)

는 白水会(하쿠스이카이), 후요(芙蓉)는 芙蓉会(후요카이), 삼와(三和)는 三水会(산스이카이), 다이이치칸교(第一勧業)는 三金会(산킨카이) 등입니다.

3. 법인자본주의와 경제민주화

법인자본주의　　일본의 기업집단은 소유구조와 경영형태 면에서
한국의 오너경영체제와 근본적으로 다른 지배구
조를 갖고 있습니다. 일본은 제2차 세계대전 후 재벌해체와 더불어
재벌소유 주식을 방출하면서 당초 전체의 70% 정도를 차지했던 개
인 소유주 비율이 점점 하락했습니다. 1950년대 후반에는 50%를, 70
년대에는 30%, 80년대를 거쳐 90년대에 이르러서는 20%에 불과할
정도로 줄어들었고, 나머지는 주로 법인이 주식보유를 높이면서 법
인화현상이 진행되어 왔습니다. 그래서 오늘날에도 일본의 자본주의
를 다른 국가들과 구분하기 위해 '법인자본주의'(corporate capitalism)로
형용하고 있는 것이지요.

　여기서의 법인이란, 안정주주로서 경영진에 동조하는 우호적인
내부자를 말합니다. 법인은 주식을 장기적으로 보유하기 때문에 각
기업의 경영자는 다른 주주로부터 경영개입에 대한 압력을 최소화할

수 있는데, 이는 달리 말하면 주식을 상호 보유하는 최대 목적이 안정주주를 확보하기 위한 것이라는 말과 같은 의미입니다.

그런데 안정주식을 확보하는 과정은 일본이 1964년 OECD에 가입하면서 일본 통산성의 협조 아래 실시되었구요, 경영자들은 안심하고 정부와 통산성이 주도하는 호송선단식방식[30]을 따르면서 설비투자와 관련한 장기계획을 세울 수 있었지요.

법인의 주식보유 형태는 주로 기업과 기업, 혹은 은행과 기업 간에 이루어 졌습니다. 주식은 의사결정을 할 수 있는 의결권이 포함되어 있기 때문에 기업이 자금을 조달할 때 어떠한 금융수단을 활용할 것인가는 중요한 문제입니다. 은행을 중심으로 법인화가 촉진된 것은 바로 이러한 이유 때문이에요. 패전 후 일본 기업들은 주식이나 사채에 의한 자금조달보다는 은행과 밀접한 관계를 맺으며 자금을 조달해 왔기 때문에 은행이 실질적으로 기업을 지배하는 구조가 된 것인데, 이는 6대 기업집단의 중심에 있는 은행, 즉 메인뱅크가 거래기업의 주식을 소유하는 구조이기 때문에 그렇습니다.

그런데 은행은 주주로서 주식가치와 배당에 관심이 있기보다는 오히려 채권자로서 거래관계를 통해 얻는 이익에 더 큰 관심이 있습니다. 주식을 상호 보유하고 있는 기업 역시 주식의 가치가 하락하더

---

30 호송선단방식이란 전후 대장성과 일본은행이 금융시스템을 안정시키기 위해 설계한 작품인데요, 고도 성장기에 경영기반이 약한 은행도 낙오되지 않도록 유도하고 예금금리를 인위적으로 낮게 설정하여 한정된 자금 배분을 조정하고 금융시스템을 안정적으로 유지하도록 하였습니다. 그러나 규제의 최대 수혜자였던 은행 중에는 부실한 은행도 포함되어 있기 때문에 정부가 이들 금융기관까지 끌어안아야 한다는 부담감은 그만큼 컸을 겁니다.

라도 의결권을 행사하거나 타 기업의 경영에 간섭하지 않는 사일런트 파트너(silent partner)가 됩니다. 이들은 주식을 매각하지 않기 때문에 '안정주주'라고 앞서도 말씀드렸잖아요. 법인에 의한 주식보유가 압도적으로 높아서 그런지 경영자는 안심하고 장기계획을 세울 수 있는 장점이 있습니다.

2005년에 출간된 '법인자본주의의 구조'

그렇다면 일본에서 주식상호보유를 통해 법인자본주의가 가능했던 이유는 무엇일까요? 세 가지로 설명해 볼게요.

첫째, 패전 후 재벌이 해체되고 기업집단화가 진행되는 가운데 기업 분산에서 제외된 은행이 기업집단의 중심역할을 담당했는데, 이렇게 된 직접적인 계기는 1949년 제1차 독점금지법 개정과 관련이 있습니다. 제1차 개정에서는 지금까지 원칙적으로 금지해 왔던 사업회사의 주식 소유가 가능하게 되었고, 1953년 제2차 개정 때에는 사실상 금융기관이 소유할 수 있는 상대회사의 발행주식이 5%에서 10%로 완화되면서 대그룹 중심으로 기업들의 주식상호보유가 급격히 증가하였던 것이죠.

둘째, 1960년대 후반부터 70년대 전반에 걸쳐 외국자본에 의한 매수·합병에 대한 염려, 그리고 이에 따른 경영권 인수에 대한 가능성이 높아졌을 때 이를 방지하기 위한 '안정주주공작'(安定株主工作)이 일어나면서 법인화가 급속히 진행되었습니다. 동시에 이때는 중화학 분야에서 수출이 증대되면서 기업의 계열화가 절실히 요청되던 때라 법인에 의한 주식취득이 더욱 필요했던 시기였지요.

셋째, 오너나 오너 일족에 의한 경영권 승계가 극히 일부에서만 보일 뿐, 전체적으로는 내부승진에 의한 경영자가 주류를 이루면서 이들이 주인 없는 기업을 이끌어 왔습니다. 일본의 최고경영진의 92%가 내부에서 승진된 토박이 전문경영인이고 그들 중 74%는 적어도 한번은 자회사나 계열회사에서 승진한 경험이 있다는 점을 보면 더욱 그렇습니다(강명헌, 2000). 그래서 일본의 기업집단은 한국의 재벌처럼 수직적이고 일방적인 의사결정권을 가진 그룹 회장이 없고, 그래서 책임경영이 제대로 이루어지지 않을 것이라는 주장도 제기되고 있습니다만, 일본의 장점인 합의제에 의한 의사결정(根回し)은 오히려 잘못된 의사결정에 의한 부작용을 최소화하는 시스템이라고도 할 수 있습니다.

이렇듯 일본기업의 소유구조가 사업법인과 계열사 금융기관에 집중되어 있음에도 불구하고 경영권에 대한 견제와 감시는 주식을 보유하고 있는 은행이나 주식상호보유를 하고 있는 계열기업이 담당하고 있기 때문에, 한국과 같은 경제력집중문제는 사회적으로 대두되지 않았습니다.

| 경제민주화와 경제력집중 | 우리나라에서는 경제력집중(concentration of economic power)이란 용어가 소수의 대기업이 다른 |

경제주체의 선택과 자원배분에 영향을 미치는 구조로 해석되면서 부정적인 의미로 받아들이고 있습니다. 왜 그럴까요? 제 생각에는 자본주의가 생성되고 기업이 성장하는 과정에서 필연적으로 생기는 역사적 배경과 밀접한 관련이 있어서 그런 것 같습니다.

1960년대 고도경제성장 기간 동안 우리나라 정부는 경제발전을 목표로 전략적 산업을 선정하여 기술과 자금, 그리고 인력과 조직 등에서 유리한 위치를 점하고 있는 재벌에게 조세, 금융, 무역 등에서 보호 내지는 지원을 해 주었던 역사가 있습니다. 이러한 과정에서 정경유착이 발생하고 이는 다시 경제력집중으로 순환되는 과정을 거쳐오다 보니, 우리나라 국민들 정서상 경제력집중은 경제민주주의를 후퇴시킨다고 인식하는 겁니다.

그렇다면 일본은 어떠했을까요? 일본은 스스로 재벌을 해체한 것이 아닙니다. 제2차 세계대전 이후 GHQ에 의해 타의적으로 재벌이 해체되고 재벌 동족의 재산몰수와 경제계 추방 등의 '경제민주화'가 실시된 것이지요. GHQ는 재벌이 군부에 협력하는 과정에서 경제력집중을 가져왔다고 판단했기 때문에 이를 해결하기 위한 가장 효과적인 방법을 '재벌해체'라고 생각한 것입니다. 이에 따라 미츠이(三井), 미츠비시(三菱), 스미토모(住友), 야스다(安田) 등 4대 재벌의 지주회사인 본사의 활동이 정지되었고 경제력집중의 원인이 된 지주회사

일본 경제 고민없이 읽기

를 해산하게 된 것이지요.[31]

재벌이 해체된 이후 새롭게 생성된 6대 기업집단의 자본금, 총자산, 매상액 등이 일본 경제에서 차지하는 비율은 시간이 흐르면서 점점 하락하였고, 6대 기업집단의 결합 정도를 나타내는 주식상호보유 비율도 지속적으로 저하되었습니다.

그런데 이러한 현상이 발생했던 이유가 있습니다. 기업집단은 주로 중후 장대형 산업의 제조업이 대부분인 반면 비제조업부문은 소수에 불과했기 때문에 시대의 흐름을 잡지 못한 부분이 있으며, 90년대 이후 버블이 붕괴되는 과정에서 필연적으로 발생한 기업의 부실 채권이 증가하면서 금융기관이 파산하는 등 기업지배구조가 변해왔기 때문입니다. 이로써 은행 간 합병이 이루어지고 결국 일본의 기업집단 역시 서서히 역사에서 사라지는 상황에 직면하였지요.

버블경제가 붕괴되는 시점에서 기업집단은 국가가 간섭하지 않아도 글로벌 환경과 금융제도의 급변으로 자연스럽게 무너지면서, 일본 정부와 공정거래위원회 등에서는 별도의 기업집단을 지정하거나 재계 순위를 정하는 작업은 더 이상 하지 않고 있습니다. 그래서 오늘날 일본에서는 한국과 같은 10대 기업 혹은 30대 기업 등이 공식적으로 존재하지 않습니다.

일본은 1996년에 국제경쟁력 강화를 목적으로 50년 가까이 금지해 온 지주회사 설립을 전면 허용하면서 경제상황에 따라 규제의 정도를 신축성 있게 조절하였습니다.

---

31 GHQ의 대표적인 경제조치는 독점금지법을 통해 순수지주회사뿐만 아니라 사업지주회사로의 전환을 금지한 것입니다. 이는 독점자본에 의한 산업지배의 폐해가 주로 지주회사를 통해 이루어진다고 판단했기 때문입니다.

경제력집중과 관련하여 일본의 기업지배구조를 살펴보면, 경제력 집중이 결코 폐해만 있는 것은 아닌 것 같습니다. 일본은 패전 후 은행과 상사를 중심으로 형성된 기업집단이 고도경제성장을 이끌어 온 주역이었다는 인식이 남아 있어서 경제력집중에 대해 부정적으로 보는 시각은 소수에 불과합니다.

일본이 주식상호보유를 통해 주식의 법인화현상이 실현되는 독특한 기업지배구조를 형성해 온 것을 보면 최적의 기업지배구조란 것은 존재하지 않는 것 같습니다. 궁극적으로 각 국가의 현실에 맞는 기업지배구조가 정착되면 좋겠지요. 마치 일본이 '법인자본주의'라는 일본 특유의 고유형태를 만들어 낸 것처럼 말입니다.

일본 경제 고민없이 읽기

4. 메인뱅크제도

메인뱅크란? 메인뱅크(main bank)라는 단어는 패전 이후 등장한 용어이지만, 내용면에서는 1930년대 전시 경제체제를 거치면서 정착된 제도입니다. 군부는 2차세계대전 중 강제적으로 은행을 매개로 하여 간접금융[32] 위주로 개편하기 위해 1944년 군수융자지정 금융기관제도를 마련하였지요. 이는 정부가 군수산업과 더불어 유망산업에 계획적으로 자금을 공급하기 위해 통제하기 쉬운 간접금융방식을 장려한 것에서 기인합니다. 그래서 대장성은 1944년 1회사 1금융기관을 지정하여 필요한 자금을 지정된 금융기관이 책임지게 하였지요.

이러한 메인뱅크제도는 패전 후 일본의 기적적인 경제발전을 배

---

32 간접금융이란 자금의 수요자가 금융기관을 통해 자금을 조달하는 행위이며, 직접금융이란 금융기관을 통하지 않고 자금의 수요자가 자금공급자로부터 직접 주식이나 사채를 발행하여 자금을 조달하는 것을 말합니다.

경으로 약 40년 이상 유지되어 오면서 기업의 대출행동에 상당히 긍정적인 영향을 끼쳤다는 것이 지배적인 주장입니다. 패전 후 막대한 자금을 필요로 했던 중화학공업 발전에 메인뱅크가 장기적이고 안정적인 자금을 제공하고, 또 은행은 당시 기업에 대한 정보를 공유하면서 기업에 대한 통제력(corporate governance)을 장악해 나갔습니다.

그렇다면 메인뱅크란 어떤 은행을 의미하는 걸까요? 호리우치(堀內·福田, 1987) 등은, '어떤 기업에 대해서 특정은행이 최근 3년간 혹은 그 이상 연속하여 최대 융자액을 공급'하는 은행을 메인뱅크라고 하였습니다. 채권시장과 주식시장이 아직 발달하지 못한 금융시장에서 투자의욕이 왕성했던 대기업에 메인뱅크가 자금을 제공해 왔지만, 그렇다고 메인뱅크의 대출행동이 대기업에만 한정되었던 것은 아닙니다. 중소기업, 영세기업도 각각 메인뱅크를 갖고 있는데, 지방은행, 상호은행, 신용금고, 신용조합 등 비교적 소규모적인 금융기관이 이에 해당됩니다.

| 메인뱅크의 특징

그렇다면 메인뱅크는 어떤 특징을 갖고 있기에 전후 일본의 고도경제성장과 깊은 관련을 맺고 있는 걸까요? 네 가지 정도로 요약해 보도록 하겠습니다.

첫째, 일본기업의 중요한 특징 중의 하나가 계열기업 상호 간에 주식을 보유하고 있다고 앞에서도 말씀 드렸습니다만, 주식상호보유 그 중심에서 가장 큰 역할을 담당해 온 것이 바로 메인뱅크입니다. 기업 간 또는 기업과 은행 간 주식상호보유는 경영권 안정을 위한 암묵적인 약속으로, 부득이하게 보유주식을 팔 경우에는 미리 해당기업에 알려 주거래 증권회사에서 적절한 기업을 찾아 안정주 협약을 주선하도록 합니다. 상호 주식을 보유하게 되면 자본시장에서 적대적 매수가 불가능해지기 때문에 경영권의 독립성이 크게 강화되는 경영권 제휴와 같은 효과를 갖습니다. 그러나 경영에 문제가 있을 경우에는 대주주이면서 채권자인 메인뱅크가 경영권에 참여하기도 합니다.

둘째, 일본의 기업과 은행은 오랜 거래과정을 통해 자연스럽게 암묵적인 계약관계를 맺고 있어서 매우 안정적이기 때문에 메인뱅크가 변경되는 경우는 흔한 일이 아닙니다. 자본시장이 충분히 발달하지 못했던 고도 성장기에 가장 중요한 자금조달 수단이 은행으로부터의 자금조달이었잖아요. 그렇다고 해서 메인뱅크가 전액 대출해 주는 것은 아니었지만 메인뱅크의 대출비중이 그만큼 크다는 뜻입니다.

일반적으로 메인뱅크는 산하기업에 대해서 필요 융자액의 전액을 대출해 주지는 않고 타 은행에 협조융자를 의뢰합니다. 실제로 메인뱅크에 의한 기업의 융자비율은 평균적으로 20~30%에 지나지 않습니다. 이 경우 다른 은행들의 대출은 주로 메인뱅크가 주간사 역할을 하는 신디케이티드론(syndicated loan)[33]을 통해서 이루어집니다. 주간사 은행은 대출조건, 대출액 등을 컨소시엄 참여 은행들과 협의하지만, 이러한 역할은 메인뱅크에 완전히 위임되어 결정되기 때문에

---

33 신디케이티드론(syndicated loan)이란 복수의 은행이 차관단 또는 은행단을 구성하여 공통의 조건으로 일정 금액을 융자해 주는 중장기 대출을 말합니다.

기본적으로 타 금융기관들은 관여하지 않습니다. 즉 대출위험은 여러 은행이 분담하되 감시기능은 메인뱅크에 집중되는 상호위임감시체계(reciprocal delegated monitoring)의 형태를 유지하고 있습니다(sheard, 1991).

이는 특정기업에 집중적인 융자를 하게 되면 냉정하게 모니터링하기 힘들 수도 있고, 혹시나 기업이 부실화되어 청산해야 할 상황에 직면할 때 융자액이 너무 많다 보면 할 수 없이 추가융자를 해서라도 구제해야 하는 사태가 일어날 수도 있기 때문이지요.

기업에서도 문제가 발생할 소지가 있습니다. 메인뱅크가 언제라도 구제해 줄 것이라는 기대가 지나치게 강하면 경영자는 경영판단이 무뎌져 엉성한 경영을 할 것이고, 미국의 은행처럼 냉정하게 채권회수에 나서게 되면 기업과의 신뢰관계가 악화되어 호의적인 은행이라는 인식이 사라지겠지요.

그래서 메인뱅크는 파산직전에 이르는 기업이 있다면 이를 구제해야 할지 어떤지 판단해야 하는 '레퍼리'(referees)의 입장과도 같습니다. 그렇기 때문에 메인뱅크는 산하기업에 대해서 필요 융자액의 전액을 대출하지 않고 타 은행에 협조융자를 의뢰하는 것이 일반적이지요.

그런데 기업이 간접금융에 과도할 정도로 의존하게 된 원인 중 하나는, 정부가 은행을 보호하기 위해 기업의 사채발행요건을 엄격히 규제했기 때문입니다. 그 결과 일본에서는 사채를 거래하는 채권시장(직접금융시장)이 발달하지 못하였고 그래서 간접금융의 중심에 메인뱅크제도가 자리 잡게 된 것이지요. 가령 회사채를 발행하고 싶어도 대장성의 호송선단방식 테두리 안에서만 가능할 뿐 주식시장을 통한

일본 경제 고민없이 읽기

증자에 대해서는 상당히 제한을 받았습니다. 그래서 기업은 메인뱅크로부터 자금공급의 대부분을 의존할 수밖에 없었던 거예요.

셋째, 메인뱅크는 당좌예금거래, 외환거래, 채권발행 및 정보서비스 등을 제공하고, 기업들은 현금흐름을 관리하기 위해 지불수단의 결제계정을 주로 메인뱅크에 집중하는 경향이 있습니다. 기업의 결제계정이 은행에 집중되면 여러 가지 서비스에 대한 수수료 등을 통해 보수를 얻을 뿐만 아니라 기업의 현금흐름과 재정상태를 한 눈에 관찰할 수 있고, 따라서 타 금융기관에 비해 해당기업에 대한 정보를 훨씬 많이 얻을 수 있는 유리한 위치에 서게 됩니다.

은행으로부터의 융자 비중이 저하된 오늘날에도 기업 입장에서 메인뱅크를 무시할 수 없는 것은, 기업이 채권을 발행할 경우 대부분 메인뱅크가 수탁관리자의 역할을 맡게 되기 때문입니다. 수탁관리자인 메인뱅크는 높은 수수료 수입을 얻을 뿐만 아니라 기업이 재정적으로 어려울 경우 기업경영에 관여할 수 있는 권한이 있으며, 또한 기업의 회사채에 대한 보증업무도 겸하기 때문에 함부로 무시할 수는 없겠지요.

이러한 업무 외에도 메인뱅크는 고객기업에 대한 정보서비스 및 투자은행과 같은 서비스도 제공합니다. 예를 들면 자산이나 부동산 매매, M&A, 사업파트너 물색, 국내 또는 해외 시장조사, 신기술, 전산화 등 기업이 필요로 하는 전문적인 정보를 적시에 제공해 주며, 이러한 역할은 메인뱅크의 능력을 평가하는 중요한 기준이 되기도 합니다.

넷째, 일본의 은행들은 임원들을 거래회사의 이사나 감사 또는 경영책임자로 파견하거나 또는 전직시키기도 합니다. 은행 직원들은 대체로 50세를 전후하여 자체 내에서 임원으로 승진이 어렵다고 판단이 설 경우 은행을 퇴직하고 거래기업의 임원으로 이전하는 경우가 많은데, 이러한 과정은 은행과 기업 사이에 어느 정도 협의를 통해 결정됩니다. 은행이 기업에 임원을 파견하는 기본적인 이유는 직원의 자리를 확보한다는 의미도 있지만, 더 중요한 목적은 공개된 기업의 재무제표만으로는 입수하기 어려운 내부 경영정보에 대해 보다 정확히 파악하여 기업의 의사결정과정에 직접 참여하면서 상황을 더 잘 알 수 있다는 겁니다. 기업 역시 자체적으로 육성하기 어려웠던 국제금융분야나 재무전문가 등의 고급인재를 확보한다는 점과 메인뱅크와의 관계를 밀접하게 유지하는 측면에서 유리할 수 있습니다. 악어와 악어새 같은 공생, 아니 상생관계라고 할 수 있겠지요.

70년대 중반까지만 해도 은행은 주로 대기업이나 계열회사로 임원을 파견해 왔지만, 이후 기업의 은행의존도가 점점 낮아지면서 은행은 재정상태가 취약한 기업이나 중소기업으로 전출하기도 했습니다. 왜냐하면 중소기업이나 새로 창업하는 기업은 인재가 풍부하지 않기 때문에 여전히 수요가 있었거든요.

미야지마(宮島, 1999)는, 적어도 1980년대까지는 메인뱅크의 기업에 대한 임원파견이 기업의 업적을 개선하는데 기여했다는 긍정적인 결과를 보고하였습니다. 그러니까 임원파견을 부정적으로만 인식할게 아니라는 의미이지요. 모든 사물과 현상에는 일장일단(一長一短)이 있게 마련이니까요.

| **메인뱅크의** **메인뱅크에는** 여러 가지 기능이 있습니다. 각각의
| **기능** 기능은 일본이 고도성장하는데 있어 긍정적인 역
할을 발휘했다고 평가받아 왔지만, 이 점에 대해서는 오늘날 다른 시
각으로 보는 학자들도 있습니다. 그렇다면 어떤 종류의 기능이 있는
지 대략 네 가지 정도로 정리하고 나서 그에 대한 학자들의 평가를
검토해 보도록 하겠습니다.

첫째, 대리인비용(Agency cost)을 절약하는 기능입니다. 대리인비용
문제는 경제시스템의 효율성과 밀접한 관계를 지닌 경제학 용어입니
다. 일반적으로 대리인비용 문제는 의뢰인(principal)이 소기의 목적을
달성하기 위해 대리인(agent)에게 일처리를 의뢰할 때 발생하는 비용
을 말합니다. 즉 의뢰인과 대리인은 상호 간에 목적이 다르고 정보도
동일하지 않기 때문에 대리인이 의뢰인의 희망대로 일을 수행하지
않을 수도 있습니다. 반대로 의뢰인이 대리인의 행동을 원하는 방향
으로 유도할 수도 있구요. 이때 발생하는 비용이 대리인비용입니다.

의사와 환자의 관계를 가정해 봅시다. 의사와 환자 사이에는 명
백한 정보의 비대칭성(asymmetric information)이 존재합니다. 즉 환자
(principal)의 입장에서는 의사(agent)가 최선을 다해서 치료해 주기를
바라지만, 의학지식이 없는 환자 입장에서는 의사가 최선의 치료를
하고 있는지 아니면 돈을 벌기 위해 과잉 진료를 하는지 알 방법이
없잖아요. 그래서 여러 가지 궁리를 하게 되지요. 예를 들어 아는 사
람을 통해서 신뢰할 수 있는 의사를 소개받는다든지, 또 다른 의사를
찾아가 재진찰할 수도 있겠지요. 이때 추가비용이 발생하는데 이것
이 대리인비용입니다.

다른 예를 들어볼까요? 재판에서 피고인과 변호사와의 관계, 중고차 딜러와 고객의 관계, 지주와 소작인의 관계도 마찬가지입니다. 정보를 많이 갖고 있는 자가 유리한 고지를 점령하고 있지만, 그 정보를 나에게 전부 알려주지 않을 수 있거든요.

이를 일본의 메인뱅크와 기업과의 관계에도 적용해 봅시다. 그렇게 되면 주주가 의뢰인이 되겠고 경영자는 대리인이 됩니다. 특히 주주가 분산되어 있는 경우 주주는 경영자에 비해 기업에 대한 정보가 턱없이 부족하기 때문에 경영자가 말하는 것을 따를 수밖에 없습니다. 이때 주주와 경영자 사이의 정보 격차를 줄이기 위해서는 그만큼 대리인 비용이 높아집니다. 왜냐하면 일반주주는 경영에 대한 관심보다는 주가의 동향에 훨씬 더 많은 관심을 가지고 있기 때문에 해당 기업의 경영계획이 무엇을 의미하는지 명확히 이해하기 어려운 면이 있거든요. 그 결과 기업은 장기적으로 바람직하지 않은 투자가 있더라도 투자자를 만족시키기 위해서 단기적으로 주가가 상승하는 것을 지지할 수도 있는 것입니다.

이에 비해 일본 특유의 메인뱅크제도는 대출기업과 은행이 장기적이고 지속적인 거래관계를 유지하고 있기 때문에 의뢰인과 대리인 사이에 존재하는 정보의 비대칭성, 그리고 그로 인해 필연적으로 발생하는 대리인 비용을 절약할 수 있는 기능이 있다는 겁니다.

예를 들어 메인뱅크가 융자받기를 원하는 기업에게 자금을 빌려줬다는 정보가 확인이 되면 다른 은행들은 심사에 참가하지 않고도 해당기업에 융자를 해 줍니다. 그럴 경우 메인뱅크 이외의 은행들은 대출기업에 대한 경영정보를 충분히 갖고 있지 않아도 대출을 해 줍니다. 이때 대출과 관련한 심사비용, 즉 대리인 비용을 그만큼 절약할 수 있겠지요.

둘째, 기업지배구조 기능입니다. 일반적으로 주주와 경영자 사이에는 정보의 비대칭성이 존재하기 때문에 기업사냥이나 주주총회를 통해 경영자를 감시하기에는 한계가 있습니다. 그런데 일본에서는 메인뱅크가 경영자를 모니터하는 중요한 역할을 해왔기 때문에 기업사냥이 통상 일어나지 않는다고 알려져 왔습니다.

기업이 경영을 제대로 하고 있고 또 외부투자가들에게 적절한 이익을 보증해 준다면 외부투자가는 기업경영에 일일이 참견하지 않겠지요. 그러나 기업이 경영위기에 빠지게 되면 메인뱅크는 당해기업을 관리하면서 재건시키기 위해 노력합니다.

은행은 기업이 조달한 자금을 효율적으로 투자하고 있는지 아니면 낭비하는지를 점검(monitoring)해야 합니다. 교과서적인 자본주의 모델에서는 기업경영을 감시하는 것은 주주가 하는 일이지만, 일본에서는 법인 간의 주식상호보유가 일반화되어 있기 때문에 주주에 의한 경영감시 기능은 형식에 불과할 뿐 이 역할을 주로 메인뱅크가 하고 있습니다.

메인뱅크에 의한 이러한 감시기능은 상당히 교묘하게 이루어집니다. 우선 메인뱅크는 기업과 장기적인 거래관계를 확립하고 있어서 기업정보가 메인뱅크에 축적되어 있기 때문에 경영자와 그 기업의 경영능력 등을 잘 알고 있습니다. 그러니 관련 계열기업이 융자신청을 한다면 훨씬 편하고 쉽게 심사를 할 수 있겠지요.

이러한 관계가 지속되면 전반적으로 그 기업에 대한 정보와 신용이 쌓이게 되고 따라서 그만큼 자금조달이 용이해 집니다. 이런 의미에서 메인뱅크는 기업에 있어서 신용의 원천이 될 뿐만 아니라 은행이 기업의 투자 프로젝트를 심사할 때 정보코스트를 대폭 절약할 수도 있습니다.

특히 메인뱅크는 임원을 기업에 파견하여 지금까지 축적해 왔던 정보와 내부정보를 활용함으로써 상시 기업을 감시할 수 있고, 기업이 재무위기에 직면할 경우 지금까지 유보해 왔던 경영개입권을 행사하여 경영진의 쇄신을 요구하는 등 종합적으로 기업경영을 감독하는 중요한 일을 담당해 왔습니다. 이는 실질적으로 메인뱅크가 기업을 지배하는 구조라고 할 수 있지요.

그래서 아오키(靑木, 1996)라는 학자는 이러한 특징을 '통합적 모니터링이 메인뱅크에 전속적으로 위임되어져 있다(delegated monitor)'고 표현하였습니다.

셋째, 메인뱅크가 갖고 있는 또 다른 중요한 기능 중의 하나가 정보생산기능입니다. 일반적으로 은행이 기업에 투자자금을 대출해 줄 때 투자수익에 관해 모든 정보를 보유할 수는 없습니다. 또 그렇게 한다는 것은 불가능한 일이구요. 왜냐하면 투자수익이란 것이 경영자의 노력이나 의지만으로 발생하는 것은 아니잖습니까? 때로는 국내외 정치변화나 자연재해 등으로 발생하는 기회나 운에 의존하는 부분도 존재하거든요. 은행은 경영자가 효율적으로 자원을 사용하여 기업의 목적을 최대화할 것이라는 전제하에 자금을 대출해 주지만, 실제로는 경영자가 그렇게 행동하지 않을 가능성도 충분히 존재합니다. 그래서 은행은 대출해 주기에 앞서 기업에 대한 정보를 입수하고 심도 있는 심사를 하는 거지요.

그런데 일본에서는 은행이 기업의 투자 정보를 얻기 위한 '일'이 어렵지 않다는 겁니다. 왜냐하면 메인뱅크가 대출기업에 대한 정보를 심사·조사하는 과정에서 생성되는 정보생산기능을 갖고 있기 때문입니다. 대출기업에 대한 심사는 사전심사뿐만 아니라 그 후에도 대출기업의 신용도나 경영방침과 업적, 그 외의 정보를 수집하고 이러한 정보를 다른 금융기관들에게 전달해 줍니다. 메인뱅크는 오래 전부터 대출기업과 장기적, 계속적 거래를 해 왔기 때문에 다른 금융기관들이 입수할 수 없는 귀중한 정보를 축적하고 있어서 타 은행들은 메인뱅크에 위탁하여 정보수집비용을 절약할 수 있거든요. 이것이 바로 앞서 말씀드렸던 정보의 비대칭성에 의한 대리인비용을 최소화하는 거구요.

한편 기업은 메인뱅크로부터 융자를 받았다는 자체만으로도 품질보증의 의미로 포장할 수 있기 때문에 다른 은행과 유리한 융자관계를 맺기 위한 기회로 삼기도 합니다. 또한 혹시라도 기업이 경영악화로 파산에 직면하게 되면, 메인뱅크가 구제처리까지 떠안게 된다는 것을 알고 있기 때문에 메인뱅크에게 경영정보를 은닉하지 않으려고 합니다. 왜냐하면 혹시라도 중요한 정보를 은닉했다는 것이 드러나면 기업이 최악의 사태를 맞았을 때에 괘씸죄에 걸려 메인뱅크의 구제는 물거품이 되기 때문입니다. 數下(1995)가 메인뱅크의 정보 제공을 '공공재적 성질'(公共財的な性質)을 갖고 있다고 한 이유가 여기에 있습니다.

반대로 경영자가 일상적으로 메인뱅크와 긴밀한 관계를 유지하면서 기업이 갖고 있는 경영정보를 상세히 제공해 왔다면 메인뱅크도 일종의 공동 책임을 느끼겠지요. 이 경우 기업이 재무상 위기에 처하게 되도 메인뱅크가 구제해 줄 가능성이 높습니다. 사실 인간관계도 상호 신뢰라는 측면에서 보면 마찬가지 아닐까요?

결국 구제일까 청산일까라고 하는 판단을 메인뱅크가 하는 셈인데요. 그러한 의미에서 메인뱅크는 대출기업에 대한 정보를 가장 많이 갖고 있고 메인뱅크의 존재와 설비투자와의 사이에 유의한 관계가 있다고 볼 수 있겠지요.

넷째, 보험기능입니다. 메인뱅크와 기업 간에는 금융시장이 급변하거나 사업경영상 위험에 대처하기 위한 일종의 보험기능의 역할이 존재합니다. 즉 금융시장의 금리가 높아 기업이 대출상환에 어려움을 호소할 경우 은행은 다소 싼 대출 금리로 기업에 자금을 제공하고, 반대로 금리가 낮을 경우 기업의 재무제표에 여유가 있다면 다소 높은 금리를 지불하여 메인뱅크의 소득을 높여주어 상호 간에 위험을 분산시키는 겁니다. 즉 평소에 금융시장의 위험을 기업과 은행이 상호 분담한다는 의미에서 위험분산(risk sharing)기능이라고도 합니다.

결국 대출기업이 경영위기에 빠질 경우 구제융자를 받느냐 못 받느냐의 차이지요. 대출기업은 평소 메인뱅크와의 거래 폭을 늘리거나 지불결제계좌를 메인뱅크에 집중시켜 그에 따른 운용차익을 은행이 얻을 수 있도록 기회를 제공해 줍니다. 또한 외환거래 등도 메인뱅크를 통해 움직이기 때문에 그에 따른 수수료가 메인뱅크로 흘러들어가겠지요. 이것도 사실상 보험료를 지불하고 있는 것과 마찬가지예요.

이처럼 메인뱅크가 기업에 대한 안정적인 자금을 제공하면서 동시에 기업의 업적이 악화되었을 때 이를 안정화시키는 보험기능은 메인뱅크의 순기능을 확인하는 간접적인 증거이기도 합니다. 목적은 단 하나, 기업이 도산에 대비하기 위해 평상시의 거래를 통해 메인뱅크가 이득을 취하게 하지만, 이는 마치 보험료를 지불하는 것과 같은 효과라는 거지요.

메인뱅크제도가 변하고 있다는 것을 소개한 책

메인뱅크의 평가에 대한 변화

그렇다면 오늘날 일본의 메인뱅크시스템은 붕괴하였을까요? 아니면 여전히 유지되고 있을까요? 이러한 문제에 대해서 선행연구의 결과물을 보면, 흥미롭게도 메인뱅크제도가 일본의 고도 성장기를 이끌어 왔으며 여전히 유효하다는 긍정적인 평가와 그렇지 않다는 두 가지 견해로 나뉘어져 있습니다.

먼저 긍정적인 분석을 알아봅시다. 긍정적인 분석결과의 공통점은, 투자의욕이 왕성했던 일본의 고도경제성장기에 메인뱅크가 기업에 안정된 자금을 제공하였고 이는 결국 기업이 겪고 있는 자금제약을 완화해 주는 역할을 하였다는 것입니다. 최근의 연구 중에는 메인뱅크를 변경한 중소기업의 도산확률이 높다는 결과를 보고하기도 했습니다(Ogane, 2017). 아직은 메인뱅크의 역할과 기능이 여전히 유효하다는 의미겠지요.

또한 기업이 메인뱅크와 안정적인 관계를 유지할 때에는 대리인 비용이 감소하거나 발생하지 않기 때문에, 새로운 설비를 투자하고자 할 때 직면하는 자금제약이 발생하지 않았다는 평가도 꾸준히 연구되고 있습니다(吳東錫, 2017).

그런데 이와는 달리 1990년대 후반부터 메인뱅크의 기능에 대해 부정적인 시각을 갖고 있는 학자들이 증가하기 시작했습니다. 이들의 공통점은 은행의 역할이 상대적으로 감소하면서 기업지배구조가 약해졌다는 겁니다. 또 다른 부정적인 연구들은 메인뱅크가 파산에 직면해 있는 기업에 대해서도 계속적인 지원을 해 주었기 때문에 효율성이 저하되어 오히려 일본의 버블경제의 원인을 제공했다는 것이지요.

글로벌 시대로 변하다 보니 기업이 일본 국내에서만 한정하여 자금을 대출받는 것이 아니어서 메인뱅크로부터 대출받는 횟수가 점점 줄어들고, 또 메인뱅크와의 주식상호보유도 감소하면서 메인뱅크제도가 붕괴되고 있다는 거예요. 결국 서구로부터 금융자유화의 물결이 밀려오면서 직접자본시장의 중요성이 높아져 메인뱅크의 기업지배 영향력은 그만큼 약해지고 있다는 주장입니다.

실제로 금융자유화 및 국제화가 진전되면서 국제적인 신용력을 갖춘 대기업들은 서서히 메인뱅크에서 벗어나 간접조달방식의 금융비중을 대폭 낮추고 증자(增資)와 채권발행을 통한 자금조달의 비율을 높여 나갔습니다. 자유로운 시장 참여와 퇴출이 인정되는 자유

경쟁체제의 시장구조가 형성되면서 기업의 자금조달은 간접금융에서 직접금융시장으로 자연스럽게 이동하였습니다. 지금까지는 일본형 금융시스템으로 알려진 관계지향형 금융구조(relationship-oriented financial system)가 이제는 영미형에 가까운 시장지향형 금융구조(market-based financial system) 형태로 바뀌고 있다는 말이 그래서 나온 겁니다.

하지만 이러한 재무구성의 역전이 일본기업에게 반드시 좋은 것만은 아닙니다. 경영자가 메인뱅크로부터 감시를 받을 필요가 없어지자, 예전 같으면 선택하지 않았을 위험 기피적인 경영 결정을 할 가능성도 덩달아 높아졌기 때문입니다. 메인뱅크의 모니터링 기능이 급격히 저하되면서 기업은 방만한 경영을 하게 되고 과잉투자도 늘어나 일본 기업의 업무성과가 급격히 악화된 것도 이때입니다. 그런 의미에서 메인뱅크로의 회귀(回歸)에 대한 추억을 이야기하는 학자들도 생겨났지요.

은행이 예전처럼 산하기업의 자금공급에 관계되는 모든 면을 독점하고 경영을 체크하던 막강한 힘은 이제 볼 수 없게 되고, 어떠한 특정분야에서 서비스를 제공해야 기업에게 매력을 주는 은행이 될 수 있을까를 열심히 모색하지 않으면 경쟁에서 살아나기 힘든 시대가 온 것입니다.

그런데 왜 동일한 메인뱅크의 평가에 대해 이렇게 상반된 연구결과가 나온 것일까요? 그건 아마도 어느 정도의 공통적인 시대적 흐름이 존재하고 있기 때문이 아닐까 합니다. 즉 일본이 한참 고도성장기를 구가하던 시기를 대상으로 분석한 연구들은 대체적으로 메인뱅크의 효과에 대해 긍정적인 분석을 내놓았지만, 90년대 중반부터는 메인뱅크의 역할을 긍정적으로 평가했던 학자 중에서도 부정적인 분석결과를 도출하기도 하였으니까요. 이러한 이유는 버블붕괴로 인한 장기침체의 원인을 일본식 기업지배구조에서 찾다 보니 그런 게 아닌가 하는 추론을 하게 됩니다.

저는 개인적으로 메인뱅크가 고도경제성장기에 긍정적인 영향을 주었다는 점에 강하게 한 표를 던지고 싶습니다. 채권시장과 주식시장이 발달하지 않은 개도국과 구 동구권 사회주의국가에서 일본의 메인뱅크제도에 관심을 기울였던 것은, 전문가들 사이에서 전후 일본 경제의 발전에 메인뱅크가 기업의 왕성한 설비투자에 긍정적으로 기여한 역할이 컸다는 것을 인정했기 때문이 아닐까요?

일본 경제 고민없이 읽기

5. 화려한 일족

혹시 여러분들께서는 일본의 TBS 방송국 10부작 드라마 "華麗 なる一族"(화려한 일족, 2007)을 보셨는지요? 야마자키 토요코(山崎豊 子)씨의 소설이 원작인 이 드라마에는 일본의 고도성장기간이었던 1960~70년대 고베(神戶)를 배경으로 화려한 화면이 전개되었던 대 작입니다. 기무라 타쿠야(木村拓哉)라는 배우가 주연이라는 것도 관전 포인트였구요.

드라마를 하나의 절로 분류하여 소개하는 것은 3장의 내용과 결 부시킬 부분이 너무나 많기 때문입니다. 우선 대기업과 메인뱅크의 관계를 통한 기업통치기능과 임원 파견, 은행 간 합병, 그리고 대장 성의 창구지도와 호송선단방식 등에 대해 부족함 없이 잘 묘사하고 있어서 3장 전체를 이해하는데 큰 도움이 될 겁니다. 1장에서 말씀드 렸던 일본의 기업가 유형을 찾아보는 재미도 쏠쏠합니다.

드라마 속 인물인 만표 케이스케(万俵敬介)는 1장에서 말씀드렸던 일본의 기업가 유형 중 지도자형 기업가로 분류할 수 있습니다. 기업이 궁극적으로 국가의 이익을 위해 활동해야 한다고 강조하고 있거든요. 케이스케는 원천기술력을 보유하고 있는 서구 열강들의 눈치를 봐야만 하는 일본이 세계경제에서 중심이 될 수 없다는 것을 염려하여 한신특수제강을 세우게 되지요. 자신의 이익보다 일본의 미래를 걱정하였던 것입니다.

그에 비해 아들 만표 다이스케(万俵大介)는 정상형 기업가로 분류하는게 좋겠습니다. 정상형 기업가의 특징은 정부와 긴밀한 관계를 유지하면서 정부의 보호를 받고 성장한 기업가들을 말하는데요, 단지 뛰어난 기술력과 자본만으로 성공할 수 없다는 것을 깨닫고는 자식의 혼사를 이용하여 대장성, 통산성, 그리고 재벌가와 규벌(閨閥) 관계를 형성합니다. '정경유착'을 이용하여 중요한 변화가 닥칠 때마다 미리 정보를 받고 정보의 답례로 정치생활에 필요한 정치자금을 보조하기도 합니다.

손자인 만표 텟페이(万俵鉄平)는 기술자형 기업가라고 할 수 있습니다. 아버지 다이스케는 정부와의 밀접한 관계를 중시하였지만 텟페이에게 중요한 것은 기술입니다. 기술자형 기업가는 근대 과학기술에 정통하고 자신의 재능과 노력을 중시하는 경영자라고 볼 때, 텟페이가 여기에 꼭 부합되는 인물이지요. 텟페이는 도쿄대학 이공학부 야금학과(금속공학의 한 분야)를 졸업하고 매사추세츠 공과대학을 졸업했으며, 매번 다른 기업을 긴장하게 만드는 제품을 생산해 냅니다. 자금압박에 시달리지만 그는 훌륭한 기술만 있으면 이런 것쯤은 모두 극복할 수 있다는 신념으로 더더욱 기술발전에 힘을 쏟습니다. 고로를 건설할 자금이 모자랄 때도 장인어른의 힘을 빌려 자금을 마련

일본 드라마 '화려한 일족'(2007)

할 수 있었지만 이러한 일에 정치가가 개입되어서는 안 된다는 생각에 혼자서 해결해 보려고 노력하는 인물이에요.

우리나라에서 시청한 기무라 타쿠야(木村拓哉) 주연 드라마 중에서는 이 드라마 시청률이 가장 저조했다고 합니다. 왜 그렇겠습니까? 공부 부족인 상태에서 드라마를 보니까 이해하기 어려운 전개로 지루하게 느껴졌겠지요. 제가 3장 전체를 통해 따분하게라도 설명 드렸던 일본 경제 이야기를 조금이라도 공부하신 분들은 이 드라마를 의미있게 볼 수 있을 겁니다.

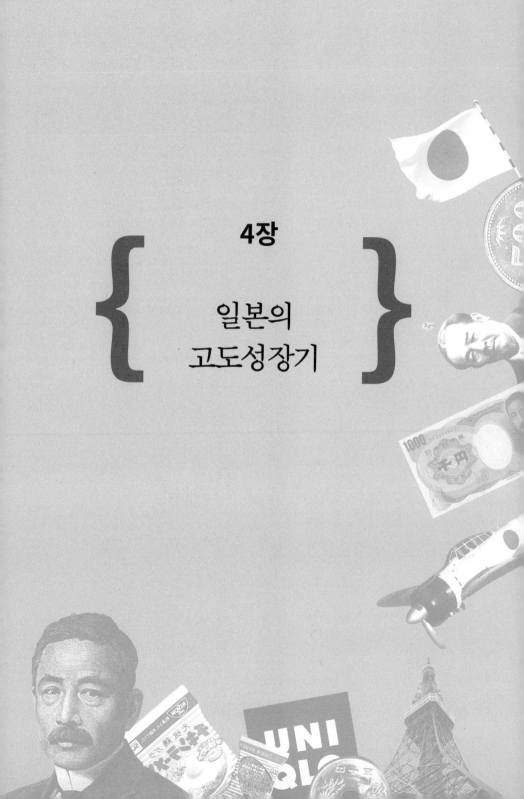

4장

{ 일본의
고도성장기 }

1. 진무경기 – 자신감 회복

　'진무'(神武)란 의미는 일본의 건국시조인 진무천황(神武. 기원전 711~585년)의 이름으로, 1954년 11월부터 1957년 6월까지 약 31개월에 걸친 경기확대기를 진무경기(神武景気)라고 합니다. 이때가 전후 일본이 처음으로 경험한 유사 이래의 호황이어서 조상 덕분이라고 생각했기 때문에 그렇게 부른 것이지요.

　그렇다면 이 기간 동안 일본 경제가 어떻게 발전했는지 살펴보도록 하겠습니다. 1955년 12월에 발족한 경제기획청(経済企画庁)은 '경제자립 5개년 계획'을 입안하면서 고도경제성장의 기점을 만들었습니다. 경제기획청이 발간한 『経済白書』(경

토요타시에위치한토요타자동차본사건물

'삼종의 신기'라고 알려진 거울, 검, 구슬

제백서, 1956년)에는 '이제는 더 이상 전후가 아니다'(もはや戰後ではない)라는 문구가 등장하는데, 이는 패전 후 일본 경제가 안정적으로 장착하면서 균형 잡힌 경상수지와 물가안정을 동시에 달성한 상징적인 의미로 해석할 수 있습니다.

이 시기에 민간설비투자도 급격히 증가했습니다. 한국전쟁 특수 이후 고도경제성장의 발판을 마련한 근본적 요인은 기업의 설비투자였으며, 그 중심에 자리 잡고 있는 것이 바로 대량생산과 자동화입니다. 나일론이나 비닐 등의 신소재에 대한 투자도 가세하면서 합성섬유가 급속히 보급되었고 라디오, 미싱, 자전거 등에 국한되던 소비가 이제는 기술혁신 덕분에 대중 소비사회로 돌입하면서 흑백TV, 냉장고, 세탁기 등의 '삼종의 신기'(三種の神器)[34]로까지 확대되었습니다.

당시 샐러리맨의 평균 급여가 월 2만 엔 남짓 했을 때이고 엥겔지수(Engel's coefficient)는 대도시에서도 45%나 되었지만, 그럼에도 불구하고 저축률은 10%에 육박하였습니다. 이렇게 저축한 돈은 은행을 거쳐 고도성장의 주역인 기업으로 흘러가 다시 설비투자로 이어졌구요. 패전 후 정부의 국가경제 운용방법을 신뢰한 일본 국민들이 소비

34 삼종의 신기는 일본의 천황가에 대대로 계승되어 내려오는 세 가지 보물, 즉 거울과 구슬, 그리고 검을 말합니다. 오늘날에는 뭔가 소중한 보물이나 세 가지 주요 특징을 설명할 때의 레토릭으로 쓰고 있습니다.

일본 경제 고민없이 읽기

보다는 저축에 힘을 기울이며 선순환 성장구조를 만들었다고 할 수 있지요.

이러한 경제활동의 결과 진무경기 동안의 명목성장률은 14%, 실질성장률은 9%에 이를 만큼 맹렬한 기세로 성장하였고, 명목 GNP에 대한 설비투자 비율도 급상승하였습니다. 전후 일본 경제의 발목을 잡았던 인플레이션은 진정 상태에 접어들면서, 이제는 더 이상 한국전쟁과 같은 특수(特需)가 발생하지 않아도 자율적인 성장을 실현할 수 있을 만큼의 단계까지 이르렀습니다.

민생용 기술혁신이 크게 발전하면서 우리가 잘 알고 있는 소니(sony)가 트랜지스터를 완성했던 시기도 이때입니다. 일본은 미국의 도움으로 GATT에 가입(1955)하면서 거대한 서구시장을 무대로 무역입국 국가전략을 세웠고, 1956년에는 국제연합의 가맹국이 되었습니다.

그러나 경기확대의 속도가 너무 빠르다 보니 생산능력이 이를 따라가지 못했어요. 특히 철강, 전력, 수송 등에서 현저한 수급 불균형이 나타났고, 하필이면 이때 외환위기까지 몰리면서 금융긴축정책을 취하지 않을 수 없게 되었습니다. 설비투자에 필요한 기계가 대부분 외국제였기 때문에 이를 수입하기 위해서는 외화가 절대적으로 필요했던 시기였지만, 문제는 심각할 정도로 외환이 부족했다는 점입니다. 결국 1957년 6월을 정점으로 진무경기는 하강국면에 접어들었습니다.

진무경기에는 특별한 의미가 있습니다. 전후 일본의 고도성장기의 막을 열었고, 전쟁으로 피로에 지친 일본인들에게 '하면 된다'는 밝은 미래를 안겨 주었다는 점에서 특히 그렇습니다. 마치 우리나라의 '새마을 운동'처럼 말이지요.

한편 이 시기는 정치적으로도 여러 가지 변혁이 있었습니다. 좌파와 우파로 나뉘어 대립해 왔던 일본 사회당이 하나로 통일되고, 사회당에 대항하던 자유당과 일본민주당 등 보수 2정당이 합당하여 자민당(自民黨)이 탄생했던 때도 이 시기입니다. 1955년에는 일본 국산차의 상징이라고 할 수 있는 토요타자동차 크라운(crown)이 생산을 개시하면서 자가용 사회의 막을 열었지요.

그런데, 여러분.

일본의 중부지역 아이치현(愛知県)에 있는 토요타시(豊田市)를 알고 계시지요? 원래는 서울시 면적보다 조금 더 큰 고로모(拳母)라는 도시였는데, 1959년 1월 1일, 토요타라는 이름으로 도시 이름을 바꾸었습니다. 토요타 자동차공장이 있던 고로모시 주민들이 도시의 발전을 위해, 그리고 기업유치를 자랑스럽게 생각하고 이에 감사하여 자발적으로 요청한 것입니다.

만일 울산광역시 이름을 '현대'광역시로 바꾸겠다고 하면 어떤 반응이 일어날까 궁금합니다. 아마 특혜니 뭐니 해서 국론이 갈라질지도 모르겠습니다. 기업을 중시하는 일본에서만 가능한 일이 아닐까 하는 생각도 듭니다.

2. 이와토경기 – 도쿄타워와 올림픽

**보리밥 수상
이케다**
진무경기가 막을 내린 후 다시 찾아온 대형 호경기가 이와토경기(岩戶景氣)입니다. 이와토경기는 1958년 6월부터 1961년 12월까지 약 42개월간 지속된, 즉 3년 반 정도에 이르는 기간을 말합니다. 진무경기가 일본 유사 이래 최대 호경기란 것을 의미한다면, 이와토경기는 일본 건국 이래 최대 호경기란 의미를 갖습니다. 이와토(岩戶)는 일본 선사시대 신화에 등장하는 인물로, 우리나라에서 흔히 말하는 '단군 이래~'라는 말과 유사한 표현이라고 할 수 있습니다.

춘투(春鬪)[35]가 정착한 것도 이 시기입니다. 샐러리맨들의 급여가 매년 10% 전후로 증가하면서 대중소비의 기반을 마련하였고, 기

---

35 일본에서의 춘투는 매년 봄이 시작되는 2월에 임금인상이나 노동시간 단축 등 노동조건 개선을 요구하는 노동운동을 말합니다.

업의 생산 확대로 인해 노동력이 부족한 상황이 발생하자 임금 상승과 소비자물가 역시 현저히 상승하였습니다. 이러한 산업발전 때문에 국민생활도 넉넉해지면서 일인당 GNP가 1955년 9만 7천 엔에서 1961년에는 21만 4천 엔으로, 6년간에 걸쳐 약 2.2배나 증가하였습니다. 신차 판매대수의 경우 1958년 5만 3천 대, 1959년 7만 7천 대, 1960년 17만 대, 1961년 23만 대 등 급속한 증가를 보였습니다. 당시 소학교(小学校: 한국의 초등학교)의 교육비가 한 가정당 연간 평균 1만 엔 정도였던 시대에 1만 엔대의 스테레오 전축이 인기를 얻으면서 덩달아 소비도 증가하였습니다.

한편 이와토경기 기간 중인 1958년에는 프랑스 파리의 에펠탑보다 9m 높은 도쿄타워(333m)가 완성되었고, 1959년 4월에는 일본 황태자의 결혼식을 시청하기 위해 텔레비전을 구입하는 붐이 일어났습니다. 평민이었던 미치코(美智子)에 대한 국민적 관심이 쏠리면서 여성들은 신데렐라가 되는 꿈을 같이 꾸었는지도 모르겠습니다.

일본은 국내 산업을 보호하기 위하여, 그리고 외화 부족이란 이유로 수입을 제한하였는데, 무역자유화율이 40% 정도에 불과하자 1959년 도쿄에서 개최된 GATT 총회에서 서구 선진국은 일본의 무역자유화가 이루어지지 않았다고 크게 비난하였습니다. 이에 자극을 받은 기시내각(岸內閣)은 1960년 개방정책의 일환으로 '무역자유화계획대강'을 만들어 무역과 외환을 제한해 왔던 관리무역체제를 철폐하기로 결정하였고, 그 결과 1961년 10월에는 수입자율화율이 97%에 이르렀습니다. 그래서 일본에서는 1960년을 '무역자유화 원년'이라고 합니다. 이때를 전후로 기업의 설비투자가 더욱 활발해 지면서, 당시 일본경제의 특징인 가공무역 구조가 완성되는 계기가 되었습니다. 전화위복(轉禍爲福)이 된 셈이지요.

1961년에는 복지정책을 추구 하면서 모든 시·정·촌(市町村) 에 국민건강보험을 의무화하여 전 국민 대상의 보험체제가 정비 된 것도 이때입니다. 이를 토대 로 1973년 노인의료비 무료화, 그리고 고액의료비 상환제도 등 이 도입되었기 때문에 1961년을 복지원년이라고 합니다.

1960년 7월 새로운 리더십이 등장하였는데, 그가 바로 패전

이케다 하야토의 소득배증을 소개한 책

후 일본을 선진국에 진입할 수 있도록 발판을 마련한 이케다 하야토 (池田勇人, 1899~1965)라는 인물입니다.

이케다는 히로시마현(広島県)에서 양조업자의 아들로 태어나 교토 대학(京都大学) 법학부를 졸업하고 대장성(大藏省)에 진입한 관료출신 으로 '세일즈맨 이케다'라고 불리울 정도로 경제문제에 힘을 쏟았습 니다. 1964년 그가 프랑스를 방문했을 때 샤를 드골 프랑스 대통령은 그를 '트랜지스터 판매원'이라고 비꼴 정도로 자국의 경제적 이익을 추구하는 외교자세를 보였던 유명한 일화가 있지요.

'경제에 관해서라면 저에게 맡겨 주십시오. 여러분의 월급을 두 배로 만 들어 드리겠습니다.'
'국민총생산을 10년간 두 배로 늘리도록 하겠습니다. 이것이 나의 꿈입

니다.'

'소득이 적은 사람이 보리밥을 먹고 소득이 많은 사람이 쌀밥을 먹는 것은 당연합니다.'

'보리밥 수상'이라는 별명이 붙은 그의 '어록'입니다.

일본의 경제전문가들은 20세기 후반 일본경제사에 가장 큰 전환점이 된 사건으로 이케다 내각(池田內閣, 1960.7~1964.11)이 1960년 12월에 발표한 '소득배증계획'(所得倍增計畵)을 꼽습니다. 이 정책은 1961년부터 약 10년간에 걸쳐 국민소득을 두 배로 만들겠다는 야심찬 계획이었어요. 경제성장을 국가 최대 목표 가치로 설정하고 정치적 합의를 거치면서 갈등을 잠재우고 기업과 정부의 밀접한 협력을 이어 나간 겁니다. 이를 보고 어떤 경제학자는 '재갈 물린 자본주의'라고 비꼬기도 하였지만, 두 차례의 오일쇼크에도 아랑곳하지 않은 채 일본은 생산성 높은 경제구조를 유지해 나갔습니다.

어쨌든 소득배증계획을 계기로 민간 기업이 생산규모를 늘리면서 투자가 투자를 부르는 설비투자 붐이 일어났지요. 또한 사회자본의 확충, 산업구조의 고도화, 무역과 국제협력의 적극적인 추진, 과학기술 진흥, 농업근대화 등이 함께 이루어지면서 연평균 10% 이상의 고도성장을 이룬 기간이기도 합니다. 이 덕분에 이케다 총리와 그 뒤를 이은 사토정권(佐藤政權, 1964.11~1972.7)에 이르기까지 자민당이 장기 집권을 연장하면서 소위 '55년 체제'라는, 그야말로 정치와 경제의 안정기에 접어들었습니다. 이케다는 그만큼 일본을 경제대국으로 끌어올린 정치가로 높게 평가되는 인물입니다.

소득이 두배, '모두가 행복' 　그렇다면 소득배증계획의 결과는 어떠했을까요? 1961년과 1970년을 비교해 보면 명목 GNP는 20조 1천억 엔에서 75조 1천억 엔으로 3.5배나 증가하였고 이 기간의 실질성장률은 1958년 6.7%, 59년 12%, 60년 12%, 61년 11.5% 등 3년 연속으로 10% 성장률을 보일 만큼 경이적인 성장을 달성하였습니다.

　성장의 최대요인이 무엇이었을까요? 이는 진무경기 때와 마찬가지로 기업의 설비투자가 그 중심에 있습니다. 예를 들어 철강업계 등 중화학공업과 관련된 산업에서 생산력을 증강시키기 위해서는 설비투자가 필수입니다. 철광석 수입을 위해서는 연안부에 공장을 설립하는 것이 유통비용을 절약할 수 있는데, 철강이 비약적으로 발전하면서 자동차, 전기 등의 가공조립산업의 발전을 이끌었고 내구소비재의 대량생산, 대량보급도 더불어 증가하였습니다. 이때 GNP에서 차지하는 설비투자 비율이 급격히 상승하면서 이와토경기 말기인 1961년도에는 20%를 넘어설 정도였지요. 이러한 경험 때문에 20%라는 숫자는 경기변동의 분기점으로 인식되는 경기순환이론이 등장하기도 하였습니다. 즉 설비투자가 GNP의 20%를 넘어서게 되면 과잉설비를 초래하여 결국 경기후퇴를 초래한다는 논리입니다.

　이케다내각 탄생 직후인 1960년 8월에는 저금리정책 덕분에 증권시장이 활기를 띠면서 증권회사의 상담창구에는 발 디딜 틈이 없을 정도로 가정주부나 학생들까지 붐볐다고 합니다. '은행은 떠나가고 증권은 내 곁에'(銀行よさよなら、證券よこんにちは)란 유명한 캐치프레이즈가 등장한 것을 보면, 당시의 주식 붐이 어느 정도인지 짐작할

우에노역(上野駅)

수 있겠지요.

　이러한 대형 호황은 그때까지의 과잉 노동력을 단숨에 노동인력 부족으로 바꾸어 놓았습니다. 기업은 신규 노동력을 구하기 위해 뛰어다녀야 했고, 중학교 졸업자들을 대상으로 하는 신규채용 구직란에는 이들을 '금 계란'(金の卵)이라고 비유할 정도로 귀한 대접을 받았습니다. '돈만 있으면 귀신도 부릴 수 있다'(地獄の沙汰も金次第)라는 일본 속담은 고도경제성장 시기에 일본인들의 물질관을 한껏 서포트해 주는 토대를 마련해 주었습니다. 중학교 졸업자를 앞세운 집단취직의 상경열차가 우에노역(上野駅)에 도착하는 진풍경이 매년 전개되었다고 하니, 이케다의 '소득배증계획'이 모두를 행복하게 해 준 정책이라고 평가받아도 괜찮을 것 같습니다.

　　　　　　　　　　　　　일본 경제 고민없이 읽기

그러나 이와토경기 기간에 이러한 밝은 뉴스만 있던 것은 아닙니다. 구마모토현(熊本県) 미나마타만(水保湾) 연안의 어패류를 먹은 어민들에게서 원인불명의 괴상한 병이 발생하였습니다. 유기수은중독으로 중추신경이 침범되어 손발이 저리는 정도의 가벼운 증상도 있지만, 심할 경우에는 언어장애와 시야협착(視野狹窄)이 나타나다가 정신이상 증세를 일으키고 사망에 이르는 사람도 적지 않았습니다. 죽음을 면한다 해도 중증자는 일생을 폐인과 같은 생활을 보내게 되는 극단적인 환경병이 발생한 겁니다. 소위 미나마타병(水保病)이라고 불리우는 공해문제가 사회적으로 대두된 것도 이때입니다.

또한 일미안전보장조약의 개정을 둘러싸고 국론이 분열되면서 안보투쟁[36]을 하던 여학생이 사망하는 사건이 발생했고, 큐슈(九州)의 미이케탄광(三池炭鉱)에서 일어난 대규모 노사분쟁, 그리고 히비야공회당에서 개최된 아사누마 이네지로(浅沼稲次郎) 사회당 위원장이 연설하는 도중에 열일곱 살의 어린 우익소년에 의해 암살되는 사건이 TV에 그대로 생중계 되는 등 어두운 뉴스도 적지 않았던 격변의 시기이기도 합니다.

■■■ TV 생방송 도중 아사누마 사회당 위원장이 암살되는 모습

36 1959~60년 일본 열도를 뒤흔들며 전개된 일미안전보장조약 개정 반대 투쟁으로, 근대 일본의 사상 최대 대중운동입니다. 특히 1960년 5~6월은 연일 수 만 명이 국회를 포위하고 데모행진을 하였지만 결국 조약은 개정되고 말았지요.

태평양벨트 공업지대 태평양벨트 공업지대는 세토내해(瀨戶內海) 및 시즈오카현(静岡県) 등의 중간지역에 새로운 공업지대를 형성하여 태평양 연안지역 전체를 공업지대의 핵심으로 하자는 구상에서 시작된 지역입니다. 그래서 일본의 공업지역이 대부분 미나미칸토(南関東) 지방에서 기타큐슈(北九州)에 걸쳐 몰려 있는 거지요.

1950년대 프랑수와 페로(Prncoise Perroux)가 정립한 거점개발에 관한 이론에 의하면, 성장 잠재력(growth potential)이 큰 지역을 거점으로 집중 개발하고 그 성장효과를 주변 지역으로 파급하자는, 즉 똘똘한 놈 하나 잘 키우면 낙수효과(trickling-down effect)를 통해 경제성장을 이룩할 수 있다고 했는데 일본에서도 이를 적용한 겁니다. 이러한 지역이 도쿄를 시작으로 가와사키, 요코하마, 시즈오카, 하마마츠, 나고야, 교토, 오사카, 고베, 오카야마, 히로시마, 기타큐슈, 후쿠오카 등 태평양을 바라보고 있는 도시들로 일본의 공업과 상업을 이끌어 온 지역입니다.[37]

공업지역이 해안가에 위치해 있는 이유는 원료수입과 수출에 유리하기 때문입니다. 이 지역들의 특징은 철도와 도로, 그리고 항만 등의 교통시설이 잘 정비되어 있고, 일본 전체 인구의 약 60%가 살고 있어 노동력이 충분하고, 공업생산액의 약 70%가 집중되어 있는 지역입니다. 또한 이 지역은 기후가 온난하고 평지가 넓어 화물 운송

---

37 우리나라에서도 1970년대부터 수도권과 동남해안 공업벨트를 추진하였었지요. 이때 선택된 도시가 울산, 포항, 마산, 창원, 여수 등 바닷가를 끼고 있던 동남해안 도시들이고 이 도시들에 인구와 산업이 쏠리면서 성장엔진을 달고 약진에 약진을 거듭했지만 주변 도시들이 낙수효과를 누렸는지는 한번 생각해 볼 문제입니다.

경비도 절약되는 등 공업 입지에 가장 유리한 조건을 갖추고 있습니다.

경제학에서는 이를 '집적의 경제효과'(agglomeration economics)라고 합니다. 산업은 특정 공간에서 뭉쳐 있으면 더 높은 생산성을 갖게 되거든요. 예를 들어 자동차산업의 경우 자동차에 필요한 2만여 개 부품을 한 공장에서 만들어 내기 힘들잖아요. 그래서 운송비나 생산 시간 등등을 감안하여 관련업종이 주변 지역에 몰려 있는 겁니다. 그만큼 경제적 효과(spread effects)가 크겠지요. 이렇게 최소비용에 입각하여 최적공업입지론을 전개한 학자가 독일의 막스베버(Max Weber)입니다. 일본의 경우 집적의 경제효과를 톡톡히 봤는데, 그 중심역할을 해 온 4대 공업지대를 소개하고자 합니다.

첫째, 게이힌 공업지대(京浜工業地帶)입니다. 도쿄(東京), 가와사키(川崎), 요코하마(横浜), 치바(千葉)를 중심으로 도쿄만 주변에 형성된 일본 최대의 공업 지대로서 임해지역에는 철강과 석유화학공업이, 내륙지역에는 전기기기와 자동차공업이, 그리고 도쿄 중심부에는 인쇄공업이 발달한 곳입니다. 수도권에 위치하고 있어서 다른 지역에 비해 안정적으로 성장할 수 있는 자본과 시장, 그리고 편리한 교통 등 모든 면에서 유리한 조건을 갖추고 있는 지역입니다. 물론 이에 따른 인구과밀과 공해문제, 그리고 늘어나는 범죄 등은 어쩔 수 없는 부작용이겠지요.

둘째, 쥬쿄 공업지대(中京工業地帶)입니다. 이 지역은 전통적으로 견직과 도자기 공업이 발달한 곳이지만 오늘날에는 전 세계적인 자동차 공업 지역으로 유명합니다. 제2차 세계대전 이후 나고야시(名古屋市), 토요타시(豊田市) 등 해안지역을 중심으로 중화학 공업이 발달하면서 자동차, 섬유, 요업, 화학 공업이 함께 발전할 수 있는 조건을 갖춘 지역으로 성장할 수 있었습니다.

셋째, 한신 공업지대(阪神工業地帶)입니다. 오사카(大阪)와 고베(神戸)를 중심으로 오사카만 연안에 형성된 일본 제2의 중화학공업지대이지만, 특히 임해지역에는 중화학 공업이, 내륙에는 전기기기공업이 주로 발달되어 있습니다.

넷째, 기타큐슈 공업지대(北九州工業地帶)는 기타큐슈를 중심으로 주변에 석탄자원이 풍부하여 일본 중공업의 효시라고 할 수 있는 야하타제철소가 설립되는 등 일찍부터 금속공업이 발달하였던 곳입니다. 그러나 에너지의 중심이 석탄에서 석유로 전환되면서 미츠이광산(三井鉱山), 미이케탄광(三池炭鉱)이 폐쇄되는 등 이곳 공업지대가 차지하는 비중이 현저히 낮아졌습니다. 최근에는 이 지역을 중심으로 반도체 공업이 발달하면서 과거의 명성을 되찾기 위한 분위기가 형성되고 있습니다.

| 카뿌라멘,
안도 모모후쿠 | 전 세계에서 한해 900억 개나 소비되고 있는 라면은 전후 미국의 원조로 남아 돌던 밀가루

를 이용하면서부터 시작되었습니다. 라면회사 닛신(日淸)의 창업자인 안도 모모후쿠(安藤百福, 1910~2007)는 여러 사업을 전전긍긍하다가 우

인스턴트라면 만들기에 참가한 초등학생들

연히 기름에 튀기는 덴뿌라(テンプラ)를 보고는, 면을 기름에 튀기면 면에서 수분이 증발할 것이고 이렇게 건조된 면에 물을 붓는다면 다시 부풀어 오를 것이라는 아이디어에서 인스턴트 라면을 개발했습니다. 패전 후 굶주림에 지친 일본인들에게 최고의 먹거리를 제공한 것이죠. 그가 96세로 타계(2007)했을 때 그의 장례식에는 고이즈미 전 수상을 비롯해 정재계 인사들이 조문을 올 정도로 그의 장인정신을 기억하는 일본인들이 줄을 섰다고 합니다.

한국의 삼양식품이 일본으로부터 라면생산 기술을 전수 받아 여러 연구실험을 거쳐 한국인의 입맛에 맞는 한국식 라면을 생산한 것은 그로부터 5년 후인 1963년이었습니다. 1971년에는 식품혁명이라고 할 수 있는 컵라면을 개발하면서 일본의 국민식품으로 등극하였고, 그런 자신의 업적을 기리기 위해 안도회장은 1999년 오사카 근방의 이케다시(池田市)에 '인스턴트라면박물관'을 설립하였습니다.

저도 이곳 라면박물관을 견학한 적이 있었는데, 당시 초등학생들
이 앞치마를 두르고 라면 만드는 실습을 하는 모습을 보면서, 박물관
의 역할이 보는 것으로 끝나지 않고 직접 참여하여 체험할 수 있는
공간으로 활용되고 있다는 점에 감탄했던 기억이 새롭습니다.

| 올림픽경기, | 이케다수상의 임기 마지막 해였던 1964
| 1964라는 숫자의 의미 | 년은 일본이 패전 이후 국제사회의 일원
으로 세계무대에 첫 선을 보인 해이기도 합니다. 이 당시 일본은 경
제협력개발기구(OECD)의 가입을 시작으로 IMF 8조국에의 이행과
올림픽까지 개최하면서 명실공히 선진국 대열에 진입하는 쾌거를 이
루어, 일본이란 나라를 전 세계에 각인시켰던 시기입니다.

조선, 트랜지스터 라디오, 모터사이클, 카메라 등은 이미 세계 1
위의 생산량을 자랑하면서 일본이 국제무대로 다시 복귀하는 좋은
조건을 만들었습니다. 패전 후 불과 19년만의 일이지요. 오히려 일본
이 원하든 원하지 않든 미국을 비롯한 유럽 여러 나라들로부터 압력
을 받으면서, 과거 무역 환 관리 체계에 의한 국내 산업을 보호해 왔
던 틀을 벗어나야 했습니다.

1964년 일본의 경제백서(経済白書)에서는 일본기업의 기술수준
을 미국, 유럽과 비교하는 앙케트 결과를 발표했는데, '모든 산업에서
일본은 미국과 유럽을 따라잡거나 따라잡을 수 있다'는 자신감을 보
인 것도 이때입니다. 1963년 7월에는 나고야에서 교토, 오사카를 거
쳐 고베까지 연결하는 일본 최초의 고속도로인 메이신(名神)고속도로

일본 경제 고민없이 읽기

(120마일)가 개통되었지요. 이러한 토목 · 건설사업으로 자금코스트가 상승하고 건설상각코스트도 증가하면서 1963년 말부터 일본은 본격적인 금융긴축정책을 실시해야 했습니다.

1964년 10월, 아시아에서는 처음으로 개최된 도쿄 올림픽 덕분에 일본은 아시아 각국으로부터 선망의 대상으로 떠오르는 한편, 국제사회의 지위를 확고히 다지는 계기를 만들었습니다. 국가의 위신이 걸려 있는 올림픽 경기이다 보니 그에 걸맞는 준비를 위해 본격적으로 컬러 방송을 시작하면서 텔레비전 보급률도 증가하였고 수도고속도로 건설과 도카이도신칸센(東海道新幹線)이 개통되는 등, 수도권을 중심으로 지나치다 싶을 정도의 공공투자가 늘어나면서 노동력이 부족한 상황에까지 직면하였습니다.

그렇게 화려했던 올림픽경기가 끝나자 금리비용이 상승하면서 불황의 그늘이 서서히 다가왔어요. 기업간 신용은 하락하기 시작하였고 산업계는 전반적으로 불황의 늪에 빠져 버렸습니다. 안되겠다 싶었는지 일본은행은 1965년 초부터 금융완화정책을 통해 기업의 금리부담을 낮추었지만, 언 발에 오줌 누는 정도에 불과할 뿐 별반 나아지지는 않았습니다.

증권 상품이 다양하지 않았던 시대였기 때문에 불황이 닥치고 주식시장이 침체에 빠지자 일본의

도쿄올림픽 포스터

3대 증권회사 중 하나인 야마이치증권회사(山一証券会社)가 경영위기에 직면하였습니다. 예금주들이 돈을 빼내기 위해 증권회사와 은행으로 몰려들면서 신용제도 전반에 문제가 생겨 금융 불안으로 이어질 가능성마저 제기되었지요.

야마이치 사건(山一事件)은 '40년 불황'을 상징하는 사건으로 기록되면서 결과적으로 정부는 전후 최초로 적자국채를 발행해야만 했습니다. 40년 불황에서의 '40년'이란 쇼와(昭和) 40년의 해, 즉 1965년을 의미하는데, 올림픽이 끝난 직후인 1965년이 일본 경제가 본격적인 불황이 시작되는 신호탄으로 인식되었기 때문에 나온 신조어예요.

이때 당시의 실질성장률을 보면 1963년 10%, 64년 9.8%였는데, 1965년에는 6.3%까지 떨어졌습니다. 6.3%라는 숫자가 현재의 시각으로 볼 때는 상당히 높은 수치이지만, 10% 성장이 당연했던 당시의 시각에서 볼 때 이 정도는 대형불황이라고 할 수 있지요.

일본 경제 고민없이 읽기

3. 이자나기 경기 - 골리앗 미국을 이기다

| 골리앗 미국을 이기다 이자나기경기(いざなぎ景気)는 1965년 11월부터 1970년 7월까지 약 57개월간 계속된, 전후 최장의 경기확대기간을 말합니다. 어떤 명칭과 이름에는 각각의 의미가 있습니다. 앞서 말씀드렸던 '진무'나 '이와토'처럼 '이자나기' 역시 일본 신화에 나오는 인물로, 하늘의 신의 명을 받아 일본열도를 만든 남자신입니다. 진무경기나 이와토경기보다 훨씬 호황을 누렸다는 의미로 해석할 수 있지요.

이자나기경기 기간 동안의 실질성장률은 평균 10%대를 실현하였습니다. 4년 연속 10% 성장은 이후에도 선례가 없을 정도로 고도 경제성장을 누린 기간이기도 합니다. 그중에서도 기업의 설비투자는 1966년부터 1970년까지 5년간 실질적으로 10% 이상씩 증가하였고, 특히 1965년도는 30%를 넘는 증가율을 보였습니다. 그 결과 1968년 일본의 GNP는 서독을 능가하여 세계 2위의 경제대국으로 급부상하였지요.

패전의 잿더미에서 벗어나기 위해 '토끼장 같은 작은 집에 살면서 일만 하는 경제동물', '회사인간' 등 서구로부터 비웃음을 당하면서 이룬 성과이기에 더 의미가 있었는지도 모르겠습니다. 이러한 배경에는 물론 일본인 특유의 근면성과 기술력, 그리고 높은 저축률 등을 꼽기도 하지만, 사실은 미일안보조약에 따른 동맹국인 미국의 동아시아 방위정책도 한몫했습니다. 소위 동서냉전 체제라는 이념싸움으로부터 일본이 얻은 '안보무임승차', 혹은 '미국의 핵우산' 아래 들어가 있던 특혜라고도 할 수 있지요. 자존심은 상했을지 모르겠지만, 이 덕분에 일본은 방위예산에 대한 부담이 대폭 줄어들면서 초고속 경제성장에 힘을 쏟을 수 있었습니다.

일본 경제는 한국전쟁 특수를 통해 고도성장의 발판을 마련했다고 앞서 말씀드렸었는데, 행운은 거기서 그치지 않고 1965년부터 시작된 베트남전쟁으로 또 한 번 도약하는 좋은 기회를 잡았습니다. 게다가 일본의 자동차산업이 경쟁력을 확보하고 미국에 본격적인 승용차수출을 개시하면서 매년 천억 달러 이상의 경상수지 흑자를 냈지요.

처음에는 토요타, 닛산, 마츠다 등의 자동차산업이 미국의 포드, GM, 크라이슬러 등을 무찌르면서 미국을 공략했지만, 다음에는 소니, 마츠시타, 토시바 등의 전자공업이 GE, 웨스팅하우스, 제니스 등을 앞질러 나갔습니다. 미국 어린이들은 소니가 미국 브랜드인줄 알고 성장한다는 이야기가 사실처럼 느낄 만큼 일본 제품이 미국 소비자들 가정에까지 깊숙이 침입했습니다.

첨단반도체 칩에서도 일본제품은 모토롤라제품과의 가격경쟁에서 승리하였고, 후지츠는 컴퓨터분야에서 난공불락의 철옹성 같은 IBM에 도전장을 던졌습니다. 미국에서 일본계가 아닌 오토바이 산업은 할리 데이비슨(HARLEY-DAVIDSON) 하나만 댕그라니 남았을 뿐입니다. 스타인웨이(STEINWAY & SONS)를 비롯한 미국의 피아노 회사들의 매출실적은 일본의 야마하(YAMAHA)와 상대가 되지 못했고 무라마츠사(村松フルート製作所)의 플롯은 미국 제품과 당당히 경쟁했지요. 그뿐만이 아닙니다. 자전거에서 스키용구, 설상(雪上) 자동차와 도자기, 하다못해 지퍼(zipper)에서도 일제의 전 세계 시장 지배력은 레바논의 백향목처럼 뻗어 나갔습니다.

로봇산업에서 우주항공분야[38]까지 일본은 기술력을 확보하면서 미국의 첨단기술을 추격하였으며, 그 결과 일본의 대(對)미 무역흑자는 1965년 20억 달러에서 1968년도에는 30억 달러, 1971년도에는 84억 달러에 도달하는 등 매년 증가추세를 보였어요. 우리나라가 1964년 11월이 되서야 수출 1억 달러를 달성하여 전 국민이 눈물을 흘리던 때를 되돌아 보면 일본과의 격차가 어느 정도인지 실감이 나시겠지요?

일본의 자동차 수출도 예외는 아니었습니다. 생산대수의 증가율을 보면 기적과도 같지요. 1960년대 생산대수는 불과 48만 대였으나

---

38 그러나 항공기 산업은 미국의 정치적 압력을 피하고 또 무역적자를 피하기 위해 대형 비행기 생산을 잠정적으로 포기하였습니다. 그럼에도 불구하고 미국에서 생산되는 비행기 부품의 대부분을 일본이 생산하고 있다는 점을 기억해야 합니다. 그 외 전통적으로 미국이 우위를 과시하고 있는 군수산업과 핵무기 분야에서도 일본은 동반자로서 공동개발에 참여하고 있습니다.

1970년 529만 대, 1979년에는 964만 대로 약 20배 규모의 급성장을 보였고, 계속해서 기세를 이어나가 1980년 1천 1백만 대의 자동차를 생산하면서 세계 최대의 자동차 생산국으로 부상했습니다.

1970년대 초반까지만 해도 미국 자동차 수입의 주종은 폭스바겐 이었지만 얼마 후에 토요타가, 그리고 닛산이 미국시장을 장악했고 1978년에 이르자 폭스바겐은 혼다에게 그 자리를 물려주어야 했습니 다. 일본은 미국과 유럽의 정치적 압력과 무역전쟁을 피하기 위해 스 스로 자동차 수출량을 제한하기까지 했는데, 만일 그렇게 하지 않았 더라면 미국의 자동차 시장을 완전히 점령했을지도 모르지요.

결국 미국 자동차 도시의 상징인 디트로이트시는 일부 공장 문을 닫아야 했고, 시 전체의 20%에 해당하는 노동자가 일자리를 잃는 악 몽의 도시가 되었습니다. 특히 흑인의 실업률은 65%에 달했다고 하 니, 일본인들이 얼마나 얄미웠으면 쨉스(Japs)라고 비아냥거렸겠습니 까? 70년대 텔레비전으로 시작해 80년대 자동차에 이르기까지 일본 과의 경쟁에서 완전히 패배한 미국은 정치적 수단을 동원할 수밖에 없는 상황에 직면하였습니다. 미국 가정에 보급된 컬러 텔레비전의 90%가 '메이드 인 저팬'이었다는 것도 이 시대의 이야기이지요.

호조인 것은 수출만이 아니었습니다. 내수확대도 왕성하여 '3C'라 고 불리웠던 Car, Cooler(Air Conditioner), Color TV 등 새로운 삼종의 신기(三種の神器)가 등장하면서 국민의 소비의욕을 부추긴 때도 이 시 기입니다. 1967년 당시 샐러리맨의 연평균 수입이 약 55만 엔 정도였 을 때 긴자(銀座)에서는 연간 4백만 엔을 벌어들이는 호스티스가 등 장했다는 이야기들이 화제가 될 만큼 활력이 넘쳤던 때가 이때입니다. 그만큼 호황이었다는 의미이죠.

1969년에는 미국의 아폴로 11호가 인류 최초로 달 표면에 착륙하는 모습을 컬러 텔레비전으로 보기 위해 전자상가 앞에 줄서서 구매하는 모습이 신문을 장식하였으며, 빠른 속도로 기술혁신이 진행되면서 '3C' 이외에 전자레인지, 스테레오, 카메라, 전자계산기 등 여러 가지 내구재가 계속하여 등장하였습니다.

일본의 기술이 이렇듯 급속도로 발전했던 이유는 미국 등과 달리 군사용이 아닌 민생용 주도의 기술혁신이 일어났고, 이것이 내구재 보급에 상당한 공헌을 한 결과라고 할 수 있지요.

앞서 2장에서 언급했던 요시다 시게루 총리 기억나시나요? 안보는 미국에 맡기고 일본은 경제부흥에 총력을 기울이겠다고. 냉전체제하에서 전 세계가 군비 경쟁을 하던 시기에 일본은 명분보다는 실속을 차렸으니, 외화내빈(外華內貧)보다는 현실을 직시한 현명한 정치가로 역사에 기록되는 것은 덤인 것 같습니다.

| 사건, 사건, 사건　　한편 1960년대 전반에는 가격파괴를 주무기로 기존의 소매업에 도전장을 던진 슈퍼(スーパー)가 등장하면서 소비자의 마음을 사로잡았습니다. 슈퍼의 매상액이 백화점과 비슷한 수준까지 올라가면서 서서히 서민들의 삶 속으로 파고 들었는데, 다이에(ダイエ)같은 슈퍼는 정가판매를 유지해 온 백화점들과 전면전쟁에 나서지 않고 대량매입, 대량판매에 의한 철저한 염가노선으로 공존공영(共存共榮)의 길을 걸으면서 규모를 확대하는 방향으로 차별화전략을 취하였습니다.

이 시기는 또한 본격적으로 자본자유화가 시작된 시기이기도 합니다. 1964년 OECD에 가입한 대가로 일본은 자본자유화의 길을 걸어야 했지만, 당시는 IBM, GM 등의 거대한 다국적기업이 전성기를 이루고 있었던 시대여서, 자칫 자본자유화로 인해 규모가 작은 일본기업들이 다국적기업에게 잠식당할 수도 있다는 염려가 따랐기 때문에 이에 대처하기 위해 기업합병이 일어났습니다.

예를 들어 1964년 신비츠비시중공업(新三菱重工業), 미츠비시일본중공업(三菱日本重工業), 미츠비시조선(三菱造船) 등 3사가 합병하여 현재의 미츠비시중공업(三菱重工業)이 탄생하였고, 1969년에는 야하타(八幡)와 후지(富士)가 합병하여 신일본제철(新日本製鐵)로 규모가 커졌습니다. 이 외 닛산자동차(日産自動車)와 프린스자동차공업(プリンス自動車工業), 닛뽄레이욘(日本レーヨン)과 니치보(ニチボー) 등도 합병의 대열에 합류하였습니다.

제조업뿐만이 아닙니다. 상사(商社) 중에서 닛쇼(日商)와 이와이산업(岩井産業), 카네마츠(兼松)와 에쇼우(江商) 등이 연이어 합병하였구요, 금융업계 중에서는 1971년 일본에서 가장 오래된 제일은행(第一銀行)과 관영(官営)으로 영업해 온 일본권업은행(日本勧業銀行)이 최초로 합병하면서 제일권업은행(第一勧業銀行)을 설립했습니다.

이자나기경기 동안에는 사회적으로도 상당한 변화를 가져왔습니다. 우선 1964년 니가타현(新潟県)에서 제2의 미나마타병(水保病)이 발생하였으며, 미에현(三重県) 요카이치시(四日市)에서 발생한 대기오염으로 천식이 발생하는 등 공해문제가 심각한 사회문제로 등장하면서 정부는 공해대책기본법을 제정하였습니다.

그 외 오키나와 반환(沖縄返還) 문제도 있습니다. 오키나와는 류큐

일본의 하와이, 오키나와의 전통춤

왕국(琉球王国: 1429~1609)이라는 하나의 독립된 나라였으나, 1609년 사츠마(薩摩, 지금의 가고시마)에서 쳐들어온 군대에 점령당한 후 일본영토로 편입되었다가 메이지유신을 거치면서 오키나와현이란 지명을 쓰게 된 곳입니다. 그런데 한국전쟁을 계기로 이곳에 미군기지가 건설되면서 북한에 대한 억지기능은 물론 미국의 대 아시아 공산세력을 원천봉쇄하고 전쟁 시에는 병참기지로서의 역할까지 담당해야만 하는 땅으로 둔갑해 버렸습니다.

미국은 미일·미중관계, 한반도정세 등을 주시하면서 '닉슨독트린[30]에 근거하여 오키나와의 역할을 재정의하려고 노력하였지요. 이후 경제대국으로 성장한 일본이 국제사회에서의 체면을 회복하기 위해 오키나와 반환문제를 제기하였고 1972년에 오키나와를 반환하겠

[30] 1969년 미국 대통령 닉슨이 밝힌 아시아에 대한 외교정책을 말합니다.

다는 약속을 받아낸 것입니다.

　이제 일본은 천황제 유지를 위한 제물로 미국에 바쳤던 오키나와
를 반환받음으로써 태평양전쟁에서의 패전의 흔적을 지울 수 있게
됩니다.

일본 경제 고민없이 읽기

4. 일본열도개조론 - 광란물가

21세기의 도요토미 히데요시 다나카 가쿠에이 　1972년 7월 다나카 가쿠에이(田中 角栄, 1918~1993)가 권력을 장악하면서 야심차게 내세운 것이 바로 '일본열도개조론'(日本列島改造論)입니다. 이명박 전 대통령이 '불도저'라는 별명을 얻게 된 것이 다나카의 '컴퓨터 달린 불도저'에서 유래했다고 합니다만, 아무튼 그는 초등학교 졸업이라는 학력으로 산골짜기 시골인 니가타(新潟)에서 상경하여 실업계에 투신한 후 고도성장기 최후의 내각총리대신(1972. 4~74. 12)을 지낸 입지전적(立志伝的)인 인물이지요.

'다나카' 하면 많은 사람들이 그가 이케다 내각에서 대장성 대신으로 있을 때의 아주 유명한 에피소드를 떠올리곤 합니다. 부하 간부들의 학력이 대부분 도쿄대 경제학과를 졸업한 수재들이다 보니, 이런 친구들이 초등학교 학력에 불과한 장관을 잘 따를 리 만무하겠지요. 아주 우습게 보고 무시하기 일쑤여서 대장성 수장으로 있던 다나카의 체면이 말이 아니었을 겁니다. 그런 상황에서 그는 관료들 앞에서 일장 연설로 승부수를 던졌습니다.

"여러분들도 잘 알다시피 나는 무학(無學)입니다. 그에 비해 여러분들은 천하의 수재들이지요. 그러니 마음껏 일하십시오. 뒤 책임은 제가 지겠습니다."

김에 참기름 바른 것처럼 언변이 뛰어나지요? 이 정도면 관료들 입장에서 받아 들일 만한 조건 아닐까요? 자신들의 업무에 대해 일일이 지적하지 않고 일의 결과에 대해서는 리더가 책임져 주겠다는데 안 따를 수가 없겠지요. 다나카는 오랜 삶의 경험을 통해 관료를 다루는 노하우가 있었던 겁니다. 인정할 것은 인정하면서 잘난 사람들을 자기 사람으로 만드는 방법 말입니다. 실제로 그는 관료들의 학력이나 근무 태도, 그리고 생일과 가족관계까지 기록해 두었다가 필요할 때마다 타이밍 적절하게 활용했다고 하는데, 예를 들어 일반적인 상식보다 한 단위 많은 축의금과 선물을 제공해 관료들 마음을 사로잡았다고 하니 이런 상사에게 충성을 안 할 부하가 어디 있겠습니까?

아무튼 그는 30년 가까이 단절됐던 중국과의 관계도 정상화시키고, 일반 서민에서 총리까지 올랐으니 토요토미 히데요시와

田中角榮 著
日本列島改造論

1972년 일본공업신문에서 발간한 다나카 가쿠에이의 '일본열도개조론'

일본 경제 고민없이 읽기

비슷하다는 의미에서 '서민재상'으로 칭송받았지요. 취임 당시의 지지율이 70% 전후를 기록할 정도로 인기가 높았습니다만, 일본열도개조론으로 인한 지가폭등과 인플레이션, 그리고 정치뇌물사건을 경험하면서 지지율은 급속히 감소했습니다.

일본열도개조론과 일본열도개조론은 1971년 12월부터 1973년
광란물가 11월까지 23개월에 걸친 경기 확대 기간을
말합니다. 다나카는 대도시 인구집중이나 태평양공업지대로 공장이 집중되는 것을 완화하기 위해 전국 각 지역에 인구와 공장을 균등 배분하여 공해문제를 해결하고, 동시에 고속도로와 신칸센 망을 전국

으로 확장하여 고도성장을 재현하고자 하였습니다.

이를 위해 전국 각지에서 산업개발이 실행되고 대규모 공공사업을 전개하기 위해 극단적인 금융완화를 실시하였습니다. 그러니 마땅한 투자처를 찾지 못하던 유동자금이 얼씨구나 좋구나 하고 일거에 토지 투기로 몰리면서 전국 땅값이 폭등하였지요. 전국 방방곡곡이 땅 투기의 대상이 되면서 토지가격은 연평균 30% 이상 상승하였습니다.

그런데 오른 것은 땅값만이 아닙니다. 1972년 11월 14일 동경증권시장의 거래총액은 100억 주를 넘어서는 등 거품이 낀 국민자산이 증가하였습니다. 1973년이 되자 이번에는 물가상승과 재화부족이 문제가 되었습니다. 1973년도 도매물가는 24%, 소비자물가도 16% 상승하면서 인플레이션이 발생한 것입니다. 노동자 임금도 덩달아 오르고 맹렬한 인플레이션이 전국을 휩쓸면서 당시의 다나카 정부 표현대로 '광란물가'가 일어난 것이죠. 일본열도개조론은 대대적인 인플레이션을 일으킨 원인을 제공하였고 결국 일본 경제를 침체에 빠트리고 말았습니다.

우리는 흔히 일본의 버블경제 하면 80년대 후반을 떠올리지만, 사실은 일본열도개조론이 버블경제의 시초였다는 사실을 간과하고 있습니다. 그런데 참으로 알다가도 모를 일은, 다나카의 일본열도개조론 때문에 인플레이션과 광란물가가 일어났고 미국 록히드사로부터 뇌물을 받아 부정부패의 대명사로 낙인찍힌 인물임에도 불구하고, 일본 역사에서 존경하는 인물을 꼽을 때 그가 항상 10위 권 안에 포함된다는 사실입니다.

지금도 그를 존경하는 일본인들이 많은 이유는, 그의 정치적 의사

일본 경제 고민없이 읽기

결정에 실수가 있었다는 점과는 별개로, 어려운 환경을 극복하고 혈혈단신 도쿄에 상경한 후 최고의 권력자로 등극했다는 그 자체가 서민들에게 힘을 실어주었다는 점 때문이 아닐까 합니다. 그래서 영웅이 되려면 스토리가 필요한가 봅니다. 역경과 고난을 극복하든지, 아니면 시골집을 가출(?)해서 엄청난 노력이나 기회를 부여잡아 영웅이 되든지, 스토리를 만들어야 합니다. 스토리를….

┃ 오일쇼크　　1973년 10월 6일 제4차 중동전쟁이 일어나자 OPEC[40]는 원유고시가격 인상을 발표하면서 석유를 정치적인 무기로 사용할 것을 선언하였습니다. 1974년 1월 1일, 오일가격을 무려 세 배로 인상하고 공급을 제한하는 극단적인 수단을 취하자 세계 각국은 제2차 세계대전 이후 가장 심각한 인플레이션과 불황이 겹치는 스태그플레이션에 빠지게 되고, 그중에서도 에너지의 대부분을 수입원유에 의존하던 일본 경제가 입은 피해는 특히 컸습니다. 일본의 고도성장이 발목 잡히고 말았거든요. 그래서 오일쇼크 이후 미국을 중심으로 경제뿐만 아니라 정치와 사회 현안에 대한 논의를 결정하는 선진경제권 최고기구인 G7이 탄생하게 되었지요.

오일쇼크를 계기로 1974년 대형 인플레이션이 발생하자 소매물가뿐만 아니라 도매물가 역시 급상승하였습니다. 일반 소비자들이 가격급등에 따른 공황(panic)에 빠지면서 화장지나 세제, 경유 등 일

40　OPEC(Organization of Petroleum Exporting Countries)는 1960년 9월 원유가격의 하락을 방지하기 위해 이라크 바그다드에서 석유생산수출국 대표가 모여 결성한 협의체입니다. 1950~60년 중동 및 아프리카에서 대유전이 발견되면서 공급과잉사태가 일어나 원유공시가격이 인하되자 이에 대항하기 위해 설립된 기구입니다.

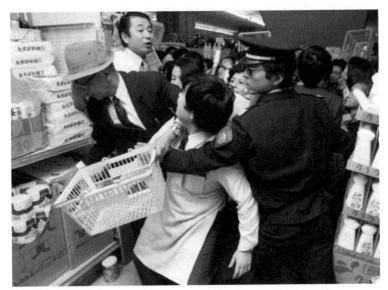

오일쇼크로 물가폭등이 예상되자 화장지 등을 사재기하기 위해 슈퍼에 모여든 고객과 질서유지를
위해 달려든 경비원의 몸싸움

용품을 구매하기 위해 앞 다투어 슈퍼로 향했습니다.

　석유가격의 상승으로 생산요소가격이 급등하자 이를 소비자에게
일부 전가시킨 것이 소비자물가 상승으로 이어지면서 이번에는 노동
자들이 자신들의 생활을 유지하기 위해 임금상승을 요구하기 시작하
였습니다. 기업은 생산을 축소할 수밖에 없는 상황에서 상품부족 현
상은 소비제품뿐만 아니라 공업용 원재료에까지 확대되면서 가격상
승을 부추겼습니다. 임금과 물가가 순차적으로 나선계단을 오르듯
급등하고 기업은 생산을 축소하는 스태그플레이션 상태에 빠지게 된
것입니다.

　NHK는 심야전력소비를 억제하기 위해 11시까지만 방송을 하였
으며, 주간지와 만화는 종이부족을 이유로 권수를 줄이거나 양을 조

　　　　　　　　　　　　　　　　　　일본 경제 고민없이 읽기

정하기까지 했습니다. 하다못해 일본 스포츠의 꽃이라고 할 수 있는 프로야구는 야간조명으로 인한 소비전력을 억제하기 위해 오후 7시 게임을 6시로 바꾸기까지 했지요.

석유자원이 풍부했던 미국이 일본을 견제하기 위해 고의적으로 석유파동을 부추겼다는 음모설까지 돌았지만, 얄밉게도 일본은 생각보다 오일쇼크를 잘 넘겼습니다. 오히려 오일쇼크는 일본의 전자기업과 자동차산업 발전에 한몫했다고 평가받았거든요.

휘발유 값이 폭등하면서 미국 내에서는 자국차보다 연비가 저렴한 토요타의 경차 코롤라가 인기를 끌었습니다. 토요타의 코롤라는 1975년 미국 내 수입차 1위를 달성했고, 이를 계기로 일본 자동차가 세계적으로 주목받기 시작했어요. 이제는 경기가 회복된 후에도 미국 소비자들이 경로의존(path dependency) 때문인지 여전히 일본제품을 선호하면서 미국은 세계 전자시장의 주도권을 일본에게 넘겨주어야만 했습니다.

그렇다면 일본 경제가 오일쇼크에 어떻게 대처했길래 경기침체를 넘기고 세계 정상의 자리에 올라설 수 있었던 걸까요? 한번 네 가지 정도로 요약해 보도록 하겠습니다.

첫째, 일본산 제품은 오일쇼크 이전에도 품질과 디자인에서 세계 최고 수준에 올라와 있었지만, 여전히 중급품 대접을 받고 있었습니다. 최고제품을 쓰던 소비자들이 일본상표를 눈여겨보지 않았기 때문이었지요. 그런데 석유파동 이후 경기가 침체되자 상대적으로 소득이 줄어든 소비자들이 가성비를 따져 본 거예요. 품질은 좋고 가격은 저렴한 일본제품에 눈을 돌리기 시작한 겁니다. 소비형태가 바뀐 것이지요. 한번 써 봤더니 품질과 실용성, 그리고 디자인에서 경쟁력 있는 일본제품에 소비자들은 만족하였고, 이제는 충성심 높은 고객층으로 변해 경기가 회복된 후에도 여전히 일본제품을 선호한 겁니다.

둘째, 미국 기업들의 게으름이 더했습니다. 이미 정상의 자리에서 군림해 왔던 미국 전자업체들은 경쟁력 강화를 위한 투자를 등한시하고 부동산이나 금융, 골프 등 본 사업과 관련 없는 분야에 진출하기 시작했어요. 반면 일본 전자업체들은 선진기술을 도입하고 OEM 제품 생산 경험을 통해 기술력과 저임금을 바탕으로 경쟁력을 키워나갔습니다. 그러니 일본기업에 비해 상대적으로 고임금 수준을 유지하던 미국 기업들이 도태되는 것은 당연한 것 아니겠습니까? 일부 미국 전자업체들은 기업을 매각해야 했고 이 틈을 노린 일본기업들이 이들 기업을 인수 또는 합병하면서 미국이라는 선진시장에 직접 침투해 들어갈 수 있는 기회를 마련하였습니다.

셋째, 대형할인점들이 급격하게 성장해 나갔습니다. 지갑이 얇아진 소비자들이 대형할인점에서 판매하는 저가 제품을 선호한 것이지요. 대형할인점들이 저렴한 가격에 비해 품질은 보장할 만한 가성비 좋은 제품들을 주력 상품으로 다루기 시작하면서 일본기업들의 매출이 급격히 증가한 것입니다.

넷째, 당시 일본은 말썽 많던 중동의 정치에 관여하지 않았습니다. 이스라엘을 직접 지원하는 대신 이스라엘의 최대 지원국가인 미국과는 견고한 동맹관계를 맺는 눈치외교를 택한 겁니다. 혹시라도

일본 경제 고민없이 읽기

이스라엘 지원국가로 비춰지지 않도록 조심한 거지요. 그래서 미키 타케오(三木武夫, 1907~1988) 부총리를 중동에 파견하여 일본의 입장을 설명하고 지원국 리스트에서 제외시켜달라는 협상을 진행하였습니다.

그외 '국민생활안정긴급조치법', '석유수급적정화법'을 제정하는 등의 부단한 노력으로 오일쇼크의 위기를 극복하는 계기를 만들었습니다.

1979년 이란혁명으로 원유가격이 급등하면서 제2차 오일쇼크가 발생했습니다. 그러나 이제는 이러한 외부충격 때문에 일본 경제가 타격을 받지 않을 만큼 체력이 튼튼해졌습니다. 1차 오일쇼크 이후 기업들이 코스트 삭감을 위한 노력과 석유의존율을 낮추는 에너지절약형 기술을 개발하는 등 포스트 석유시대를 준비했기 때문에 수출시장을 확대할 수 있었고 자동차, 가전, 전자기기 등의 산업을 중심으로 생산성 향상도 가능했습니다. 이때 노사는 협조적인 임금교섭을 진행하면서도 노동자의 임금상승률에 대해서는 인플레이션율 이하로 억제하는데 성공하였고, 그 덕분에 생산코스트와 물가상승 등의 스파이럴(spiral) 현상이 발생하지 않았으며, 오일쇼크의 데미지를 극히 작은 범위로 한정할 수 있었던 거지요.

결과적으로 볼 때 오일쇼크는 전후 일본 경제의 최대 위기로 다가왔지만, 정부와 기업, 노동계가 슬기롭게 대처하면서 오히려 고도성장단계에서 성숙단계로, 그리고 중후 장대형산업에서 경박단소형산업으로의 구조전환 등 전화위복으로 삼는 영리한 민족성을 보여 주었습니다.

슘페터(Joseph Schumpeter, 1883~1951)가 말한 "불황은 혁신의 어머니"라는 문구가 딱 들어맞을 정도로 일본은 불황을 기회로 삼아 기술혁신을 이룩한 것입니다. 결국 오일쇼크로 인한 세계적인 경기침체가 일본에게는 신의 축복이나 마찬가지였던 셈이었지요.

5. 고도성장 요인 – 재갈 물린 자본주의

일본은 1950년대 중반부터 제1차 오일쇼크까지의 기간 동안 세계 역사에서 그 유례를 찾기 힘들 정도로 장기에 걸쳐 고도성장을 기록하였습니다. 일본은 이 기간을 자본주의 개화기로 보고 있습니다. 가장 중요하게 여긴 경제성장이라는 국가목표를 뒷받침하기 위해 강력한 정치적 합의가 이루어지면서 정치 갈등을 잠재웠으며, 기업과 정부는 장기적인 목표와 정책을 입안하기 위해 서로 밀접히 협력해 나갔습니다. 그래서 어떤 경제학자는 이런 일본의 특징을 '재갈 물린 자본주의'라고 비꼬기도 하였지만, 두 차례에 걸친 오일쇼크에도 불구하고 선진공업국과 비교해 볼 때 여전히 생산성 높은 경제구조를 유지해 나갔다는 게 부러울 따름이지요.

그 때문에 각국에서는 당시 일본이 취한 정책이나 기업운영에 대한 관심이 높아졌어요. 1955~70년대까지 약 15년간의 평균 경제성장률은 9.6%로 거의 두 자리 숫자에 가깝고, 민간기업의 설비투자는

13.4% 등 경이적인 성장을 보였던 것도 이때였어요. 그 당시에도 호경기 이후 불황이 찾아왔지만, 이는 단기간에 그쳤을 뿐 일본 경제는 다시 강력한 고도성장의 길을 걸었습니다. 바로 이 기간을 일본 경제에 있어서 '고도성장기'라고 부릅니다.

이러한 경제성장의 원동력은 경제적 요인뿐만이 아니라 경제 외적인 요인, 예를 들어 국민성이나 전통과 문화, 그리고 일본식 경영방법 등이 가미되고, 당시의 시대상황과 국제정세 등이 일본의 경제성장에 행운을 가져다 주었다는 것을 부인할 수는 없을 겁니다. 그렇다면 다시 정리해 볼 텐데요, 먼저 경제적인 측면에서 고도경제성장의 요인을 살펴본 후에 경제 외적인 부분도 한번 알아보도록 합시다.

첫째, 일본이 취했던 것은 기술도입과 기술혁신입니다. 일본 경제는 생산성을 향상시킬 수 있는 기본적인 방법을 새로운 기술을 도입하고 이를 체화시켜 기술혁신을 이루는 것이라고 판단하였습니다. 기술도입은 주로 미국으로부터 산업기계, 자동차, 석유화학 등 수출산업과 관련된 부분에서 주로 이루어졌고, 기술혁신이 가능했던 것은 뭐니 뭐니 해도 일본 정부의 산업화정책의 효율성을 언급하지 않을 수 없습니다.

우리나라에서도 박정희 대통령이 시행했던 '경제개발 5개년 계획'이 사실은 일본 정부가 실시하였던 경제계획을 벤치마킹한 것이지요. 즉 부족한 자본과 자원을 최대한 효율적으로 배분하고 생산자와 자본가를 적극 지원하여 성장 위주의 경제정책을 추진할 수 있도록 국내시장을 적절히 보호하고 수출전략산업을 집중, 육성하였기 때문에 가능했던 겁니다.

일본 경제 고민없이 읽기

둘째, 일본의 공업화전략과 입지조건에서 오는 상대적 우위성을 들 수 있습니다. 공업화전략이라 함은 일본이 상대적으로 우위를 보여 왔던 기계공업, 철강, 석유화학 등의 중화학공업과 가전 및 전자산업분야에 집중적인 육성정책을 가지고 접근했다는 점입니다. 원자재 대부분을 해외에 의존하고 있다 보니 앞부분에서 말씀드린 것처럼 생산시설을 입지조건이 좋은 태평양 연안지역에 대부분 집중시키는 전략을 취한 겁니다.

그에 비하면 유럽은 원자재 산지가 대륙 내부에 있고 생산시설도 내륙에 위치하고 있어 운송비용도 덩달아 오르기 때문에 일본보다는 불리했지요. 일본으로서는 가격경쟁에서 우위를 점할 수 있는 호조건이었던 셈입니다. 태평양전쟁 때도 그랬지만 일본이 해양국가로서의 장점을 잘 활용하는 지혜를 발휘한 것이지요.

셋째, 일본이 고도성장을 할 수 있었던 좋은 시대를 만났다는 겁니다. 이때 당시는 일본뿐만이 아니라 전 세계적으로 경제호황시대였기 때문에 어려움 없이 성장할 수 있었지요. 1950년 중반부터 1960년대까지는 서구산업국가들 역시 고도경제성장을 하였지만, 일본은 선진국뿐만 아니라 제3세계에 해당하는 아프리카나 남미, 그 외 동남아시아 등 산업화와 거리가 먼 지역에 이르기까지 저가 공업제품을 들고 손쉽게 해외시장을 개척할 수 있었습니다. 아프리카에서 난로를 팔고 알래스카에서 냉장고를 팔았다는 소문이 이때 나돈 겁니다. 게다가 한국전쟁에 이어 베트남 전쟁까지 지속되면서 전쟁특수에 따른 일본기업들의 생산력은 한 단계 더 상승할 수 있는 기회를 만들어 주었습니다.

넷째, 일본은 노사 간에 안정적인 관계를 유지하였습니다. 1950
년대 후반부터는 고도경제성장 덕분에 완전고용상태가 유지되면서
실업률도 2~3%에 머물렀습니다. 그리고 기업 내 우수한 인재와 숙
련공들은 기업이 자신들을 쉽게 해고하지 않을 것이라는 안정적인
노사관계에서 상생(相生)을 강조하고 경제 강국의 주역이 될 것이라
는 의미를 부여하며 산업전선의 일꾼으로 자처하였습니다. 막무가
내로 임금인상을 요구하지도 않았구요. 노조는 종신고용과 연공서
열적인 인사관리체제를 신뢰하고 있었기 때문에 대립적인 노사관계
가 아닌 화합을 통해 안정을 도모하면서 고도경제성장의 파트너가
된 것이지요.

그 외 다른 요인으로 두 가지만 더 말씀드릴께요. 고정환율제도
와 저렴한 원유가격입니다. 이는 1960년대 고도성장기뿐만이 아니라
전후 일본 경제가 지속적으로 발전할 수 있었던 중요한 대외조건이
었지요. 우선 1달러 360엔이라고 하는 고정환율제도는 전후 폐허상
태의 모든 악조건 상황에서 일본 경제를 새롭게 일으켜 준 고마운 존
재였습니다. 1971년 엔이 절상될 때까지 약 22년간 지속된 고정환율
제도는 일본이 제조업에서 경쟁력을 갖추고 수출에 박차를 가하면서
국제경쟁력을 강화시키는 중요한 요인으로 작용하였습니다.

제조업 제품의 원재료가 되는 저렴한 원유를 안정적으로 확보할
수 있었다는 점 역시 일본 경제를 발전시킨 요소입니다. 가공무역 위
주의 일본 경제에서 저유가를 배경으로 일본의 교역조건이 개선되
고, 이것이 일본 경제 성장에 상당히 유리한 요인으로 작용했다는 것
은 인정해야 되겠지요.

일본 경제 고민없이 읽기

1896년에 준공된 도쿄 니혼바시(日本橋)에 있는 일본은행 본점

그렇다면 이번에는 경제 외적인 정책부분에서도 요인을 찾아보도록 합시다. 아마 설비투자에 대한 수요가 왕성하더라도 필요한 자금을 적시에 조달하지 못하면 투자는 실현되기 어려웠을 겁니다. 당시에는 증권시장이 충분히 발달하지 않았던 때여서 기업이 자금을 조달하기 위해서는 주로 은행에 의존할 수밖에 없었거든요. 이때 기업이 활발한 투자를 지속적으로 할 수 있도록 금리부담을 가볍게 해줄 필요가 있는데, 대장성과 일본은행이 이와 같은 조건을 충족시키기 위해 우선 공정금리[41]를 낮추었습니다. 그런데 보통 예금금리가 낮으면 저축보다는 주식이나 부동산에 투자하는 것이 일반적인 상식인데, 당시의 일본 서민들은 가계소득이 지속적으로 증가하였는데도 저축률을 줄이지 않았습니다.

저축률은 은행자금을 풍부하게 만들어 주었고 그 덕분에 기업은

41 공정금리(公定金利)란 일본의 통화 및 금융시스템을 관리하는 중앙은행인 일본은행
(日銀)이 보통은행에 자금을 대출할 때의 금리를 말합니다.

설비투자를 위한 자금조달이 쉬워지고 이는 결국 경제성장에 크게 공헌하는 요인이 되었습니다. 높은 저축률은 소비에 사용할 자금을 감소시키는 요인이기도 하지만, 당시의 일본 경제는 내수시장보다는 수출 위주의 성장이었기 때문에 긍정적 요소로 작용했습니다.

그런데 국내저축을 기업의 투자자금으로 사용하기까지는 일본 정부의 정책적 도움이 컸습니다. 국내금융시장과 해외시장을 분단시켜 놨거든요. 만일 국내의 금리규제를 유지한 채 해외 금융시장을 자유화했다면 기업의 자금조달은 어떻게 되었을까요? 국내저축의 상당부분이 해외로 유출되었을 가능성이 높겠지요. 국내외 금리격차가 벌어져 국내에서 저축한 거액의 자금이 혹시라도 외국계 금융기관으로 유출된다면 국내 실세금리는 상승할 것이고 일본기업들은 설비투자에 필요한 자금을 조달하기 어려웠을 겁니다. 정부가 저금리체계를 유지하고 해외 자본거래를 제한한 것이 가계저축을 국내 기업의 투자자금으로 활용할 수 있도록 해 준 것입니다.

한 나라의 경제성장은 민족성과 국민성, 그리고 국제경제상황까지 포함해서 많은 요인이 관련된다고 앞서 말씀드렸잖아요. 특별히 일본의 경우 일본인들의 근면성과 높은 저축률이 상호 시너지효과를 일으키면서 고도성장을 촉진시킨 중요한 요인이었다는 부분에 대해 이의를 제기하실 분은 없을 겁니다.

일본인들의 대화 속에 '반드시'라고 할 만큼 포함되는 단어가 잇쇼켄메이(一生懸命), 즉 목숨을 바칠 정도로 뭔가를 열심히 한다는 말인데, 이는 직장에서의 일도 일이지만, 사랑하는 것도, 노는 것도, 공부하는 것도 무엇이든 어설프게 하지 않으며, 힘들고 어렵더라도 쉽게

일본 경제 고민없이 읽기

포기하지 않는다는 의미를 포함한 낱말입니다.

　'회사인간'(会社人間)으로까지 비유되는 일본인들의 일에 대한 자세가 회사조직과 일체화되면서 경제선진국을 만들어 나간 것이 아닐까요?

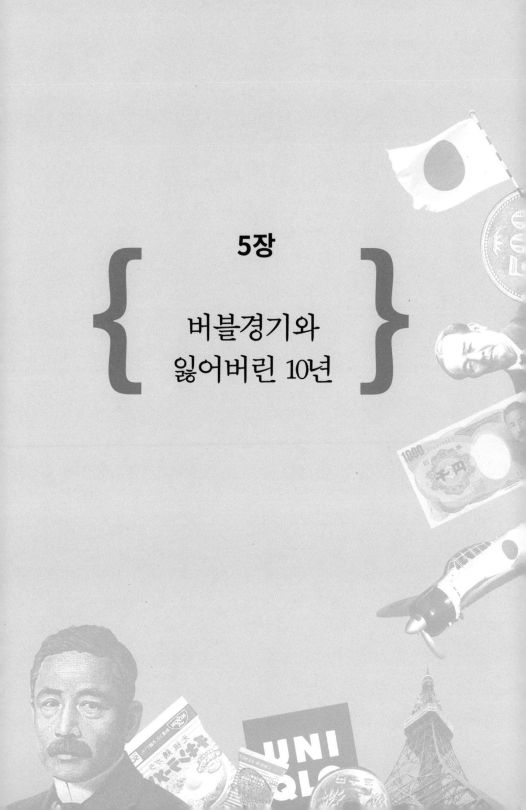

5장

{ }

버블경기와
잃어버린 10년

1. Japan as No.1

전 세계 모델국가
No.1 Japan　　일본의 고도경제성장은 1973년 오일쇼크와 함께 막을 내렸습니다. 이 말은 곧 저유가 시대에 원재료를 수입하여 값싼 노동력으로 이를 가공한 후 수출하는 전형적인 가공무역이 끝났다는 의미하기도 합니다. 1970년대 두 차례의 오일쇼크 이후 서구 선진국들은 저성장시대에 접어들었지만, 일본은 발 빠른 구조조정에 성공하면서 안정성장과 더불어 막대한 무역흑자를 기록하였습니다.

일본의 성장에 대한 소문은 전 세계로 빠르게 전달되었습니다. 죽의 장막 중국도 예외는 아니었지요. 1978년 10월, 덩샤오핑(鄧小平)은 경제대국이 된 일본을 방문하고선 충격을 받고 두 달 후인 12월부터 전격적으로 '중국식 사회주의경제정책'을 시행했습니다. 그래서 그를 '중국 개혁개방의 총설계자'라고 부르는 겁니다.

일본의 경제대국화 과정을 목격한 에즈라 보겔(Ezra F. Vogel) 하버

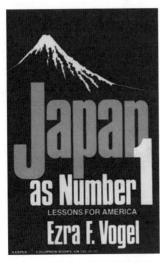
일본을 침이 마르도록 칭찬했던
바로 그 책

드대학 교수는 『Japan as Number
One』(1979)이라는 책을 통해 세계
는 일본을 모델로 삼아야 한다고 강
조하였구요. 프랑스의 인기작가인
장 자크(Jean-Jacques)는 『The World
Change』(1980)에서 일본은 전 세계
모든 국가들이 지향해야 할 모델국
가라고 떠받들기까지 했습니다. 미
국과 프랑스를 대표하는 동아시아
전문가들의 호들갑스러운 '일본 예찬
론'에 일본인들이 얼마나 가슴이 뿌
듯했을까 상상이 갑니다.

그런데 왜 이런 이야기들이 나왔을까요? 오일쇼크의 여파로 기
름 소모가 많은 미국의 대형 자동차 업체들이 80년대 초반부터 고전
한 것에 비해 일본은 소형 자동차를 시작으로 미국시장을 석권하며
흑자폭을 늘려 나갔기 때문입니다. 미국과의 무역전쟁에서 일방적인
일본의 승리에 대해 미국은 속수무책으로 당할 수밖에 달리 방도가
없었던 거지요. 이제 미국은 일본을 더 이상 맹우(盟友)가 아닌 라이
벌로 상대하면서 일본의 경제력을 깎아 내리는데 온갖 신경을 곤두
세우기 시작했습니다.

도대체 미국은 일본과의 무역전쟁에서 어떤 문제가 있었기에 이
렇게 호들갑을 떤 걸까요? 일본제품보다 뒤떨어진 품질? 가격? 아니
면 일본인들의 미제 기피현상? 물론 이런 것들도 무시할 수는 없겠
지요. 일본을 강제 개국시킨 미국, 불평등조약을 체결해야만 했던 굴

일본 경제 고민없이 읽기

욕적인 외교, 태평양전쟁에서는 인류 최초로 두 차례의 원폭까지 맞았으니 입에 넣어 씹고 싶을 만큼 미국에 대한 앙금이 남아 있었을 겁니다. 그런 미국을 이기기 위해 메이드 인 저팬으로 미국을 점령하고 싶었을 테고, 반대로 유에스에이 제품은 일본 땅에 발도 못 붙이도록 하고 싶은 심정 아니었을까요? 오죽하면 일본에서는 미국의 '미'를 아름다운 나라 '美국'이 아니라 쌀미(米)로 쓰고 있겠습니까?

그러나 가장 큰 이유는 일본 정부의 규제와 보호정책입니다. 외국 기업들이 일본시장에 진출하고 싶어도 수많은 규제와 자국 보호정책으로 진입장벽을 만들어 놓다 보니 외국산 제품이 일본시장에서 판매할 기회조차 만들지 못하고 좌초되고 마는 겁니다.

대표적인 예를 하나 들어볼까요? 1973년에 제정한 '대규모소매점포법'(줄여서 대점법이라고 합니다)이 있습니다. 비록 1997년에 폐지되었지만, 이 법은 대형점의 출점을 규제하고 중소기업, 중소소매상과 영세 상인을 보호하기 위해 만든 법인데, 속내는 일본 기업들이 외국 기업에 대항하여 국내시장에서 경쟁력을 갖출 수 있도록 시간을 벌어 주었던 정책입니다. 외국의 대형 유통업체와 서비스 업체들이 일본시장에 진입하거나 신규 참여하는데 어려움을 겪도록 규제한 것이지요.

또 다른 이유도 있습니다. 일본과 미국의 경영관행을 비교할 때 다음과 같은 과격한 예를 들곤 합니다. 즉 미국형 경제거래는 기업 간 거래에 있어서 물품의 가격 경쟁력만 좋다면 상대 거래처에 대한 정확한 정보를 갖고 있지 않더라도 거래가 진행되지만, 일본형 경제거래는 같은 상대와 거래를 반복하면서 '관계'를 중시하는 특징을 갖고 있기 때문에 잠깐의 이익을 추구하거나 새로운 관계를 형성하지 않으려는 배타적인 구조를 갖고 있다는 겁니다. 이러한 거래관계의 관습이 남아 있어서 외국기업이 일본시장에 침투한다는 것은 잠자는 호랑이 생 이빨 빼는 것만큼 힘들다는 말이 나오는 겁니다.

물론 미국 측에도 잘못이 없는 것은 아닙니다. 미국 전체 경제규모에서 소비가 차지하는 비중이 무려 70%에 달하는데, 경제성장률보다 빠른 속도로 소비가 늘어나다 보니 무역수지가 적자가 될 것은 불을 보듯 뻔한 것 아니겠습니까? 1985년 미국의 대일무역적자 규모가 4백억 달러를 훌쩍 뛰어 넘자 미국은 자국의 수출부진과 무역적자가 세계경제 전체에 악영향을 끼칠 우려가 있다는 핑계를 만들어 새로운 대책을 고안했습니다. 더 이상은 일본과의 무역전쟁에서 이길 가능성이 없다고 판단한 거예요. 그래서 미국은 수출증가와 더불어 자국 경기를 회복시킬 방법으로 주요 서구선진국가들에게 협조를 요청하였습니다. 사실 말이 좋아서 요청이지, 미국의 대일무역적자와 경기악순환의 원인이 달러강세에 있다고 판단하여 달러 가치를 하락시키기 위한 전면전에 나선 겁니다.

이것이 바로 미국이 '환율'이라는 강력한 무기를 들고 탈출구로 이용하고자 했던 플라자 합의(Plaza Accord)입니다. 미국, 일본, 독일, 영국, 프랑스 등 G5 재무부장관과 중앙은행 총재들은 미국의 강력한 요구로 1985년 9월 22일, 뉴욕의 최고급 호텔인 플라자호텔에서 달러강세 시정을 위한 정책협조 의견에 합의하였습니다.

단 20분만에⋯⋯.

| 플라자 합의

플라자 합의의 주요 내용은 다음과 같습니다. 첫째, 환율조정으로 대외불균형을 시정할 수 있다. 둘째, 환율은 각국 경제의 기본조건(fundamentals)을 반영해야 할 필요가 있다. 셋째, 환율조정은 달러화를 전반적으로 하향 조정하는 것이 아니라 주요통화, 특히 엔과 마르크의 대 달러 환율에 대한 질서 있는 상향조정으로 이루어져야 한다 등입니다.

그러나 플라자 합의의 실질적인 목적은 미국의 경상수지 적자 개선을 위해 일본 엔화와 독일 마르크화의 평가절상(달러가치 하락)을 유도하는 것이고, 이것이 순조롭게 진행되지 못할 때에는 외환시장에 개입해서라도 목적을 달성하겠다는 지구 경찰국가 미국의 강력한 경고나 마찬가지였습니다.

아시아권에서 거의 유일하게 미국을 상대로 대규모 경상수지 흑자를 기록했던 일본은, 이러한 미국의 환율절상 요구를 받아들일 수밖에 없었습니다. 왜냐하면 미국은 '슈퍼 갑'(甲)이고 일본은 '을'(乙)이기 때문이지요.

무슨 말인고 하니, 오늘날 일본이 두 다리 쭈욱 뻗고 편하게 잘 수 있도록 경제대국이 된 것이 누구의 덕택이냐는 겁니다. 전후 일본의 복구사업에서 미국은 절대적인 영향력을 갖고 일본의 경제성장에 직간접적으로 도움을 주었을 뿐만 아니라, 제2차 세계대전 후 동서냉전체제제하에서 미국의 핵우

■ "나홀로집에2" 영화에도 나온 뉴욕의 플라자호텔

산 덕분에 안정적으로 경제성장을 할 수 있었던 은혜를 잊으면 안 된다는 거지요. 지금 미국이 어렵다고 펄펄 뛰고 있는데 나 몰라라 하면 되겠습니까?

그런데 미국으로서는 예상하지 못했던 해프닝도 벌어졌습니다. 당시 플라자 합의에 참석하였던 다케시타 노보루(竹下登, 1924~2000) 장관이 '일본은 자발적으로 엔화의 가치를 10% 이상 절상하겠습니다'라고 해서 모두를 놀라게 만들었거든요. 일본은 이번 기회를 이용해 세계 제2위의 경제대국에 걸맞는 정치적 파워도 얻고 싶은 욕심이 지나치게 앞섰는지, 마치 미운 놈 떡 하나 더 주듯 미국에게 선심을 썼는지도 모르겠습니다. 미국 입장에서는 너무도 순수하게 항복해 버린 일본을 떠올리며 오늘날 미중무역전쟁에서 절대 굴복하지 않을 자세를 취하는 중국이 얼마나 밉게 보이겠습니까?

이야기가 잠깐 옆으로 샜습니다만, 플라자 합의가 채택되자 독일 마르크화는 1주 만에 달러화 대비 약 7%, 엔화는 8.3%가 상승하는 등 즉각적인 반응이 나타났고, 약 3개월 후에는 1달러 당 260엔에서 200엔대로 떨어졌습니다. 앞에서 말씀드렸던 다케시타의 10% 납세는 결국 애들 껌 값에 불과했습니다. 1973년까지 고정환율제인 브레튼 우즈 체제하에서 엔-달러비율을 비교적 높은 상태로 유지해 왔던 엔화는 1986년 2월이 되자 180엔으로 급상승하였고, 다음해인 1987년 2월에는 155엔까지 절상되면서 달러가치는 30% 이상 급락하였으며, 3년 후인 1988년에는 120엔대까지 수직 하락하였습니다.

쉽게 설명하면 버블 전에는 1달러를 사는데 260엔이 필요했다면 그 1달러를 다시 엔화로 바꾸려고 했더니 120엔밖에 안 되는 거예요. 그 자리에서 140엔 손해 보는 거지요. 일본 기업들이 해외에서 벌어

일본 경제 고민없이 읽기

들인 달러를 엔화로 바꿔 들여오면 손해를 보는 구조가 된 겁니다. 덕분에 한국경제는 1986~88년에 걸쳐 3저(低)호황(저금리, 저유가, 저달러)을 누리면서 사상 최초로 무역수지 흑자를 달성하기도 했습니다.

이후에도 미국 행정부는 무역불균형을 개선한다는 명목하에 엔고를 유도하거나 용인하겠다는 자세를 취하면서 엔화의 대미환율은 플라자 합의 이후 약 10여 년간에 걸쳐 장기 하락 추세에 진입, 1995년 4월에는 엔화에 대한 달러환율이 사상 최저수준인 80엔, 독일 마르크화는 1.3마르크까지 하락하였습니다. 그러니 일본의 수출여건이 악화되는 것은 명약관화(明若觀火)한 결과였지요.

플라자 합의 이후 엔화가치의 급격한 상승은 일본 경제와 사회에 엄청난 변화를 몰고 왔습니다. 일본 정부는 미국과의 경상수지 흑자를 축소시키기 위해 내수주도형 경제구조로 전환하도록 유도하였습니다. 이는 일본 국내에서 유효수요가 발생하면 그에 따라 수입도 확대되고 결국 대미 무역수지 및 경상수지 흑자는 축소될 것이라고 판단하였기 때문입니다.

달러약세 덕분에 미국경제는 가격경쟁력을 갖추고, 해외시장에서도 승승장구하며 회복세로 전환되었습니다. 그러나 일본 국내에서는 엔고의 소용돌이와 달러약세의 상황에서 '엔고 디플레론', '일본경제 공동화론'에 대해 심각한 염려가 대두되었어요. 당연한 거 아니겠습니까? 엔고로 인해 많은 기업들의 실적이 악화되고 개인들 역시 소비를 줄이면서 경기후퇴로 이어졌거든요.

그런데 문제가 발생했습니다. 엔화가치가 상승했음에도 불구하고 일본기업들이 미국시장에서 가격경쟁력을 유지하기 위해 수출품의 달러가격을 올리지 않았던 겁니다. 달러가치는 절반으로 떨어졌는데 수출품의 달러가격을 엔화가치가 상승되기 이전과 큰 차이를 두지 않다 보니 일본기업의 채산성이 악화되기 시작했어요. 이에 따라 일본 중앙은행은 채산성 악화로 고통받고 있는 일본 기업들의 이자부담을 줄여주기 위해 금융완화정책을 단행하였습니다.

1986년 1월 30일, 공정금리(公定金利)[42]를 5%에서 4.5%로 낮추더니 1987년 2월 23일에는 일본은행 창업 이래 사상 최저수준인 2.5%까지 인하하였습니다. 1년 1개월 동안 다섯 차례에 걸친 대폭적인 금리인하를 실시한 결과 미국과의 금리가 3% 이상 차이가 났지요. 그러자 일본 기업들이 낮은 금리를 어떻게 활용할까 고민하기 시작했어요. 그 결과가 증권투자와 토지매수라는 재테크 열풍으로 나타난 겁니다. 사실은 설비투자에 써야 했을 자금인데 말이죠.

그렇다면 일본은행은 왜 이렇게까지 금융완화정책을 선택해야 했을까요? 가장 먼저 살펴봐야 할 점은 일본 정부의 엔고불황대책과 내수확대정책입니다. 플라자 합의 이후 급격한 엔고로 인해 디플레이션 현상이 지속되자 일본 정부는 내수확대정책을 발표했는데, 이는 미국과의 경상수지 흑자폭을 축소하면서 안정적인 성장을 추구하겠다는 것입니다.

엔고 국면에서 물가상승에 대한 염려가 줄어든 것도 금융완화정책을 지속한 배경이라고 할 수 있습니다. 금융완화정책을 통해 과도한 엔고를 억제하려는 이유도 있었지만, 결국 이러한 잘못된 판단은 90년대 일본의 장기불황을 촉진시킨 버블경제 형성의 도화선이 되었

---

42 일본에서는 2006년 8월 이전까지는 공정보합(公定步合)이라는 용어를 사용하였는데, 이제는 명칭이 바뀌어 '기준할인율 및 기준대출이율'이라고 합니다. 이는 일본의 중앙은행인 일본은행이 민간은행에 대출해 줄 때의 기준금리를 말합니다.

일본 경제 고민없이 읽기

지요.

　오늘날 미국은 중국에 대해서도 위안화 절상을 줄기차게 요구하고 있습니다만, 중국으로서는 미국에 신세진 것이 없는데 뭐 하러 일본처럼 '하잇' 하고 미국의 요구를 따르겠습니까? 만일 그랬다간 일본 꼴 나지 않겠습니까? 그러니 중국은 앞으로도 일본처럼 두 손 두 발 다 드는 결정을 내리지는 않을 것 같습니다.

2. 변덕쟁이 일본은행의 대실수

술장수의
술잔 돌리기   그런데 경제현상에서 말하는 버블(bubble)이란 어떤 의미일까요? 일반적으로 '실제의 자산 가격이 자산의 본원가격(fundamentals)으로부터 괴리된 부분', 즉 '내재가치에 비해 시장에서 과대평가된 부분'을 버블이라고 합니다. 따라서 버블경제(bubble economy)란 의미는, 기업이 투자나 생산 활동을 하지 않음에도 불구하고 물가가 상승하거나 부동산 및 증권시장이 과열되는 등 자금의 흐름이 활발해지는 경제를 말합니다.

버블의 대표적인 예가 NTT(일본전신전화)의 상장(上場) 사건입니다. NTT는 일본의 통신사업 시장을 지배하고 있던 독점 공기업이었지만 1985년 통신시장을 경쟁시키기 위해 민영화한 기업입니다. 그런데 1987년 2월 9일, NTT가 주식시장에 상장되면서 뭔가 모를 변화의 바람이 불기 시작했습니다. 상장 당시의 주가는 119만 엔이었지만, 불과 2개월 만에 318만 엔을 기록하면서 일반 서민들까지도 주식

일본 경제 고민없이 읽기

으로 대박을 터뜨리는 꿈을 꾸게 만든 것입니다. 마치 2018년 한국에서 비트코인이 광풍을 일으킨 것처럼 말이죠.

초저금리정책으로 금융기관에 예금할 필요를 느끼지 못하고 갈 곳을 찾지 못해 시중에 돌고 있던 거대한 잉여자금이 주식투자에 대한 의욕을 불러일으키면서 공전의 증권 붐을 유발시켰습니다.

이런 상황에서 우리가 염려해야 할 것은 바로 '구성의 오류'(fallacy of composition)입니다. 구성의 오류란 어떤 논리가 부분적으로는 맞아도 전체적으로는 그렇지 않은 경우를 의미하지요. 대표적으로 언급되는 구성의 오류가 바로 '절약의 역설'입니다. 경제가 어려워지면 개인들은 허리띠를 졸라매고 저축을 늘리는 합리적 결정을 하지만, 모든 개인이 그렇게 저축을 늘리면 소비는 누가 하고 소는 누가 키우겠습니까? 시장에서 물건이 팔리지 않으니 기업 매출이 줄어들어 종업원을 해고하겠지요. 그러면 불황은 더 깊어지고 다시 기업은 근로자를 해고하면서 사회가 위기에 직면할 겁니다.

모양은 다르지만 이때가 그랬습니다. 금리가 낮으니 개인뿐만 아니라 대기업들도 모두가 부동산이나 주식시장에 뛰어 들었어요. 개인에겐 합리적 결정이지만 이것이 버블로 이어진 것입니다. 시중금리는 낮고 주식가격은 상승하고 있는 것을 눈앞에서 목격하면서 은행에 돈을 맡길 바보가 어디 있겠어요? 대기업들은 예전 같으면 설비투자를 위해 은행에서 자금을 조달할 텐데, 이제는 국내에서는 전환사채(convertible bond)를, 그리고 해외에서는 워런트채(warrant bond)를 발행할 수 있고 이렇게 조달한 자금이 1987~89년에 걸쳐 무려 56조 엔에 이를 만큼 팽창했습니다. 이 거액의 자금이 본래 목적이었던 설비투자에 쓰인 것이 아니라 대부분 금융자산, 특히 주식과 부동산

투자 등 재태크 목적으로 운용되면서 버블을 가속화시켰습니다.

토지와 주식시장으로 자금이 몰려들면서 가격이 상승하기 시작하자 은행은 이를 담보로 자금을 필요로 하는 기업에게 거침없이 대출해 주었고, 이렇게 대출받은 자금의 대부분은 미래의 가격상승을 담보로 다시 토지와 주식을 구입하는데 투입되었습니다. 일본은 미국 국토면적의 25분의 1에 불과하지만 일본의 토지가격 총액은 그 넓은 미국 땅을 네 번 사고도 남을 정도로 상승하였지요.

이것이 무엇을 의미할까요? 사실상 토지는 생산되는 재화가 아닙니다. 토지를 기반으로 노동을 덧입혀 생산물을 만들어 파는 것이 정상이지만, 당시의 상황은 전혀 그렇지 않았습니다. 토지를 주거니 받거니 하며 땅과 주택의 가격을 띄우다 보니 어느새 가격에 거품이 팽창하게 된 겁니다. 개인뿐만이 아니라 기업도 자금을 이런 식으로 운영하였으니 토지와 주식가격이 상승하는 것은 당연한 결과 아닐까요?

기본적으로 인위적인 생산이 불가능한 토지의 공급은 한정되어 있기 때문에 토지에 대한 수요가 증가하게 되면 토지매매는 그 자체가 리스크를 동반합니다. 그런데 리스크 개념이 희박해지면서 토지가격이 급등하였고, 일본 언론들은 이때를 가리켜 '광란지가'(狂乱地価)라고 표현하였지요.

물론 토지 및 주식 이외에 맨션, 골프 회원권, 그림, 골동품 등에도 거품이 들어갔지만, 당시에는 자산가격의 상승이 경제의 본원가격(fundamentals)을 반영한 것이라는 근거 희박한 평가와 함께 일본 경제의 실력이 향상되었다는 긍정적인 견해도 있었습니다.

여러분들은 아마도 다음과 같은 이야기를 들어 본 적이 있을 겁

일본 경제 고민없이 읽기

니다. 옛날에 술장수 둘이 등에 술을 지고 산을 넘어가던 중, 땀이 차고 목이 마르자 한 장수가 다른 장수에게 돈을 주고는 시원하게 막걸리 한 사발 들이켰습니다. 그러자 다른 장수 역시 목마르니 돈을 주고 술을 사서 마셨지요. 이렇게 주거니 받거니 하다 보니 번 돈은 없고 술은 바닥이 났다는 이야기입니다.

황당한 이야기로 들릴지 모르겠으나 이게 바로 '버블'이 아닐까요? 일본의 토지신화가 창출되던 당시의 토지가격 상승을 '술잔 돌리기'에 빗대어 설명하면 이해하기 쉬울 것 같습니다.

| 미국을 사들이는
| 엔화의 위력

엔고현상으로 수출산업이 부진을 면하지 못하자 이로 인한 불황을 과도하게 염려한 일본 정부는 고육지책(苦肉之策)으로 금융완화정책을 내세웠습니다. 그런데 이 정책은 결과적으로 과잉유동성을 만들었고 일본 내에서 갈 곳을 잃은 유동성자금은 부동산 등 실물자산으로 몰리기 시작했습니다.

일본 정부는 엔화절상 압력을 줄이기 위해 해외부동산 및 금융상품 투자를 적극 장려하였고, 기업들도 채산성 향상을 위해 생산기지를 저개발국가로 이전하기 시작했어요. 일본기업들은 풍부한 노동력이 준비된 한국에도 진출하면서 오늘날 한국에서 불고 있는 영어, 중국어 열풍 저리가라 할 정도로 일본어에 대한 붐이 일어났던 때도 이때입니다.

1987년 건설회사인 아오키(靑木)는 뉴욕의 플라자호텔을 사들였고, 소니(Sony)는 풍부한 자금력을 바탕으로 미국 문화의 정신적 지주인 CBS 레코드(1988)와 콜롬비아 영화사(1989)를 인수하였으며, 1989

년 미츠비시(三菱)는 14억 달러라는 엄청난 자금으로 록펠러센터 (Rockefeller Center)[43]를 구입했습니다. 이는 마치 여의도에 있는 63빌딩이나 광화문의 교보빌딩을 일본 부동산 기업이 사버린 느낌 같은 거죠. 왜냐하면 록펠러센터는 미국의 자존심인, 그래서 미국인들에게는 'spirit of America'라고 불리던 건물이었거든요.

돈이 있는 기업들은 엔고로 인한 혜택을 고민할 필요도 없이 해외 부동산을 마구잡이로 사들이는데 체력을 소진하였습니다. 이때가 일본 경제의 거품이 사상 최대로 부풀어 올랐을 때의 일입니다. 그뿐만이 아닙니다. 1987년에는 야스다화재가 약 57억 엔, 그러니까 한화 약 600억 원에 고흐의 '해바라기' 그림을 구입하는 등 마치 벼락부자

미국 뉴욕의 록펠러센터 빌딩

가 돈 자랑하듯 전 세계를 상대로 이번엔 뭘 쇼핑할까? 하고 돌아다녔어요. 일본의 중산층 자녀들이 뉴욕에서 헬기여행을 하며 샴페인파티를 벌이는 것은 뉴스거리도 안 되었습니다. 한마디로 '머니 터크스'(money talks)가 아니라 '엔 터크스(Yen talks)였던 시대였지요.

미국 땅 하와이의 경우는 더 심했습니다. 하와이 전체 외국인 투자의 96%를 일본계 투자가 차

43 뉴욕의 최고 몸값을 자랑했던 록펠러센터는 일본의 버블이 붕괴한 후 1995년 미 연방법원에 파산신청을 내고 일부를 매각했으며, 결국 2000년에 골드만삭스가 중심이 된 자본에 헐값으로 매각되었습니다.

일본 경제 고민없이 읽기

지할 정도였으니, 미국인들이 이때 당시를 '일본이 진주만 공격에 이어 두 번째로 미국을 침략했다'며 호들갑을 떨었던 것이 이해 갈 만합니다.

엔화가 강세를 보이자 개인들의 해외여행과 소비도 덩달아 증가하였어요. 미국과 유럽 등 유명 관광지에는 일본 특유의 '깃발부대' 단체 관광이 꾸준히 증가하면서 엔의 위력을 유감없이 발휘했습니다.

하지만 동전의 양면처럼 엔고현상이 일본 경제에 어려움만 가져다 준 것은 아니었지요. 엔고현상으로 일본기업들의 수출가격이 상승되면서 해외 기업들과의 가격경쟁에서 불리한 측면이 있었던 것은 사실이지만, 가격경쟁에서 살아남기 위해 품질을 향상시키고 불량률은 낮추면서 신제품개발과 기술개발에 힘을 모았습니다. 기업경쟁력, 국가경쟁력을 키운 부분도 '어느 정도는 있다'라는 것을 인정해야 한다는 거지요.

| 잃어버린 10년, 널뛰기 금융정책 | 1980년대 전반기까지는 일본식 경제체제와 메인뱅크제도가 사회주의국가 및 개발도상국

이 추구해야 할 성공적 모델로 제시된 적이 있습니다. 그러나 '잃어버린 10년'(lost decade)이란 용어에서 말해 주듯이 버블의 팽창과 붕괴가 실물경제에 상당한 영향을 미치면서 이제 일본식 경영체제가 비난받기 시작하였지요. 이를 두고 미국 MIT의 돈부시(Rudi Dornbusch, 1942~2002) 교수는 다음과 같이 경고했습니다.

"일본의 과거 영광은 이미 사라졌습니다. 일본은 아시아 위기를 타개할

길을 제공해야 함에도 불구하고 오히려 아시아 위기의 중심에 놓여 있습니다. 일본이 성장하지 않으면 세계시장, 자유무역 체제가 흔들리게 될지도 모릅니다."

- Business week Jan.1998.

일본 정부는 때늦게 버블을 감지하고는 이번에는 과거와 반대로 금융긴축정책을 실시했습니다. 즉 1989년 5월부터 공정금리 2.5%를 시작으로 1990년 8월에 이르기까지 15개월이란 짧은 기간 동안 무려 5차에 걸쳐 6% 수준까지 상향 조정하였습니다. 공공주택토지개발공사를 제외하고는 모든 부동산 관련 대출을 일정 규모로 규제하는 대출총량제도를 실시하여 부동산 관련 산업과 건설업에 대한 대출을 사실상 금지했습니다.

이게 끝이 아닙니다. 제가 널뛰기 정책이라고 한 이유는, 이 다음의 정책이 다시 원점으로 돌아갔기 때문입니다. 금리인상으로 자산가격이 급속히 하락하면서 경기침체가 뒤따르자 이번에는 다시 금리인하정책을 실시한 겁니다. 1991년 7월 이후 1995년 9월에 이르기까지 9차례에 걸쳐 금리인하를 단행하여 0.5%까지 내려갔습니다.

이때는 '창구지도'(window guidance)를 통한 대출억제도 병행하였습니다. 창구지도란 대장성 관료들이 사무실의 창구를 통해 이렇게 해라 저렇게 해라 지도하는 것을 빗댄 표현으로, 일본은행이 시중은행의 대출증가액을 적정한 범위에서 실시하도록 지도, 규제하는 행위를 말합니다.

일본은 행정당국이 책정한 정책목표에 따라 시장경제의 방향을

도쿄주식시장 전광판에 나타난 닛케이평균주가

유도하는 유도경제가 기본적인 정책이념이기 때문에 그렇게 하는 거예요. 즉 유능한 고급 기술직 관료가 행정지도를 하는, 그래서 관료의 리더십이 그만큼 중요한 나라가 일본이거든요. 기업이나 이익집단 등에 유도적인 정책운영이 공적개입의 축이 되고 있어 온실적인 보호체제가 양성되고 기업은 보호정책에 안주하려는 경향이 있어서 부정적인 인식으로 보이기도 합니다.

이러한 흐름 속에 1989년 말 닛케이평균주가(日経平均株価)[44]는 최고치인 38,915엔을 기록한 이후부터 지속적으로 하락하다가 1990년 8월 이라크의 쿠웨이트 침공 뉴스 이후에는 20,221엔까지 급락하였습니다. 토지가격은 1991년 가을부터 무너지기 시작하더니 일본의 6대 도시(東京, 大阪, 京都, 名古屋, 神戸, 横浜)의 지가가 몇 년 사이에 반

---

44 일본의 대표적인 주가지수인 닛케이평균주가는 도쿄증권거래소(TSE) 1부에 상장된 주식 가운데 유동성이 높은 225개 종목을 선정해 매일 1분 간격으로 평균주가를 산출, 공표하고 있습니다.

토막 가까이 하락하였습니다.

이러한 상황에서 일본은행은 경기회복을 위한다는 명목으로 또다시 금리를 만지작거렸습니다. 플라자 합의 이후 극단적인 저금리정책을 실시했다가 버블경기가 시작되자 긴축정책으로 전환하더니만, 경기가 회복되지 않자 1991년 7월부터 다시 공정금리를 인하하기 시작한 겁니다. 그리고 1992년 8월, 종합경제대책을 시작으로 65조 엔이 넘는 공공사업 중심의 재정지출을 시행했습니다. 초저금리정책과 거액의 공공투자 확대를 실시하면서 자율적인 경기회복이 일어난 것처럼 가시적인 효과를 반짝 보이긴 했으나, 결국 장기불황에서 빠져나오지는 못했습니다.

1993년부터는 대규모 추가경정예산을 편성했습니다. 약 724조 엔의 국채를 발행해 예산을 조달했는데, 이는 당시 한 해 예산의 20%에 해당하는 규모입니다. 이렇게 조달한 돈으로 일본 전국 방방곡곡에서 도로와 댐, 공항 등 건설사업을 벌였습니다. 그렇다고 이러한 기반시설이 반드시 필요해서 시행한 사업들은 아니구요, 정치공학적 측면과 또 대규모 사업을 벌이면 경기가 회복될 것이라고 막연히 믿었기 때문이기도 합니다. 결과만 본다면 건설투자가 일본 경기를 살리지는 못했죠. 마치 이명박 정부의 4대강사업과 비슷하고 문재인 정부의 새만금사업이나 태양광사업과도 유사하다고 할 수 있겠습니다.

1991~96년도 평균경제성장률은 1.7%에 머물렀고 1997년 이후부터는 마이너스 성장을 기록하는 등 버블붕괴 이후 장기불황에 빠져든 일본 경제는 성장을 멈추고 말았습니다. 장기불황이 지속되자

이번에는 정년까지 취업할 의사가 없는 후리타족(free-timer)족[45]이 급
증하면서 심각한 사회현상으로 대두되었습니다.

플라자 합의 이후 버블이 발생하고 그 후 장기간에 걸쳐 경기침
체에 빠진 원인 중 하나로 지목받은 일본은행의 갈피를 잡지 못한 금
융정책은 결국 실패라는 낙인이 찍히고 맙니다. 이 점에 대해서는 나
중에 일본은행도 인정하고 스스로를 비판할 정도였으니까요. 이러한
비관론이 '일본 때리기'(Japan bashing)로 반영되면서 주식시장과 부동
산시장의 장기침체를 가져왔고, 1995년 후반에는 일본의 은행들이
해외에서 자금을 조달할 때 외국 은행에 비해 금리를 더 부담해야 하
는 '저팬 프리미엄'(Japan Premium)을 지불해야 하는 상황에 직면하기
도 하였습니다.

신용도가 낮은 일본은행들 가운데 1997~98년 사이 0.7%에서
1.1% 정도까지 금리상승을 요구받은 곳도 있습니다. 1998년에 이르
러 일본의 명목 GDP성장률은 전후 최악인 -1.5%를 기록했고 일본
기업들은 해외에서의 자금조달에 어려움을 겪게 됩니다.

일본 정부는 1990년대 초부터 시작된 10여 년의 경제 불황을 처
리하기 위해 구조조정 등 다양한 대책을 내세웠음에도 성공하지는
못했다고 앞에서 말씀 드렸습니다만, 문제는 여기서 끝이 아닙니다.
체계적인 정보화정책을 실시할 타이밍을 놓쳤고 그래서 정보기술에
대한 패러다임 변화에도 능동적으로 대처하지 못하면서 정보화 낙후
국으로 인식된 것이 더 큰 문제였습니다.

---

45 15-34세에 해당하는 인력으로 취업을 하지 않고 있거나 취업하는 경우에도 계속취업
   기간이 5년 미만인 남성 또는 미혼 여성을 지칭하고 있는 신조어입니다.

정보화의 필요성을 느낀 일본의 중앙정부와 지방정부는 국가의
혁신역량을 강화하기 위하여 2001년 1월, 세계 최첨단의 IT국가를
목표로 'e-Japan 전략'을 내세우고, 이 전략에 근거하여 '전자정부 ·
전자자치체의 구축'(2002)을 최대 중점과제의 하나로 삼았습니다. 여
기서 말하는 전자정부란 '행정내부와 행정, 국민 · 사업자와의 사이에
서 서류 및 대면업무를 온라인화하여 정보네트워크를 통해 중앙정부
와 지방이 일체적으로 정보를 동시에 공유하고 활용하는 새로운 행정
을 실현하는 것'을 의미합니다.

뒤늦게나마 유비쿼터스 사회실현을 목적으로 'u-Japan전략'(2008)
을 내세워 일본 지역 내 격차를 줄이고 국제경쟁력 강화를 추진하면
서 정보화 낙후국 딱지는 떨어졌지요.

3. 버블경제와 헤이세이불황

| 히로히토 일왕   플라자 합의 이후 1991년 2월까지 약 51개월간
   사망하다   자산가격이 팽창하면서 4~6%의 성장률을 보
이자 마치 엔고불황을 극복한 것처럼 보였습니다. 이때의 경기순환
을 당시의 새로운 원호(元号)에 비유하여 헤이세이경기(平成景気)라고
합니다. 그러나 주식과 토지가격이 동반 하락하면서 곧바로 이어진
헤이세이불황(平成不況)은 피할 수가 없었어요. 그런데 기왕 헤이세이
(平成)라는 말이 나왔으니 한 가지만 짚고 넘어가도록 합시다.

　1988년 9월 19일, 일본의 대중매체가 일제히 히로히토 일왕(일본
에서는 천황이라고 함)의 중태를 보도하자 일본 각지에서는 예외 없이 일
왕의 쾌유를 기원하는 '무브먼트'가 펼쳐졌습니다. 매년 개최되던 운
동회와 마츠리(祭り)는 자신들이 잘못한 게 없는데도 절대 하면 안 될
것처럼 중지되었고, 프로야구 시즌에서 우승한 팀도 축하파티를 열

지 못했습니다. 88 서울 올림픽에 참가했던 일본 선수단은 시합을 마치기 무섭게 귀국해야만 했고, 장관과 관료들의 외국 출장계획도 줄줄이 취소하고 황거 앞으로 몰려가 천황을 위해 두 손을 모았습니다. 텔레비전의 오락 프로그램은 대폭 축소되고 건강과 관련된 광고는 병상에 누워 있는 아버지 왕에 대한 예의가 아니라며 오간데 없이 사라졌습니다.

나라마다 건드리면 안 되는게 있지요. 중국은 모택동을, 우리나라는 광주민주화운동(518)과 세월호(416)를 건드리면 안 되는 것처럼, 일본은 일왕(천황)을 건드리면 안 됩니다. 그렇게도 일본열도가 약속이나 한 듯 자숙에 빠져들면서 일왕의 회복을 기원했건만, 1989년 1월 7일 오전 6시 33분, 한국을 식민지 지배하고, 살아 있는 신으로 추앙받았던 88세의 한 인간이 누구 한 사람에게도 제대로 된 사과 한마디 없이 역사의 저편으로 사라졌습니다.

사람의 아들이었던 히로히토(裕仁, 1901 1989). 그는 1937년 중일전쟁과 1941년 태평양전쟁의 개전을 명령했으며, 태평양전쟁 때에는 두 개의 원폭을 맞도록 방치하고는 결국 연합군에 무조건 항복선언을 해야만 했던 한 인간이었을 뿐입니다. 1946년 연두칙서에서는 '아라히토가미'(現人神)임을 스스로 부정하는 '인간선언'을 했던 그저 사람의 아들, 인간이었을 뿐이었지요.

맥아더와 같이 서 있는 긴장한
히로히토 일왕

　　　　　　　　　　　　일본 경제 고민없이 읽기

방탄유리 안에서 손을 흔드는 아키히토 일왕 부부

　그의 뒤를 이어 히로히토의 장남 아키히토(明仁)가 제125대 일본 천황으로 등극하면서 새로운 시대를 개막하는 헤이세이(平成)라는 연호를 사용하게 되지요. 아키히토 일왕은 1956년 학습원 정경학부 청강생 과정을 수료하고, 1959년 평민 출신의 쇼다 미치코(正田美智子)와 결혼해서 2남 1녀를 두고 있으며, 열린 황실을 표방하면서 천황제가 마치 민주주의, 평화주의와 부합하는 것처럼 인식시키는 작업을 해 왔습니다.

　'한반도의 도래인들 중 초빙됐던 사람들에 의해 문화와 기술이 전승되었습니다. 궁내청 악사 가운데 그들이 있고 지금까지 그 자손들이 존재하고 있습니다. 저 자신 역시 간무천황의 생모가 백제 무령왕의 후손이라는 기록이 『續日本紀』(속일본기)에 나와 있어 한국과의 인연을 느낍니다.'

나루히토 새 일왕이 즉위 행사 뒤 마사코 왕비가 지켜보는 가운데 소감을 표명하고 있다(연합뉴스, 5월 1일).

2002년 한일 월드컵 공동주최를 앞두고 두 나라의 우호친선을 강조하는 자리에서 일본 천황가에 한국인의 피가 흐른다는 헤이세이천황의 립 서비스에도 불구하고 서울에서 열린 월드컵 개막식에는 참석하지 못했습니다.

아키히토 일왕은 피로가 누적되어 더 이상 일왕을 유지하기 힘들어 이제는 그만 두고 싶다 하여 황실 규정을 바꿔 2019년 5월 1일 장남 나루히토(德仁) 왕세자에게 양위하였습니다. 새로운 연호인 '레이와'(令和) 시대가 열렸으니 한일관계 개선에 큰 기대를 걸어 보겠습니다. 한일관계의 새 술은 새 부대에……

4. 타이밍을 놓치다

│ 수술을 끝낸 환자를
│ 방치한 정부
버블붕괴와 때를 같이하여 일본적 경제시스템도 동시에 불안해졌습니다. 원재료를 수입해서 부가가치가 있는 제품을 수출하는 가공무역도 그렇고 내수시장을 보호해 오던 정책들도 한계를 맞이하였습니다. 구소련이 붕괴하면서 미·소 냉전이 종결되고 미국만이 유일한 초강대국이 된 것도 일본에 대한 강력한 요구와 무관하지는 않을 것입니다. 엔고로 채산성이 악화된 많은 기업들이 생산거점을 동남아시아로 옮기면서 산업공동화를 초래하였으며 해외직접투자는 동남아시아뿐만 아니라 북미 유럽까지 확장되면서 일본 국내 생산여건은 저하되었습니다. 이때 환경변화에 민감한 기업들은 내수 위주의 생산으로 전환하거나 신규사업으로 사업다각화를 추구한 기업들도 나타났습니다.

해외진출이 급증했던 이유는 일본 국내와는 비교가 안 될 만큼 저렴한 노동력과 잘 정비된 공업단지, 각종 인센티브 제공과 방대한 시장 등 해외시장이 주는 매력이 있기 때문입니다. 게다가 90년대 중국이 시장경제로 전환하면서 저임금노동과 기업이전 유인책에 눈을 돌려 생산거점을 이전하게 된 부분도 있습니다. 그러니 해외직접투자(FDI)가 증가할수록 해외에서의 고용, 시설 등 산업 여건은 좋아지겠지만 그만큼의 국내 생산은 줄어들고 산업이 쇠퇴할 염려는 따르겠지요.

이와 같은 산업공동화로 인해 일본의 수출은 점차 줄어들고 반대로 수입은 증가하게 되는데, 이러한 현상은 우리나라에서도 동일하게 나타나고 있습니다. 최근 한국 기업들이 중국, 베트남, 인도네시아, 그리고 미얀마에 이르기까지 상대적으로 인건비가 싸고 투자여건이 양호한 곳으로 생산이전을 하고 있는데, 문제는 생산기지뿐만 아니라 연구개발(R&D) 등 핵심부문까지 해외이전이 증가하고 있다는 점은 걱정입니다.

어쨌든 미국은 섬유, 철강, 자동차, 반도체 산업 등에서 일본과의 무역마찰을 둘러싸고 일본이 거시경제를 시정해 줄 것을 요구하였고, 이에 일본은 미국의 요구에 응하게 됩니다. 마에카와 보고서(前川レポ一ト, 1986년)에 따르면, 미국과의 무역마찰을 해소하기 위해서는 일본의 경제구조를 수출지향형에서 내수주도로, 그리고 국제협조형으로 전환하는 것이 바람직하다는 정책안을 제안하였고, 이를 위해서 주택정책을 중심으로 내수확대나 농산물 수입확대 등을 강조했지요.

1986년 당시 일본의 수상이었던 나카소네 야스히로(中曾根康弘, 1918~)는 미일정상회담에서 이를 실행하겠다는 결의를 표명하였지만, 정작 급격한 엔고로 인해 경기후퇴를 우려한 일본 정부가 공정금리 인하와 공공투자 확대를 중심으로 대규모 경기진작 정책을 실행하기에 이르렀습니다.

　조금 다른 이야기이긴 하지만, 도쿄대 법대 출신인 나카소네는 2019년 올해 100살이 넘었는데도 아직까지 건강한 정치인으로 한국과의 인연이 깊습니다. 그는 사토 에이사쿠(佐藤栄作, 1901~1975)에 이어 전후 두 번째로 긴 5년간이나 장기집권하면서 1983년 1월 일본 총리로서는 전후 처음으로 한국을

나카소네 야스히로

공식 방문했던 노련한 정치인입니다. 한일우호증진에도 앞장서 한국 방문했을 때에는 '노란 샤츠 입은 사나이'를 멋지게 불렀다고 하네요. 그래서 한국에서도 그에 대한 기대가 컸는데, 아쉽게도 1985년 8월 15일, 일본 정치인으로는 처음으로 A급 전범이 합사되어 있는 야스쿠니 신사를 방문하면서 한국과 중국으로부터 강한 반발을 샀습니다.

　이때를 계기로 일본 정치인들이 야스쿠니신사를 참배하는 관행이 굳어져 오늘날에 이르기까지 동아시아 국제정치와 외교문제에 말썽의 소지를 제공한 장본인이 바로 나카소네입니다. '미국에는 소수민족(흑인, 멕시코인, 푸에르토르코인 등)이 많아서 의식수준이 일본인에 비해 떨어진다'라는 민족차별 발언도 했지요. 그래서 그를 일본 극우파의 우두머리라고 하나 봅니다.

　한편, 히라이와 보고서(平岩レポート, 1993)에서는 규제완화가 왜 필요한지에 대해 다음과 같이 지적하였습니다.

"공적규제는 지금까지 산업발전과 국민생활 안정에 나름대로 기여해 왔지만, 지금은 오히려 경제사회구조의 변혁을 방해하고 경직시키는 역할을 하고 있습니다. 규제완화를 실시하면 기업에 새로운 사업기회가 생겨 고용이 확대되고 소비자들도 다양한 상품 및 서비스를 선택할 수 있으며 내외가격차도 개선할 수 있습니다. 이는 동시에 국내외적으로 자유경쟁을 촉진시키고 일본 경제사회의 투명성을 높여 국제적 조화를 이룰 수 있게 될 것입니다."

전통적으로 일본 금융기관의 대출은 유담보주의(有担保主義)를 채택하고 있고 그 대부분은 토지 등의 부동산입니다. 일본인들은 토지가격(地価)이 결코 하락하지 않을 것이라는 전통적인 토지신화를 믿고 있기 때문이거든요.

일본 경제의 고도 성장기에 탄생했던 세 가지 신화가 있어요. 첫째 토지가격은 결코 하락하지 않는다는 토지신화, 둘째 불황이라도 소비수요는 감소하지 않는다는 소비신화, 셋째 기업경영은 전 종업원이 종신고용의 전제하에 동료의식으로 결합되어 있기 때문에 대규모 해고는 없을 것이라는 완전고용신화 등입니다. 하지만 결국은 거품경기가 붕괴되면서 이러한 신화는 사라져 버렸지요.

어쨌든 버블기에는 금융기관이 경쟁적으로 부동산 관련 융자에 뛰어들었지만, 버블 붕괴 후 토지 신화는 무너졌고 금융기관이 대출했던 자금은 천문학적인 부실채권으로 돌아왔습니다. 이에 따라 일본의 금융시스템은 위협을 받으면서 적지 않은 금융기관이 파산하였습니다.

1992년 동양신용금고(東洋信用金庫), 93년 오사카부민신용조합(大

阪府民信用組合)이 기존의 금융기관에 흡수·합병되었습니다. 연이어 1995년 7월에는 도쿄의 최대 신용조합이었던 코스모신용조합(コスモ信用組合)이 파산했고, 8월에는 제2지방은행 가운데 최대 규모인 효고은행(兵庫銀行)과 기즈신용조합(木津信用組合)이 파산 처리되었으며, 1997년 7월에는 홋카이도타쿠쇼쿠은행(北海道拓殖銀行)이 도산했습니다.

타쿠쇼쿠은행은 홋카이도 개척이라는 국책사업을 수행하기 위해 1900년 특수은행으로 설립된 뒤 약 백여 년에 걸쳐 홋카이도 경제를 뒷받침해 온 굴지의 도시은행이었습니다. 일본 전국에 걸쳐 195개에 달하는 지점과 파산 직전의 예금 총액이 약 5조 엔에 이를 정도의 규모였지만, 세월에는 장사가 없나 봅니다.

그러나 더 놀라운 것은 일본 4대증권회사 중의 하나인 야마이치증권(山一証券)의 도산입니다. 야마이치증권의 부채총액은 3조 엔에 이르렀고 파산하기에 앞서 총회꾼 사건으로 미키 아츠오(三木淳夫) 사장이 구속되는 파동을 겪으면서 거래처 및 투자가들로부터 신뢰도가 급격히 추락하는 경영 위기에 직면하였습니다. 이후 경영전망에 대한 불안감 때문에 고객들의 예금인출이 그치지 않았지요. 이러한 상황이다 보니 자금조달 길이 막히면서 더 이상 경영이 불가능하다는 판단하에 폐업신청을 하게 된 것입니다.

| 눈물의 사나이 '노자와 쇼헤이' | 그런데 당시 긴급수혈이 필요했던 야마이치 증권회사에 사장으로 승진한지 불과 3개월 |

밖에 안 된 노자와 쇼헤이(野沢正平)씨는 자주폐업 발표 생방송 기자

눈물의 기자회견을 하는 야마이치사장

회견(1997년 11월 24일) 도중 엉엉 울면서 다음과 같은 '레전드 명언'을 남겼습니다.

> "みんな私ら(経営陣)が悪いんであって、社員は悪くありません！どうか社員に応援をしてやってください。優秀な社員がたくさんいます、お願いします、私達が悪いんです。社員は悪くございません"

　말하자면, 7천 5백여 명의 사원들은 잘못이 없고 전적으로 경영진의 책임이다. 그러니 갈 데 없는 우수한 사원들에게 일자리를 찾아달라는, 뭐 이런 내용입니다. 이때의 기자회견 덕분에 그는 해외토픽으로 전 세계에 소개되면서, '눈물의 사나이'라는 별명을 얻었고 2004년 센츄리증권회사(センチュリー証券会社)의 사장으로 재등극하면서

다시금 유명세를 탔던 주인공이지요. 이때가 일본이 장기불황에서 벗어나는 시점이었기 때문에 그의 등장은 그만큼 상징성도 강했습니다. 노자와 사장에게 왜 그렇게 울었냐고 묻는 얄궂은 기자들을 향한 그의 답변은 우문현답(愚問賢答)이었지요.

'올림픽 등에서 스포츠선수가 보이는, 즉 열심히 했지만 금메달까지는 못 땄을 때의 억울한 눈물이랄까요. 사장으로서 100여 일간 열심히 뛰었지만 힘이 부족했습니다.'

'또 다른 의미로는, 야마이치증권에 재직하고 있는 7천 5백 명의 종업원, 그리고 관련그룹회사와 그 가족까지 합하면 그 수가 4만여 명에 이릅니다. 회사의 파산으로 인해 그들의 생활이 어려워질 것이라서 도와달라고 읍소하다 보니 저도 모르게 그만 눈물을 펑펑....'

| 버블붕괴와 함께 무너진 일본의 안전신화

버블이 붕괴되던 시기에 일본이 자랑해 왔던 '안전신화'도 함께 붕괴되는 몇 가지 사건이 있습니다. 그 중 대표적인 것이 바로 1995년에 일어났던 한신대지진과 오움진리교 사린가스살포사건입니다. 그래서 1995년은 일본인들에게 악몽의 해로 기억되고 있지요.

한신대지진은 1995년 1월 17일 오사카(大阪)와 고베시(神戸) 등 한신(阪神) 지역을 중심으로 발생한 대지진입니다. 이름만 들어도 아름답고 세련된 이미지가 떠오르던 고베시의 피해가 가장 커서 흔히 고

한신대지진의 고속도로 붕괴

베대지진이라고도 칭합니다만, 당시 피해는 사망자 6천 3백여 명, 부상자 2만 6천여 명, 이재민 약 20여만 명, 그리고 물적 피해 규모는 14조 1천억 엔에 이르렀습니다. 한화로 약 140조 원인데, 이정도면 2019년 우리나라의 1년 예산 약 470조 원의 30% 정도에 해당되는 어마 무시한 규모의 피해를 입은 것이지요.

가장 큰 피해를 입었던 고베시의 수많은 건물과 공장시설은 말할 것도 없고, 세계 최고의 안전을 자랑했던 고속도로와 철도 등 교통수단이 무너지면서 일본의 자존심에 큰 상처를 남겼습니다. 통신시설 등 사회기간시설도 파괴되면서 이 지역의 산업 활동을 마비시켰고, 긴급구호품 수송조차 어려울 정도로 처참해진 도시민들에게는 말할 수 없는 고통을 주었던 지진이었습니다.

1995년 3월 20일, 또 다른 참사가 발생했습니다. 엎친 데 겹쳤다

일본 경제 고민없이 읽기

는 게 이런 때 하는 말인가 봅니다. 컬트 신흥종교였던 오움진리교 신도들이 이른 아침 출근시간 다수의 도쿄 지하철 노선에서 동시다발적으로 맹독화학물질인 사린을 살포하면서 사망 13명 부상 6천여 명에 이르는 독가스 무차별 테러사건을 일으켰습니다. 이 사건은 저에게도 남 이야기 같지 않아 움찔했던 기억이 아직도 생생합니다. 저와 같은 대학에 유학했

■ 공중부양을 자랑하는 오움진리교 교주 아사하라 쇼코

던 선배가 학교에 등교하기 위해 동일한 지하철에 탔다가 빠져나왔다고 흥분하면서 가슴을 쓸어내렸거든요.

　문제의 오움진리교는 아사하라 쇼코((麻原彰晃)라는 교주가 1984년 도쿄의 가장 번화가인 시부야(渋谷)에 요가를 수행하는 도장을 개설하면서 출발한 신흥 사이비종교입니다. 인류는 세균무기와 핵무기로 종말을 맞게 되는데, 이때를 피하기 위해서는 오움진리교를 통해 대비해야 한다, 그리고 그 종말은 1995년 11월 말이라고 아예 못으로 박아 버렸습니다. 문제는 사람들이 이러한 '진리'를 믿지 않는 겁니다. 믿지 않으니 어떻게 하면 좋을까 아마도 내부에서 깊은 고민에 빠졌겠죠. 믿도록 만들어야 한다는 강박관념에 그만 도쿄 중심가 지하철에 가스를 살포한 것입니다.

　아마겟돈을 극복하고 천년왕국을 영위한다고 설법하면서 신비주의를 강조했던 오움진리교는 '잃어버린 10년'의 한복판에서 꿈을 잃

고 '헬 니뽄'을 외치던 10~20대의 방황하던 젊은이들을 빠르게 흡수
하면서 성장세를 보였습니다. 종교 설립 이후 1만여 명의 신도와 해
외지부까지 갖출 정도로 성장했지만, 가스 살포라는 용서받지 못할
테러를 일으켜 결국 이 종교는 해체되고 말았습니다.

그런데 어찌된 일인지 2000년 2월, 아레프(Aleph)라는 새로운 종
교단체로 이름만 개종(?)하여 지금도 활동하고 있네요.

이와 같은 대형사건이 잇달아 발생하면서 일본은 더 이상 안전한
곳이 아니라는 인식이 생겼습니다. 뭐든 지나치면 부족함만 못하지
요. 갑자기 성경구절이 생각납니다.

"욕심이 잉태한즉 죄를 낳고 죄가 장성한즉 사망을 낳느니라."

– 야고보서 1장 15절

일본 경제 고민없이 읽기

5. 일본의 국제원조와 국가 이미지

순수하지 못했던 일본의 국제원조 세계가 급변하는 가운데 다양한 글로벌 이슈가 등장하고 있지만, 사실 인류역사를 통틀어 가장 오랫동안 이슈화 되어 온 문제는 '빈곤' 이라는 키워드일 겁니다. 이는 과거에만 국한되는 문제가 아니라 항상 현재진행형이라는 점과 개인이 해결하기 어려운 구조적인 문제이기 때문에 국제협력을 필요로 하고 있습니다. 현재 빈곤문제를 해결하기 위한 가장 대표적인 국제협력은 단연코 ODA(Official Development Assistance, 국제(공적)개발원조)입니다.

일본의 국제원조는 한국보다 성숙한 시스템을 구축하여 오래전부터 활동을 해 왔고, 그래서 개발도상국가에서의 일본에 대한 인식은 분명히 한국과 차이가 있습니다. 일본은 장기적인 측면에서 무역관계이건 글로벌 파트너십을 구성할 때건 국제원조의 중요한 역할을 인식하고 일찍부터 이를 활용해 온 측면이 없지 않아 있습니다. 또한 일본은 헌법 9조에 의거하여 자기방어력 이외의 군사력을 가질 수 없기 때문에, ODA가 일본의 국제적인 역할을 효과적으로 확대하는 수단으로 이용된 부분도 있구요. 이는 우리가 주목해야 할 부분입니다.

일본의 국제원조는 다음과 같은 역사를 갖고 흘러 왔습니다. 일본은 1951년 9월 8일 미국과 조인한 샌프란시스코 강화조약의 제14조에 근거하여 피해국에 배상을 지불해야 했는데, 이에 따라 1954년 버마에 대한 전쟁배상을 시작으로 필리핀, 인도네시아 등과 협상하면서 20년간 총 10억 달러를 지불하였습니다.

일본은 1954년 10월 6일 콜롬보 플랜(colombo plan)[46]에 가입하면서 정부 주도하에 기술협력 중심의 경제협력을 시작하였고, 1958년에는 일본수출입은행을 통해 인도에 최초로 유상 자금협력을 실시하면서 본격적인 국제원조를 시작했습니다. 그러나 엄밀히 말하면 50년대 일본의 ODA는 원조라기보다는 전후 배상의 의미가 더 강합니다. 또한 이 시기의 원조정책은 상업주의적인 형태를 띠는 특징을 갖고 있구요. 그런데 넘어진 김에 쉬어간다는 말이 있듯이, 일본은 외화를 유출하지 않고 자본재수출과 자동으로 연계되게끔 하려고 배상의 대부분을 현금보다는 자본재나 서비스의 형태로 제공하였습니다. 일본 기업들이 안정적으로 해외시장을 확보할 수 있는 기반을 마련해 주고 나아가 수출확대로 연결되면서 일본 경제에 막대한 이익을 가져다 주기 위한 꼼수였지요.

---

46 1950년 1월 콜롬보에서 개최된 영연방외상회의를 계기로 시작된 남아시아 및 동남아시아의 경제개발계획을 지칭하는데, 이 계획의 특징은 상호원조를 전제로 하며 원조국과 피원조국이 평등하고 정치적, 군사적인 조건이 결부되지 않는다는 원칙을 내세웠습니다.

그 바탕에는 일본이 제2차 세계대전에 패배하면서 잃어버린 한국
과 중국시장을 대처하기 위해서라도 동남아에서 공급원을 구하고 그
지역과의 관계를 재건하려는 욕심 때문이기도 합니다. 그래서 일본
의 초기 ODA정책은 진정한 의미의 지원, 배상과는 거리가 먼 자국
의 실리추구, 예를 들어 시장개척 및 진출의 교두보로써의 역할이 강
했다는 비판을 받은 겁니다.

　상업주의적 원조에 해당하는 대표적인 국가가 바로 한국입니다.
한국과 일본은 1965년 6월 22일에 채결한 한일기본조약(韓日基本條
約, 한일협정)에 따라 3억 달러의 무상원조, 2억 달러의 유상원조, 그리
고 3억 달러의 민간상업차관 등 총 8억 달러의 배상금을 일본으로부
터 받았습니다. 이 차관으로 우리나라는 소양강 다목적댐, 경부고속
도로, 포항제철소 등을 건설하게 되었지요. 그러나 이 과정에서 원조
과정에 참여하는 기업을 일본 자국 기업으로 한정하여 기술, 설비유
지, 노후설비 교체 등 필요한 이익을 지속적으로 창출할 수 있게 하
였고, 이를 통해 일본의 대기업들은 한국시장에 쉽게 진출하는 길을
마련하였습니다. 예를 들어 소양강댐은 당시 일본 최고의 건설기업
인 공영(共栄)에서 설계, 기술, 용역까지 담당했구요. 이후 지어진 수
력발전소에서도 발전기는 일본의 후지사(富士社)에서 수입해서 건설
하였습니다. 포항제철 역시 당시 야하타제철소(八幡製鉄所)와 후지제
철소(富士製鉄所)의 합병으로 만들어진 신일본제철(新日鉄)의 기술이
전을 통해 건설될 수 있었던 거지요.
　이뿐만이 아닙니다. 아남전기는 마츠시타(松下電機産業)에서 TV
와 오디오제품에 관한 기술을, 삼성전자는 빅터(ビクター)에서 VHS

방식 VTR 특허 및 제조 기술을, 한국전자는 토시바(TOSHIBA)로부터 관련 기술을, 현대전자는 소니(Sony)에서 VTR 제조 기술을, 그리고 한국중공업은 히타치조선(日立造船)에서 선박용 엔진 제조에 관한 기술을 이전해 왔습니다. 이렇게 말씀드리면 감사한 일 아니냐 라고 할 수도 있지만, 문제는 우리가 원천기술이 없다 보니 일본기술에 종속되어 더 좋은 다른 나라의 제품으로 교체하고 싶을 때 전환비용(switching cost)이 발생하기도 하고, 또 우리 역시 안이한 자세로 기술개발에 게을러진 측면도 있습니다.

이러한 일본의 상업주의적인 경제원조는 선진국과 개도국 양쪽에서 강한 비판을 받았을 뿐만 아니라 1964년 UNCTAD[47]의 제1회 총회에서는 원조정책을 수정하도록 요청받았습니다.

| 원조의 변화 | 60년대까지 아시아에 집중되었던 일본의 원조는 70년대 오일쇼크를 계기로 전 지구적 규모로 확대되었습니다. 1973년의 오일쇼크 이후, 일본은 자원을 안정적으로 공급받지 못할 경우 경제발전이 불가능하다는 것을 깨닫고는 외교정책의 주요목표를 자원의 안정적 공급처를 확보하는 '자원외교'로 방향을 바꾸었습니다. 그런 방편으로 석유자원이 풍부한 아랍세계의 신뢰를 회복하기 위해 30억 달러의 원조를 공여한다는 약속과 함께 이스라엘과는 거리를 둔다는 서약을 하였습니다. 또한 에너지와 천연

---

[47] 운크타드(UNCTAD, United nations Conference on Trade and Development)는 UN의 직속기구로 선진국과 후진국 사이의 무역불균형을 시정하고 남북문제를 해결하기 위해 설치된 조직입니다.

자원을 확보하기 위해 중동과 아프리카, 그리고 중남미까지 확대하는 과정에서 해상수송로의 중요한 위치를 차지하고 있는 인도네시아가 일본 ODA 정책의 최대 수혜자로 떠올랐습니다. 일본다운 실용적인 '자원외교'의 전형적인 '예'라고 할 수 있겠지요.

그런데 1974년 다나카수상(田中角栄)이 아세안 국가들을 방문했을 때 생각지도 못한 일이 벌어졌습니다. 일본의 생각과는 달리 이들 국가에서 반일시위가 일어났거든요. 원조를 하고 도와주었으니 감사하게 생각할 줄 알았는데 방콕과 자카르타에서 대규모 반일시위가 발생한 겁니다. 당황한 일본은 원조의 질적 개선이 필요하다는 것을 절감하고는 아세안 국가들에 대한 원조를 확대하고 차관조건의 완화, 비조건부 원조 등을 공약하기에 이릅니다.

1975년에는 미국이 베트남에서 철수하자 베트남이 캄보디아를, 소련이 아프가니스탄을 침공하면서 카터 대통령은 주한미군 철수를 내세우는 등 세계 경제와 안보 문제에서 미국의 패권력 쇠퇴에 대한 문제가 대두되었습니다. 그러자 미국의 영향력 아래 있던 일본은 불안감을 느끼게 됩니다.

일본은 경제대국이지만 군사적으로는 주일미군에 의존하는 등, 경제적인 위치에 비해 국제사회에서의 군사적 위치는 상대적으로 취약한 편이잖아요. 이는 미일안보조약을 바탕으로 긴밀한 동맹관계를 유지하는 것이 일본 안보정책의 핵심이고, 또 일본의 군사대국화에 대한 국내외의 강력한 반발 때문에 한계가 있어 그렇기도 합니다. 그러니 개발 원조를 안보의 목적으로 사용하려는 원조정책의 정치화 현상을 무조건 탓할 수만은 없을 수도 있습니다.

그래서 일본은 미국의 정치, 전략적 목적을 위해 자국의 원조를 사용할 수 있도록 협조하였습니다. 예를 들면 베트남이 캄보디아를 침공했을 때는 베트남에 대한 원조를 동결하였고, 소련이 아프가니스탄을 침공하고 친 소련 괴뢰정권을 수립했을 때는 아프가니스탄에 대한 원조를 동결하였습니다.

이뿐만이 아닙니다. 1988년에 일어난 미얀마 군부의 민주화운동 탄압을 이유로 원조 중단을, 그리고 1989년 중국이 천안문 민주화시위를 무력으로 진압했다는 이유로 원조를 중단하기도 하였으며, 반대로 필리핀에서는 정치, 사회적 혼란과 기반이 취약하다는 이유로 경제지원을 증가시키기도 하였습니다.

그런데 국제사회에서의 따가운 시선과는 달리 아사히신문(朝日新聞)은 오히려 'ODA를 정치협력의 수단으로 사용해야 한다'(1988년 12월 3일 기사)고 지지하면서, 일본의 국제원조가 정치적 의도를 가지고 있다는 것을 문제삼지 않았지요. 이후로도 일본의 원조금액은 막대한 국제수지 흑자와 경제력에 비례하여 1989년 드디어 미국을 제치고 이후 약 13여 년간 세계 최고의 원조제공국 지위에 올라섰습니다.

지금은 ODA 예산이 삭감되어 세계 1위 원조국가라는 타이틀은 미국에 양보하였지만 여전히 엔화의 위력은 인정받고 있습니다. 아울러 일본의 원조전략도 아베정권이 들어선 이후 과거와 달리 바뀌고 있습니다. 즉 일본의 '정부개발원조대강(ODA대강)'을 '개발협력대강'(2015)으로 새롭게 변경하면서 민관협력을 강화하고 ODA에 의한 민생 목적과 재난구호에 한하여 타국 군대에 대한 지원을 가능하게 하는 국익 중심적 개발협력정책의 'Japan First' 기조를 강화하겠다는 전략입니다.

저는 한국 KOICA의 국제개발협력 프로그램을 통해 학생들을 인솔하여 베트남 하노이(2009년 8월)와 호치민(2019년 1월)으로 해외봉사를 다녀온 적이 있습니다. 우리나라는 1991년부터 지속적으로 베트남을 지원해 왔는데, 초기에는 직업훈련이나 병원 위주로 추진해 오다가 2000년 이후로는 IT 환경 구축 등 다양한 분야에서 베트남의 열악한 환경을 직접 지원하고 있더군요.

이에 비해 일본의 베트남 원조액은 우리나라가 지원하는 액수의 약 8배 정도를 쏟아 붓는다고 합니다. 그럼에도 불구하고 제가 방문했던 열악한 환경의 병원과 고아원, 대학과 양로원, 그리고 도서관 등에서는 일본만큼의 물질적 지원은 아닐지라도 그들이 한국의 원조에 대해 진심으로 감사하는 마음을 분명히 느꼈습니다.

코이카 지원을 받아 호치민에서 4시간 떨어진 동탑성의 시골 마을 어르신들에게 쌀 나누어 드리는 봉사를 하였습니다(2019. 1. 13).

특히 하노이 외곽지역의 장애어린이시설을 방문했을 때 저는 놀라운 장면을 목격했습니다. 한국 대학생들이 40도에 이르는 폭염과 열악한 환경에서 짧게는 6개월 길게는 2~3년씩 뇌성마비 아이들, 고아들과 함께 지내면서 춤과 노래, 그리고 영어를 가르치는 모습이 마치 천사를 보는 것 같은 감동으로 다가왔던 기억이 생생합니다.

제가 인솔한 학생들은 열흘 정도에 불과해서 봉사라고 하기엔 부끄럽지만 큰 공부를 하고 돌아왔습니다. 비단 우리나라의 지원만은 아니지만 어쨌든 베트남은 세계에서 가장 빠른 속도로 빈곤이 감소한 국가로 기록되고 있으며, 원조에 대한 혜택이 상대적으로 공평하게 배분되었다는 평가를 받고 있습니다.

| 일본 국제원조의 특징

첫째, 일본의 국제원조는 전체 차관원조의 82%가 아시아지역에 집중적으로 편중되어 있습니다. 아시아지역과 과거부터 지리적, 역사적, 경제적인 유대관계를 맺어 왔기 때문이기도 합니다만, 이는 일본의 ODA 정책이 단지 인도주의적인 방법으로 형성되는 것이 아니라 자국의 이익에 따른 수단으로 그 형태가 이루어짐을 보여주는 대목입니다.

그러나 형식이야 어쨌든 일본의 의도는 어느 정도 성공한 것으로 평가받고 있습니다. 원조를 받은 동남아시아 국가들 사이에서 일본의 이미지가 상당히 긍정적으로 받아들여졌고, 이는 일본상품에 대한 친근감으로 이어지면서 동남아시아 시장을 선점할 수 있는 시너지 효과를 만들었다는 점에서 더욱 그렇습니다.

둘째, 일본의 국제원조는 무상원조(grant)보다는 돈을 갚아야 하는 차관(loan) 형식으로 제공되는 비율이 높기 때문에, 수혜국들은 원조를 받을 때 이에 대한 부담을 갖게 됩니다. 이는 좋게 말하면 일본 ODA의 기본원칙이 증여보다는 차관으로 제공할 때 원조 공여국에 대한 의존도를 낮추고 자조력[48]을 높일 수 있다고 생각하기 때문입니다.

무슨 말인고 하니, 무상으로 도움을 받을 때보다는 변제를 전제로 할 때가 자금사용을 보다 신중하게 결정하는 측면이 있다는 거지요. 즉 벼랑 끝에 서야만 죽기 살기로 노력한다는 것입니다. 일견 맞는 말일 수도 있겠지만, 문제는 이와 같은 일본의 의도가 외부의 시각과는 다르다는데 있습니다.

원조를 받는 국가는 아무래도 '을'의 입장이어서 채무부담으로부터 자유로울 수 없기 때문에 원조자금을 사용할 때 수혜국의 정책의도가 반영될 여지가 있습니다. 그렇기 때문에 동기가 어떻든 간에 외부의 시각은 일본이 ODA를 통해 자국의 경제적·정치적 이해관계가 반영될 여지를 남겨놓고는 원조라는 이름으로 경제적 실리를 추구하고 있다고 욕먹는 겁니다.

셋째, 다른 선진국들의 원조와 비교해 볼 때 일본의 원조는 경제하부구조(economic infrastructure) 개발에 중점적으로 지원하고 있다는

---

48 자조력이란 자국의 개발을 스스로 실현하고 이를 위한 결집된 국민의 의사와 이를 뒷받침하는 정부의 의사를 말합니다. 즉 외국에서 기술이나 자본, 전문가의 힘을 빌리더라도 결국 자국의 정치가가 주도권을 가지고 장기적인 개발계획을 입안하고 실행한다는 강한 신념이라고 할 수 있지요.

점입니다. 다리나 댐, 도로와 철도 건설, 그리고 다른 교통시설 건설 분야에 ODA 자금이 투입되었거든요. 이는 일본 국내 시장과 관련하여 해석할 수 있는데, 그 이면에는 일본 국내 건설업계를 지원하기 위한 방법 중 하나로 ODA가 활용되고 있어서, 결국 인도적인 차원의 지원이라는 순수성이 빛을 잃고 자국의 경제적 실리를 추구하기 위한 것이 아닌가라고 해석하기도 합니다.

실제로 일본 정부는 오늘날에도 일본의 대외원조에서 일본 기업의 수주 비율을 높이라는 압력을 가하고 있습니다. 엔 차관과 무상원조의 재원이 국민 세금에서 나오는 것이어서 대외원조는 국민의 이익이 되어야 한다는 중상주의적 논리인거지요.

그렇다면 일본 정부는 왜 눈에 뻔히 보이는 이런 낯간지러운 정책을 취하는 걸까요? 그건 일본 기업들이 정부의 경제협력과 관련된 정책 결정에 참여하고 있기 때문입니다. 일본 기업들은 자사상품의 수출을 위하여 수혜국에 사업계획을 가르쳐 주기도 하고, 혹시나 일본기업들이 필요하다고 인정받을 때는 수혜국 정부 대신 필요한 정보를 수집하고 사업의 성공여부를 조사한 후에 일본 정부에 직접 ODA 차관을 요청합니다. 그래서 그들이 조사한 사업계획에 투자하도록 일본 정부를 유도하는 구조를 갖고 있습니다.

이뿐만이 아닙니다. 수혜국 측에서 특별히 원하는 사업계획이 있을 때에는 일본 정부에게 ODA 차관을 요청하기 전에 일본 기업에게 먼저 자문을 요청하여 기술적인 도움을 받기도 합니다. 이 경우 일본 기업은 일본의 ODA 정책결정에 영향을 미치는 어떠한 정책결정 기구보다도 훨씬 유리한 위치에서 상당한 영향력을 행사할 수 있겠지요. 또 하나, 일본 기업과 외국기업들이 수혜국의 사업계획을 놓고 경쟁을 벌일 경우 일본 정부에 상당한 압력을 넣어 일본 기업이 그 경쟁에서 이길 수 있도록 영향력을 행사하기도 합니다.

일본 정부의 공식적인 문서에서는 개발 원조를 제공하는 목적이 제3세계국가에 기술과 재정지원을 통해 발전할 수 있도록 기여하는 것이라고 밝히고 있지만, 실제로 일본의 개발원조는 지금까지 살펴본 것처럼 자국의 경제적 이익에 더 민감하게 움직여 왔습니다. 특히 아시아에 집중되어 있는 일본의 개발원조는 일본기업의 직접투자진출에 유리한 여건을 조성하고 일본 상품의 수출 증가를 목적으로 해 온 것을 부인할 수 없습니다. 일본의 무역과 투자, 그리고 ODA가 삼위일체를 이루어 점차 그 영향력을 확대해 온 것이지요.

그러나 이러한 여러 가지 상황이 복합적으로 맞물려 있음에도 불구하고 일본은 반세기를 넘어서는 국제원조의 경험과, 우리나라와는 비교 자체가 의미 없을 만큼의 막대한 원조규모를 제공하면서 국제사회에서 일본의 역할을 충실히 실행하고 있어서 그에 따르는 명성과 신뢰를 쌓아 왔다는 것을 부인할 수는 없습니다.

6장

{ 호롱불 같은
일본 경제 }

1. 금융기관을 좀먹는 부실채권

| 부실채권, 왜 발생했나? 버블경기가 발생하면서 토지나 주식과 같은 자산 가격이 급등하자 많은 사람들은 앞으로도 자산 가격이 멈추지 않고 상승할 것이라는 부푼 기대를 품었습니다. 그 기대는 토지와 주식의 수요를 증가시켰고 그 결과는 거품으로 돌아와 기업 파산으로 이어지면서 일본 금융기관의 부실채권을 증폭시킨 근본적인 원인을 제공하게 됩니다.

1990년대 초 거품이 사라진 경기침체가 지속되면서 금융기관에서 대출받은 기업들이 원리금 상환이 힘들어지자 하나 둘씩 버블경기 때 구입했던 토지를 부동산시장에 내놓기 시작했습니다. 토지에 대한 공급, 즉 부동산 매물이 증가하였지만 수요가 없다 보니 당연히 수요 공급의 원칙에 의해 지가가 하락하겠지요.

문제는 하락한 토지도 구매자가 나타나지 않는다는 점입니다. 그러니 토지를 담보로 자금을 대출해 준 은행의 담보 가치가 하락하는 것은 당연한 결과이겠지요. 담보가치가 하락하자 원금마저 갚지 못하는 기업의 채권은 고스란히 부실채권으로 되돌아오면서 은행에 부담을 주었습니다.

부실채권을 떠안게 된 금융기관은 대출기업에 대해 금리감면 등의 구제조치를 취했으나, 불황이 지속되면서 기업수익이 더 이상 호전되지 않아 부실채권 액수만 확대되는 결과를 낳았습니다. 이렇게 되자 은행은 주가하락으로 인한 손실과 부실채권으로 인한 자기자본 감소로 은행 스스로가 부실화되는 상황에 직면하였습니다. 그런데도 안일하게 대처했던 대장성은 경기가 회복되면 부실채권 문제가 자연스럽게 해결될 것이라고 믿고 더 이상 적극적인 대처를 하지 않았습니다. 이것이 바로 일본 금융시스템이의 붕괴라는 결과를 초래한 과정입니다.

세계 최고의 시가총액을 자랑했던 도쿄증권거래소도 그 명성을 회복한다는 것이 그렇게 간단하지만은 않았어요. 증권수수료는 다른 나라에 비해 높았고 유가증권거래세도 지불해야 하는 상황에서 외자계 증권회사는 아시아의 거점을 일본에서 싱가포르시장으로 옮겨 갔습니다. 깜짝 놀란 일본 정부는 금융시장의 대개혁을 실시했던 영국의 금융개혁(big bang)이 일본에서도 반드시 필요하다는 절실함을 느꼈지요. 그래서 실시한 것이 바로 일본판 금융 빅뱅입니다.

하시모토정권(橋本龍太郎, 1996.1~1998.7)하에서 제기되었던 일본판 금융 빅뱅은 일본 대기업의 개혁에 대한 압력과 미국 금융업계로부터의 금융개방과 개혁 요구로 추진된 것입니다. 정부는 증권수수료의 완전자유화를 시작으로 다양한 규제와 관행에 대해서 개혁조치를

일본 경제 고민없이 읽기

실시하였습니다. 그 외 자산운용규제, 시가회계 도입, 금융상품의 규제 철폐 등 금융제도에서도 개혁을 추진해 나갔습니다.

또한 종합경제대책의 일환으로 총 16조 엔의 경기부양조치를 발표(1998년 4월)하면서 부실채권 정리방안을 제시하였고, 금융재생종합계획(1998년 7월)도 연이어 발표하였습니다. 지금까지의 종합경제대책은 부실채권을 처리하는데 중점을 두었으

대장성 개혁을 과감히 추진한
하시모토 류타로

나, 금융재생종합계획은 금융기관으로부터 부실채권을 강제 인수해 가교은행(bridge bank)과 정리회수은행 등을 통해 공적자금으로 손실을 보전해 주는 것이 목적입니다.

그런데 한번 생각해 보세요. 사실 이러한 은행들은 잘잘못을 엄격히 따져 경중에 따라 적당한 법적 처벌을 해야 마땅한 거 아닐까요? 그런데 처벌은 고사하고 오히려 국민세금으로 살려주다니…….

이를 위해 정부는 1998년 10월 정리회수기구(RCC: The Resolution and Collection Corporation)를 만들어 부실채권을 본격적으로 처리하기 위한 금융재생 프로그램을 추진했습니다. RCC는 예금보험기구가 전액 출자한 자회사로 금융기관이 보유하고 있는 부실채권을 사들여 관리, 회수하는 업무를 맡았지요.

문제는 2000년대 들어와서도 부실채권은 해결되지 못한 채 일본

경제의 최대 현안으로 떠오르면서 정부차원에서 부실채권 정리를 서두를 수밖에 없는 상황에 직면하였다는 점입니다. 대출감소와 부실채권 증대로 일본 은행의 수익성은 크게 나빠졌고, 특히 아시아 위기를 전후로 부실채권이 급증했지요. 2001년 대형은행의 부실채권 비중은 8.7%에 이르렀고 이에 따라 구조조정과 공적자금 투입이 불가피한 상황에 이르렀습니다.

일본 금융기관이 떠안고 있는 부실채권 명세표를 살펴보면, 2002년 3월 말 43조 엔, 여기에 신용금고와 신용조합 등 비은행권 금융기관까지 포함하면 52조 엔까지 증가하는데, 이는 총 대출금의 8.6%를 웃도는 규모입니다. 이에 따라 일본 정부는 부실채권을 정리하기 위해 1998년부터 2002년 2월에 이르기까지 약 60조 엔에 이르는 공적자금을 투입하여 부실채권을 처리하고 은행에 대한 자본주입을 실시하였지만, 대부분 도시은행만 살아남고 약소은행들은 합병하거나 폐쇄하였습니다.

그렇다면 부실채권은 왜 발생했는지부터 다시 한번 정리해 보도록 합시다. 은행의 전통적인 업무 중 하나는 융자입니다. 그런데 은행이 기업에 대출을 해 줄 때 신용과 기술력보다는 토지를 담보로 융자를 해 준 것이 문제였지요. 토지가 융자의 지렛대 역할을 한 것입니다.

당시 기업의 부동산 및 건설업과 관련된 융자액이 매년 20%를 웃도는 속도로 증가하였는데, 일본은 부동산 보유에 대한 세금 부담이 적었기 때문에 기업은 토지를 매입한 후 이를 활용하지 않고 있다가 가격이 상승하는 시점에서 매매차익을 노리고 팔아 버렸습니다.

일본 경제 고민없이 읽기

너도 나도 은행으로 몰려들어 손쉽게 자금을 대출받아 본래의 사업과 관련 없는 부동산과 주식에 투자하는데 혈안이 된 것이지요. 피땀흘리며 설비투자해서 벌어들이는 이익보다는 주식이나 부동산에 투자하여 단기간에 높은 수익을 얻을 수 있다는 기대감이 높았기 때문입니다. 이때가 바로 버블이 팽창하던 1980년대 후반입니다.

그렇다고 정부가 토지가격 상승을 방관한 것만은 아닙니다. 1987년 이후 토지가격이 뚜렷하게 급등한 지역에 대해 융자를 많이 해 준금융기관을 대상으로 심도 있는 특별청문회를 실시하여 문제점을 파악하였습니다만, 문제는 정부의 청문회가 일정부분에 대해서는 억제효과가 있었는지 몰라도 경제 전반적으로 토지관련 융자를 억제할만큼의 효력은 갖지 못했다는 겁니다.

결국 거품이 붕괴한 후 그 후유증이 고스란히 금융기관들에게 부실채권으로 되돌아오면서 금융기관이 파산하기 시작하였지요. 그러자 이번에는 살아남은 금융기관들이 기업에 대한 대출에 신중을 가하면서 실물경제가 위축되기 시작한 겁니다. 이로 인해 건전한 재무제표를 유지하고 있는 기업들 중에서도 금융권으로부터 융자를 받지못해 파산위기에 직면하면서 부실채권의 증가폭이 커지는 악순환이반복되었습니다. 이와 관련하여 조금 더 살펴보도록 합시다.

은행이탈과 가시시부리

왜 대기업뿐만 아니라 중소 · 중견기업, 그리고 비제조업 기업들까지도 부실채권 대열에 합류했던 걸까요? 대기업들의 은행이탈이 은행의 대출환경에 막대한 영향을 줄 것이라는 예상은 충분히 할 수 있습니다. 대

기업은 은행에서 대출받지 않아도 자금을 조달할 수 있는 다양한 루트를 활용할 줄 알거든요. 이렇게 대기업들이 은행에서 멀어져 가자 금융기관은 고객확보 차원에서 대출경쟁에 몰두할 수밖에 없었고, 그래서 부동산업체나 중소기업에 대한 대출에 주력하였습니다.

그런데 버블을 막기 위해 정부가 취했던 금융긴축정책과 부동산 관련 대출억제정책은 토지 및 부동산 등 자산 가치를 급격하게 하락시켰고, 주식시장도 급속히 폭락하면서 부실채권은 더욱 증가하였습니다. 이에 따라 1993년 3월 결산부터는 자기자본비율(BIS 기준)[49] 규제가 적용되었고 1998년에는 은행법을 개정하여 경영정보개시(disclosure)에 관한 규정을 개편하면서 자주적 개시에서 의무규정으로 바꿔 버렸습니다. 이제 금융기관은 BIS 국제규격에 맞추기 위해 기업으로부터 대출금을 회수하거나 또는 기업에 대한 가시시부리(貸し渋り), 즉 대출을 기피하게 된 것이지요.

금융기관의 가시시부리가 심해지자 대출이 어려운 중소기업들은 도산하기 시작하였고 이를 억제하기 위해 일본은행은 유동성 공급 확충책과 정부계 금융기관의 융자 · 보증제도를 확충하는 등 가시시부리 대책을 발표하기도 하였습니다. 그러나 자산 가격의 급락은 그 누구도 막지 못했습니다. 아니 막을 수 있는 상황이 아니었습니다. 금융기관들은 안정성을 도모하기 위해 대출에 신중을 가하였고 이러한 대출경색으로 인해 제조기업의 설비투자는 축소되는 양상을 보였

---

49 국제결제은행(BIS, Bank for International Settlements)은 1988년 7월 이후 은행들의 리스크에 대처하기 위해 은행의 자기자본비율을 규제했습니다. 우리나라는 1993년부터 은행의 자기자본비율이 8% 이하가 될 경우 정상적 경영활동이 불가능하다는 국제기준에 준거하여 경영합리화조치나 경영개선조치 등을 요구하고 있습니다.

일본 경제 고민없이 읽기

습니다.

　기업들은 설비투자에 필요한 자금조달에 어려움을 겪으면서 수익
구조가 악화되었고, 이는 다시 경기침체로 이어지면서 주식가격을
하락시켜 부실채권이 더욱 증가하는 악순환이 반복되었습니다.

　기업의 설비투자는 일본 경제의 동향을 분석할 때에 중요한 변수
로 사용하고 있습니다. 일본의 GDP 구성비를 보면 민간최종소비지
출이 GDP 전체의 약 60% 정도를 차지하지만, 대부분의 경제학자들
은 민간소비 동향보다도 15~20% 정도의 구성비를 차지하는 설비투
자에 주목하고 있습니다. 그 이유는 민간기업 설비투자의 변동폭이
심하고 이를 통해 경제상황을 예측할 수 있기 때문이지요. 결국 버블
경제를 지탱해 왔던 일본의 국내 소비 역시 급격하게 축소되는 상황
이 연출되면서 '잃어버린 10년'이 10년으로 끝나지 않게 된 겁니다.

2. 금융개혁의 전야제

다이와은행의 뉴욕지점 철퇴 1995년 11월, 다이와은행(大和銀行) 뉴욕 지점을 무대로 엄청난 금융사건이 발생하면서 일본사회는 큰 충격에 빠졌습니다. 다이와은행 뉴욕지점 책임자였던 이구치 도시히데(井口俊英, 1951~2019)라는 친구가 무단으로 미국채 부외거래를 하다가 약 11억 달러라는 엄청난 손실을 입혔습니다. 문제는 사건이 발각되기 전까지 약 11년에 걸쳐 이러한 사실을 조직적으로 은폐해 왔다는 것과, 대장성이 부정사건을 사전에 인지하고 있었음에도 불구하고 미 금융당국에 신속하게 전달하지 않았다는 거지요.

결국 일본의 금융행정에 대한 근본적인 불신감을 불러일으키면서 다이와은행에 대한 비난보다는 오히려 대장성으로 비난의 불씨가 옮겨 갔습니다. 미 금융당국은 다이와은행에 대해 미국에서 전면 철수하도록 명령을 내렸고, 이를 계기로 일본에서는 금융제도에 대한 개혁의 필요성을 절실히 느끼게 됩니다. 여담입니다만, 도시히데는 출

일본 경제 고민없이 읽기

감 후 『告白』(고백)이라는 자서전을 출판하고 전 세계를 돌아다니면서 자신의 실패를 돈벌이 삼아 평생 먹고 살기에 지장이 없을 만큼 강연하러 다녔다고 하네요. 자본주의 사회가 그렇습니다.

한편 1998년에는 금융기관에서 대장성과 일본은행을 상대로 한 접대의혹이 잇따라 드러나면서 관련자들이 도쿄지검에 체포되는 등 대장성의 재량행정(裁量行政)[50]은 사직 당국의 메스를 통해 거의 완전히 숨이 끊겼습니다. 장기간 자민당 일당지배체제가 강화되면서 관료 주도의 정(政)-관(官)-재(財) 이익구조의 유착이 심화되었고, 여기에 대장성의 권한이 가중되면서 금권정치(plutocracy)의 구조적인 부정부패가 드러난 것이지요.

버블붕괴 후 경기침체에서 벗어나지 못한 상황에서 부정부패가 드러나자 일본 국민들이 느끼는 패배감과 실망감은 더해만 갔습니다. 결국 1998년 대장성으로부터 금융행정을 분리시키는 작업을 실시한 결과, 대장성 설립 이후 132년 만인 2001년, 예산과 외환을 관리하는 재무성, 그리고 금융정책과 감독을 맡은 금융청으로 분리되는 과감한 개혁이 단행되었습니다.

3대 메가뱅크　　2001년 고이즈미 총리(小泉淳一郎)는 불황을 타개하고 경제성장을 달성하기 위해 '성역없는 개혁'을 추진합니다. 2004년 3월 노동자파견법이 개정되면서 비정규직 노

50　재량행정이란 제일선에 있는 관련 공무원이 행정과 관련한 개별 안건에 대해 관련 법령의 테두리 안에서 일정한 판단을 하는 것을 말합니다.

동자들이 급증하고 기업은 노동자해고에 유연하게 대처할 수 있도록 신자유주의 정책을 도입했습니다. 또한 부실채권문제를 처리하고 민간기업의 과잉 설비투자와 고용문제를 해결하기 위해 공적자금을 투입하여 도시은행들의 통폐합도 유도하였습니다.

1947년 미군정이 재벌 해체 과정에서 독점금지법을 만들어 금융지주회사를 금지하였지만, 1997년 은행 경쟁력 제고를 목적으로 독점금지법을 개정하면서 이제는 금융지주회사가 가능해졌습니다. 이를 계기로 출현한 3대 메가뱅크가 미즈호은행(みずほ銀行), 미츠이스미토모은행(三井住友銀行), 미츠비시UFJ은행(三菱東京UFJ銀行) 등입니다.

첫째, 미즈호은행입니다. 다이이치캉교은행(第一勧業銀行), 후지은행(富士銀行), 니혼코교은행(日本興業銀行) 등 3개 은행이 1999년 8월 합병을 전격 발표하면서 2002년에 탄생한 금융그룹입니다. 전신의 3개 은행은 모두 관동지방을 기반으로 성장한 은행들이어서 관서지방의 영업기반이 약한 편입니다. 그러나 다행히도 다이이치캉교은행(第一勧業銀行)의 전신이었던 일본권업은행(日本勧業銀行)이 전국 각지에 설립했던 농공은행(農工銀行)으로부터 사업양도를 받은 경위가 있어 메가뱅크 중 유일하게 도부현(道府県)의 현청소재지와 정령지정도시(政令指定都市)에 반드시 1개 이상의 점포를 갖고 있는 특징이 있지요.

둘째, 미츠이스미토모은행입니다. 2001년 4월 미츠이 그룹의 사쿠라은행(さくら銀行)과 스미토모그룹의 스미토모은행(住友銀行)이 합병해서 탄생했습니다. 영어로는 스미토모미츠이금융그룹(SMBC)이라고 합니다. 뭐 그런 거 있잖아요. 두 개를 합할 때 누구 이름을 먼저 쓰

느냐를 갖고 기싸움 하는, 그래서 일본어에서는 미츠이를, 영어에서는 스미토모를 앞에 쓰는 지혜를 발휘한 거지요. 일본식 화(和)의 전형적인 모습이라고나 할까요?

셋째, 미츠비시UFJ은행입니다. 1996년 4월 미츠비시은행(三菱銀行)과 도쿄은행(東京銀行)이 합병하여 도쿄미츠비시은행이 되고, 2001년에는 미츠비시신탁은행(三菱信託銀行), 일본신탁은행(日本信託銀行)과 합병하여 미츠비시도쿄금융그룹을 탄생시켰습니다. 이후 2005년 UFJ은행(산화은행(三和銀行)과 도카이은행(東海銀行)의 합병으로 탄생, 2001)을 합병하면서 일본에서 가장 규모가 큰 미츠비시UFJ금융그룹이 출현한 겁니다. 현재 수도권과 케이한신권(京阪神圈), 그리고 나고야권(名古屋圈)의 3대 도시권을 영업기반으로 하고 있고 미국의 유니언뱅크(Union Bank)를 자회사로 두는 등 국제 업무에 강한 은행입니다.

1990년대 초에 이미 일본은행은 자본금 또는 자산규모 면에서 세계 10대 은행 중 6개를 차지할 정도로 큰 규모를 갖고 있었지만, 당시 해외수익 비중은 미미할 정도였습니다. 아시죠? 버블 당시 토지를 담보로 이자놀이와 땅따먹기에 급급했던 은행이 해외영업에 관심을 돌릴 만한 유인(誘引)이 없었다는 것을. 그런데 이제는 구조조정이 어느 정도 마무리된 상태에서 경제 불황이 지속되고 있는 국내시장만을 대상으로 경영하기보다는 해외 영업을 적극 공격하는 전략을 추진해야 한다는 긴장감이 흐른 겁니다. 특히 일본 정부가 공적자금을 투입하여 구조조정을 추진하는 과정에서 해외진출과 관련해서는 3대 메가뱅크 중심으로 이루어지도록 유도한 것이 결과적으로 성공한 것이 아닌가 합니다.

3대 메가뱅크는 구조조정이 마무리되면서 본격적으로 국제화를 위해 달려갈 준비를 마련하였습니다. 일본 은행들의 부실채권 비율이 점점 하락하고 수익성은 상승하였는데, 그건 해외부문에서 약진했기 때문으로 분석하고 있습니다. 2005년 해외대출은 20조 엔 미만에 불과했지만 10여 년 만인 2014년에는 60조 엔에 육박할 정도로 비약적인 증가세를 보였거든요.

또 하나의 특징은 이자수익 중심에서 벗어나 수수료 수익 증가로 수익성 개선을 보여주고 있다는 점입니다. 특히 2008년 글로벌 금융위기 이후에는 기업 고객의 경우 신디케이티드론(syndicated loan) 주관 수수료, 유동화 관련 수수료 등 대출 업무 관련 수수료 수익비중이 늘어났구요. 개인 고객의 경우에는 연금과 방카 상품 등에서 판매 수수료를 확대하면서 수수료 수익이 발생했습니다.

은행의 수수료 수익은 담보가치 하락의 영향을 받지 않기 때문에 비교적 경기대응적인 수입원이어서 안정적이지요. 일본은행들의 수수료 수익비중은 25%에 달해 은행 내에서 투자증권 업무를 같이 하는 유럽계 은행을 제외하면 국제적으로도 꽤 높은 수준입니다.

대장성은 사라지고 재무성이 등극하다 2008년 1월 1일 이명박 대통령 당선인은 대통령직인수위원회 새해 시무식에서 "일본의 대장성 개혁에 감탄했다"고 언급해, 당시 모든 일간신문에서 우리나라도 일본의 대장성과 같은 개혁이 필요하다는 1면 기사를 내보냈던 기억이 납니다. 이 대통령의 발언으로 한국의 미디어는 '대장성 알아

■■■ 132년의 역사를 자랑해 온 대장성이 사라지고 재무성으로 바뀐 재무성청사(財務省庁舍) 현관입구

보기' 열풍을 불러일으켰고 연일 이웃나라 일본의 정치 및 경제 개혁 배우기에 대한 칼럼과 기사가 넘쳐났었지요.

사실 일본의 대장성은 1869년 나라의 곳간을 맡기 시작한 이래, 지금까지 도쿄대학 경제학과와 법학과 출신 동문회 집단이라고 할 만큼 관료 중의 관료로 대우받으면서 세상 무서운 줄 모르고 막강한 권력을 행사해 왔던 곳입니다.

우리나라의 기획재정부에 해당하는 일본의 대장성은 금융기관의 인허가권과 각종 규제방식에 대한 결정권, 그리고 금융기관의 불법적 행위에 대한 제재권한에 이르기까지 엄청난 권력을 갖고 있던 곳이었지요.

그뿐만이 아닙니다. 일본은행의 업무감독과 예산인가권, 게다가 일본은행장 및 이사의 인사권까지 소유하고 있었으니, 한 나라의 곳간을 통째로 쥐고 흔드는 막강한 권력집단이었다는 것이 거짓이 아니었음을 증명합니다. 금융기관들은 대장성과의 원만한 관계를 맺어야만 알게 모르게 다양한 혜택이 주어지기 때문에 관료들의 비위를 맞출 수밖에 없었고, 그럴수록 대장성 관료들은 하늘을 찌르고도 남을 권력에 스스로 도취되어 있었습니다.

대표적인 규제를 예로 들면, 토요타(TOYOTA)와 닛산(NISSAN)은 상용차를 만들고, 마즈다(Mazda)와 이스즈(ISUZU)는 특수차량을 만들도록 규제하는 겁니다. 이를 따르지 않는다는 것은 하룻강아지 범 무서운 줄 모르는 이야기, 결국 그 기업은 은행을 통한 자금조달에 어려움을 겪도록 제제를 당합니다. 하다못해 은행이 고객에게 주는 선물용 달력에까지 규제를 가할 정도로 간섭했다는 유명한 일화가 있을 정도였으니까요.

그렇다면 자민당은 왜 대장성과 손을 잡았을까요? 그건 자민당이 대장성으로부터 얼마만큼의 국가예산을 확보할 수 있을까에 관심을 갖고 있기 때문입니다. 왜냐하면 일본의 고도성장과정에서 대장성은 이익배분의 집행기구로 활용되었는데, 자민당 의원들이 필요한 예산을 받게 되면 그에 대한 대가로 대장성이 추진하고자 하는 법안을 국회에서 통과시켜주는, 한마디로 누이 좋고 매부 좋고, 도랑치고 가재잡고, 마당 쓸고 돈 줍고 뭐 이런 관계를 맺어 왔거든요. 이렇게 무소불위(無所不爲)의 힘을 가지고 있던 대장성을 해체한다고 하니, 관료집단의 조직이기주의로 인한 반발이 또 얼마나 심했겠습니까?

그런데 대장성이 권력을 남용하기 전까지는 나름대로 긍정적 평가도 있었습니다. 대장성은 강력한 금융 산업에 대한 규제권한을 바탕으로 소위 호송선단식 금융행정을 실시하면서 고도성장을 이끌어 온 주체였다고 할 수 있으니까요.

기본적으로 기반이 약한 금융기관도 도산하지 않도록 이자율 및 각종 금융규제 조치를 활용하고, 심각한 경영문제에 직면한 금융기관이 발생할 경우 가능하면 대형 금융기관의 도움을 받아 살아날 수 있도록 주선하거나, 최악의 경우 합병하도록 유도하여 전체적으로 금융 산업의 안정을 높이고자 했거든요. 그 결과 1955년부터 1994년까지 최소한 일본 땅에서 은행의 명백한 파산은 발생하지 않았지요. 그뿐만 아니라 외국계 은행을 제외한 새로운 은행이 시장에 진입하는 것도 허용하지 않았습니다.

대장성은, 그러나 국제화에 따른 금융환경이 변하는 과정을 지켜보고는 더 이상은 정부규제에 편승한 호송선단방식으로 금융 산업을 운영한다는 것이 어렵다고 판단하였습니다. 앞에서 말씀드린 것처럼 금융기관이 도미노 무너지듯 연속적으로 파산하고 다이와은행 사건과 대장성 관료들의 부정접대행위가 수면 위로 떠오르면서 이제 개혁은 피할 수 없는 현실로 다가왔다는 것을 깨달은 거지요.

그렇다면 왜 지금까지는 이런 사실을 인지하면서도 정부가 나서서 선뜻 개혁하지 못했던 걸까요? 그 이유는 개혁에 따른 문제점도 고려하지 않을 수 없기 때문입니다. 우선 개혁이 이뤄질 경우 성격이 다른 조직에서 일해 온 공무원들이 융화하는데 시간이 걸리겠지요. 새롭게 생겨나는 부처에 조직문화가 뿌리내리려면 상당 기간이 소요돼 그 전환비용(transaction cost)도 만만치 않을 겁니다. 이뿐만이 아니죠.

혹시 파킨슨의 법칙(Parkinson's Law)이라고 들어 보셨나요? 영국의 경제학자이자 사회비평가였던 파킨슨(C. N. Parkinson)은, 1935년 372명에 불과했던 영국 식민성(植民省)의 행정직원이 20여 년이 지난 1954년에 1661명으로 늘어난 이유가 궁금했습니다. 관리할 식민지는 크게 줄어들었는데 식민성 직원은 오히려 다섯 곱절이나 늘어났습니다. 이 모순된 현상을 어떻게 설명할 수 있을까요?

그 이유는, 공무원 수는 일의 양에 관계없이 상급 공무원으로 출세하기 위해 부하의 수를 늘릴 필요가 있다고 인식하기 때문에 일정한 비율로 증가하고, 지출 역시 수입만큼 증가한다는 것입니다. 일본의 유명한 경제 평론가인 오마에 겐이치(大前研一)도 '공무원 조직은 외압으로 파괴되기 전까지는 끊임없이 자기 증식을 추구하는 집단'이라고 비판했습니다. 정부조직이 커지면 국민혈세를 낭비하는 것은 말할 필요도 없겠지요. 관료사회가 규제를 만들어 내면서 거대한 이익집단이 되려는 관성의 법칙이 작용한다는 거죠.

또 다른 이유로, 일본에서는 전후 고도경제성장이 그냥 이루어진 것이 아니라 정치적인 측면과 제도적 장치의 밀접한 조화 덕분이었다고 믿는 사람들이 많았습니다. 다시 말해 일본 정부의 국가 주도적 경제정책이 없었다면 일본의 고도경제성장도 불가능했다는 뜻입니다. 그렇기 때문에 대장성의 부정부패라든가 권력 남용 등은 당연히 청산해야 하지만, 그렇다고 해서 대장성이 갖고 있는 본질적인 긍정적 역할마저 부정되는 것은 옳은 방법이 아니겠지요.

일본 경제 고민없이 읽기

3. 제로금리정책 이후의 변화

진짜 제로금리는 아니다 일본은행은 1995년 9월 이후부터 공정금리를 인하하기 시작하더니 98년 9월에는 0.25%까지 인하하였습니다. 초저금리를 유지하는 것은 상당한 이점이 있습니다. 우선 엔화약세를 유도해 수출기업의 가격경쟁력을 향상시켜 수출증대효과를 가져올 수 있고, 또 기업이 대출받은 금융비용 부담을 완화시켜 수익을 개선시키는 효과도 기대할 수 있거든요. 즉 금리를 제로수준까지 인하한다는 것은 단기적인 자금수요를 충족시킬 수 있도록 중앙은행이 자금을 충분히 공급한다는 것을 의미합니다. 이렇게 되면 금융시장의 유동성 부족에 대한 불안감은 크게 해소할 수 있겠지요. 또한 초저금리정책으로 금융기관의 자금조달 비용을 낮추어 주기 때문에 금융 중개활동을 촉진하는 효과도 나타날 것으로 기대하였습니다. 그러나 일본은행의 금리인하는 경기자극 효과보다는 부작용이 따를 것이라는 견해가 대두되었어요.

첫째, 은행은 융자를 해 준 기업이 도산할 경우 자금이 부실채권화 될지도 모른다는 두려움으로 대출을 기피하기 때문에 금융완화정책을 실시해도 효과가 없다고 보는 견해입니다.

둘째, 금리를 완화하면 예금자의 이자수입이 감소하기 때문에 금융소득이 줄어듭니다. 이 시기의 개인자산이 대략 1천조 엔 정도였는데, 단순히 계산해서 이자율이 1%만 내려가도 연간 10조 엔의 소득이 감소하니 그만큼 소비도 줄어들겠지요.

셋째, 경기대책과 엔고대책을 동시에 운용하는 것에는 무리가 따릅니다. 즉 1985년 플라자 합의 후 약 2년간 엔고가 진행되었을 때 이를 억제하기 위해 공정금리를 인하했는데, 그때에도 결과적으로는 엔고를 멈추게 하지 못했거든요. 공정금리를 인하하면 미국이나 유럽과 금리격차가 나기 때문에 엔화 하락을 유도할 수 있으리란 계산을 했습니다만, 엔화에 대한 신뢰도가 떨어지지 않는 이상 하락폭이 크지 않았던 겁니다.

그러나 경기침체 국면이 계속되자 1998년 4월과 11월에 각각 17조 엔, 24조 엔 등 두 차례에 걸친 사상 최대 규모의 경제회생정책을 추진하였습니다. 그런데 도대체 이렇게 엄청난 돈은 어디서 나온 걸까요? 대규모 국채를 발행하면 됩니다. 결국 1998년 10월 0.7%까지 하락했던 장기국채(만기10년) 수익률이 1999년 2월 초 2.6%까지 상승하였습니다.

일본은행은 이와 같은 장기금리의 상승이 기업의 투자나 민간

소비에 악영향을 미치고 엔화강세에 따른 수출경쟁력 약화로 이어져 경기침체를 초래할 것이라고 판단하면서 1999년 2월 일단 콜금리 목표를 0.25%에서 0.15%로 인하하였으며, 이후 0.02%까지 떨어트려 디플레이션 우려가 불식될 때까지 콜금리를 사실상 제로 퍼센트로 유지하겠다고 천명하였습니다. 즉, 1990년대 초반부터 시작된 불황이 장기 국면으로 빠져들자 근본적인 불황 타개책으로 내세운 것이 기업 및 금융구조조정 등을 실시하기보다는 저금리정책 및 재정확장을 선택한 것입니다. 그 결과가 바로 자본주의 역사상 전례가 없는 제로금리를 선언하여 장기금리 인하를 유도하는 정책을 취한 것이지요.

이후 2000년 8월 일본은행은 정부의 반대에도 불구하고 제로금리를 해제하였으나, IT 버블 붕괴 및 미국경제의 악화로 일본 경제가 여전히 침체국면을 빠져나오지 못하자 2001년 3월부터 다시 제로금리정책을 실시하였습니다. 2005년 후반에 들어와서야 일본 경제가 회복 국면에 진입하면서 일본은행은 5년 4개월 만인 2006년 7월 제로금리정책을 다시 해제하였습니다. 제로금리정책으로 경기가 살아난 것도 아니고 또 이제는 일본 경제가 제로금리를 해제해도 견딜 만큼 충분한 여건이 마련되었다고 판단했기 때문이지요. 또한 제로금리정책이 지속될 경우 과잉투자로 인한 경기과열과 인플레이션 및 버블 발생의 위험성이 있을 것이라는 우려도 있었습니다.

| 마도기와족과 캥거루족

이 당시 등장한 것이 바로 마도기와족(窓際族), 우리말로 창가족입니다. 일본의

고도경제성장 시대에 입사한 사원들이 중년을 넘길 즈음에 불황이 다가오자 회사가 사업규모를 축소하면서 잉여인원으로 전락해 버린 세대를 일컫는 단어이지요. 회사 입장에서는 종신고용제 때문에 함부로 그만두게 할 수도 없고, 일거리는 없는데 자리는 차지하고 있고, 그런데 어느덧 선임이 되어 본의 아니게 전망 좋은 창가 자리에 앉아 창밖을 내다보는 신세로 전락된 겁니다. 내일 당장 그만둔다고 해도 회사에 누를 끼치기보다는 오히려 고정비 삭감에 도움이 되는 처량한 신세를 빗댄 신조어이지요.

　기업 서열의 피라미드 구조상 마도기와족은 생길 수밖에 없는 구조일지도 모릅니다. 회사에서도 일이 없고 업무상 커뮤니케이션할 상대도 없어 괴롭지만, 그렇다고 처자식 내버려 두고 자존심만 내세워 사표를 쓸 용기도 없는 시대가 바로 이때였습니다.

■■■ 회사 내 따돌림을 당하는 마도기와족은 암묵적으로 퇴직을 강요당하고 있습니다.

　　　　　　　　　　　　일본 경제 고민없이 읽기

또 하나의 신조어는 '캥거루족'입니다. 어미 배에 붙어 있는 주머니에서 6개월에서 1년을 보내는 캥거루의 습성을 빗대어 만든 말로, 대학 졸업 후 취직할 나이가 되었는데도 부모에게 얹혀사는 젊은 세대를 말합니다. 취직을 했더라도 경제적으로 독립하지 못하고 부모에게 의존하는 자녀들도 캥거루족에 속하기는 마찬가지입니다.

최근에는 그 범위가 포괄적으로 확장되면서 결혼 후 주거비의 부담을 덜기 위해 부모와 함께 살거나, 더 나아가 중년층에서도 늙은 부모에게 신세지는 사람들까지 포함하는 '신(新)캥거루족'도 생겼습니다. 일본 총무성은 35~44세 연령대에서 부모와 동거하는 캥거루족이 300만 명에 가깝다고 발표하기도 했습니다.

90년대 부모에 얹혀 사는 미혼자 문제가 하나의 사회현상으로 나타나기 시작하면서 당시 '기생독신'(パラサイトシングル, parasite single)이라는 신조어도 생겼는데, 이 역시 결혼하지 않고 부모집에 눌러 앉아 자신의 수입은 취미생활에 소비하는 얄미운 싱글을 뜻합니다.

일본의 장기불황과 부모세대의 고령화가 진행된 1990년대에서 2010년대에 이르는 기간에 이러한 신조어는 빈곤 위험의 상징이 되어 버렸습니다. 이러한 차별용어가 급증한 이유는 당연히 취업이 어렵고 경제적으로 자립할 기회를 찾지 못했던 잃어버린 20년의 탓이었겠지요.

유니클로와 요시노야

경기불황의 여파는 소비 패턴에도 영향을 주었습니다. 백화점과 명품 브랜드 등의 고가제품 매출은 급감했지만, 저가 의류브랜드나 먹거리 매출은 오히려 증가했습니다. 일본의 명품거리인 도쿄 긴자(銀座)의 틈새로 중저가 의류 체인점들이 잇따라 진출하면서 가성비 좋은 '실속파 거리'로 탈바꿈한 것이 대표적입니다.

유니클로를 부자로 만든 유니클로의 다양한 티(유니클로 홈페이지)

　버블경제 붕괴 이후 장기간 지속되고 있는 불황 속에서도 성공을 거둔 일본의 대표 중저가 캐주얼 브랜드인 '유니클로'(ユニクロ)가 긴자점을 연 데 이어 미국의 중저가 의류업체인 '아베크롬비&피치'도 덩달아 가세했습니다.

　야나이 다다시(柳井正) 유니클로 회장은 티셔츠를 팔아서 일본 최고의 부자가 된 케이스인데, 1984년 부친이 운영하던 양복점 점원으로 시작해 30여 년 만에 매출 6천억 엔의 일본 대표기업으로 성장시켰습니다. 유니클로는 상품기획과 디자인은 도쿄와 뉴욕에서, 생산의 90% 이상은 중국에서 하는 글로벌 분업체제를 가동하고 있습니다. 경영 컨설턴트인 오마에 겐이치(大前研一)는 '유니클로야말로 새로운 가치를 찾아내 시장을 개척한 가치혁신(value innovation) 기업'이라고 평가했습니다.

　한국에도 2006년에 진출, 연 평균 60%가 넘는 매출 신장률을 기록하였는데요, 2019년 5월 현재 180개의 매장이 진출해 있다고 합니다. 제가 살고 있는 대전에만 7개가 있으니, 우리나라에는 왜 이런 세계적인 중저가 브랜드가 없을까, 아니 사촌이 땅을 산 것도 아닌데 갑자기 배가 슬슬 아파오네요.

일본 경제 고민없이 읽기

요시노야도 전형적인 불황 속 가격경쟁에서 승리한 규동(소고기덮밥)집입니다. 최근 우리나라 경제를 두고 일본식 장기불황과 닮았다는 분석이 자주 눈에 띄고 있습니다만, 자영업이 많은 한국에서 은퇴 후 김치찌개나 커피샵을 차리기보다는 요시노야처럼 서민들을 위한 '가격파괴 음식점'을 준비하면 어떨까요?

2018년 한국 여행객이 가장 많이 찾은 나라가 일본, 약 7백 50만 명이 방문했다고 하는데, 아마도 자유여행자들은 호주머니 생각해서 요시노야에서 270엔 또는 380엔짜리 소고기덮밥을 드셨을 가능성이 높습니다. 저 역시 가난한 유학시절이던 1990년대 말 2000년대 초반, 일본에서 불황의 그늘이 드리워져 있을 때 내 집 드나들듯이 다녔던 곳이 요시노야였습니다.

사실 가격을 파괴하기 위해서는 인건비를 줄이는 방법이 가장 빠르지요. 요시노야는 그래서 메뉴자판기를 설치하여 고객이 자판기에서 메뉴를 선택하고 쿠폰을 뽑아 종업원에게 건넨 후 음식을 받아 식사하는 제도를 만들었습니다. 지금은 마츠야(松屋)와 스키야(すき家) 등의 경쟁사가 생겨서 요시노야는 소고기덮밥 1위를 고수하기 힘들어진 상황입니다.

회전스시야도 먹거리산업의 가성비 전쟁에 뛰어들었습니다. 외식산업시장은 지속적으로 축소되고 있지만, 회전스시는 그 영향을 받지 않고 있습니다. 업계 1위인 '스시로'(スシロー), '쿠라스시'(くら寿司), 그리고 3위인 '캇파스시'(かっぱ寿司)가 대표적인 회전스시 전문점이지요. 이곳에서는 한 접시 당 100엔(세금포함)이라는 간편함뿐만 아니라 각 음식점들마다 특징을 살려 다양한 아이디어를 도입했습니다.

'스시로'는 손님에게 요리를 주문한 직후에 조리하겠다는 다짐을 내세워 재료의 신선함을 자랑하면서 2011년에 회전스시 일본 제1의 매출을 기록했습니다. 나아가 2011년 12월 한국에 진출, 2018년에는 대만에도 진출하였구요, 2019년 7월 기준 일본 국내 513개 점포, 한국 10개 점포, 대만에 2개 점포를 자랑하고 있습니다.

'쿠라스시'는 조미료를 사용하지 않는다는 점과 불에 살짝 구운 '아부리스시', 그리고 갓 튀겨낸 튀김 등 저가상품을 늘렸습니다. 지금은 스시 외에 햄버거도 같이 판매하는 등 영역을 넓혀가고 있으며 2019년 7월 기준 일본에 429개 점포, 미국 14개 점포, 그리고 대만에 9개 점포를 보유하고 있습니다.

'갓파스시'도 경쟁에서 뒤처지지 않기 위해 평이 좋았던 '런치 90'이란 상품을 '평일 24시간 90엔'으로 바꾸어 순위를 바짝 추격하고 있구요, 현재 일본 국내 328개 점포가 있습니다.

이렇게 일본의 경기불황을 타개하기 위한 부단한 노력이 지속되면서 TV나 신문에 자주 등장하는 단어도 생겼습니다. '게키야스'(激安), 우리말로 표현하자면 '염가' 정도가 되겠지요. 투어여행상품이나 식당메뉴, 혹은 저가상품 등을 엄청 싸게 판매할 때 사용하는 표현입니다만, 그만큼 경기가 어렵다는 상징적인 용어였습니다.

그 외 지갑이 얇아진 소비자들을 위한 가격파괴 업종으로 1995년 커트가 단돈 1천 엔에 샴푸서비스를 생략한 'QB House' 라는 저가 미용실(샴푸 대신 진공청소기 같은 것으로 두상에 대고 커트한 머리카락을 흡수하기 때문에 기분은 영 찜찜합니다만 저렴하니까 용서되지요)이 생겼습니다. 2019년 2월부터 1,200엔으로 올렸구요, 2019년 7월 현재 일본 국내

555점포, 해외 125점포(싱가
포르, 홍콩, 대만, 미국)를 보유
하고 있습니다. 100엔 샵도
이때 등장한 게키야스 상품
입니다.

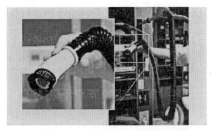

QB House의 헤어커트 후 머리카락을 빨아들이는
에어워셔 기계(QB House 홈페이지)

4. 일본식 고용시스템의 변화

비정규직 증가
일본의 장기불황의 원인으로 지목되고 있는 것
중의 하나가 고용시스템입니다. 전후 일본 경제
를 이끌어 온 주력산업은 철강, 조선, 기계, 석유, 화학, 토목 및 건설
등 이른바 중후 장대형 산업이었지만, 이러한 산업은 숙련노동의존
도가 높습니다. 그런데 일본은 메이지유신 이후 숙련노동자가 부족
한 상황에서 기업은 사내교육을 통해서라도 숙련공을 양성할 필요가
있었고, 따라서 신입사원을 채용하면 기술을 습득시킨 후 정년 때까
지 일할 수 있도록 하는 것이 기업 입장에서도 편리했습니다. 기껏
기술을 습득시켜 놨더니 타사로 이직이라도 하게 되면 죽 쒀서 남 주
는 꼴 되지 않겠습니까? 그러다 보니 자연스럽게 종신고용제도와 연
공서열제도가 일본 내에 정착하게 된 것이죠.

패전 이후 고도경제성장 시기에는 노동력을 확보하는 것이 중요
한 과제였기 때문에 기업으로서는 노동자에게 장기근속에 대한 인

센티브로 자녀교육이나 사택제공, 복지시설 등을 제공하는 합리적인 방법으로 일본식 고용제도를 당연한 듯 받아들였지요. 그런데 70년대 오일쇼크를 계기로 성장률이 저하되면서 종신고용, 연공서열을 지탱하는 기반에 동요가 일어나기 시작했습니다. 이것이 90년대 들어오면서 버블경제가 붕괴되고 불황이 장기화되자 기업은 더 이상 기존의 고용시스템을 고집할 수 없게 되었고, 오히려 일본식 고용제도가 거품경제를 형성하고 불황을 장기화시키는 요소로 지목받았습니다. 기업들은 이제 신규채용을 억제하고 조기희망퇴직을 실시하면서 임금수준이 낮은 비정규직 근로자를 고용하는 케이스가 증가하기 시작했습니다.

기업이 비정규직을 늘리는 이유는 간단해요. 인건비를 절약하고 생산량 변동에 따른 유연한 구조조정을 쉽게 하기 위함이지요. 1991년 버블경제가 무너지면서 일본이 장기불황에 진입하자 소비자물가는 감소하고 이는 기업의 고용에 직접적인 영향을 주면서 근로자의 임금을 절약하기 위한 목적으로 비정규직을 늘려 나갔습니다.

이때 등장한 것이 근로자파견법(1985년)입니다. 이 법이 통과되면서 파견근로가 합법화되었죠. 당시의 파견근로는 13개 전문업무에만 한정하였으나, 거품경제가 붕괴되기 시작한 90년대 초반부터 장기침체에 빠지게 된 기업들이 인건비 절약을 목적으로 비정규직에 해당하는 파견근로의 업무확대를 강하게 요구했습니다. 일본 정부는 1999년 근로자파견법을 개정하여 파견근로는 특정업종을 제외하고 원칙적으로 모든 업종에서 인정하기로 하였습니다. 이것이 비정규직이 늘어나는 결과를 초래한 원인이 되었지요.

이 법은 고이즈미 내각(2003년) 때 한 차례 더 개정하여 파견 대상 업무를 제조업에까지 확대하고 파견 기간을 1년에서 3년으로 연장하면서 기업 입장에서는 보다 탄력적인 고용이 가능하게 되었어요. 이때부터 파견 근로자가 빠르게 증가하였습니다.

2014년 3월에는 기업이 파견 근로자를 사용할 수 있는 기간의 상한마저 사실상 철폐하는 등 대폭적으로 규제를 완화하면서 비정규직이 증가하는 길을 터주게 됩니다. 지금까지는 비서와 통역 등 전문 26개 업무를 제외하고 3년을 넘겨 한 가지 업무를 파견근로자에 맡기는 것이 불가능했지만, 이제는 파견기간 제한을 철폐하고 파견사업주를 허가제로 일원화한 겁니다.

일본 통계국 조사에 따르면, 파트타임근로자, 아르바이트, 파견·촉탁 등의 비정규직이 전체 근로자에서 차지하는 비율이 1987년 17.5%였지만 1999년 28%, 그리고 2005년에는 33%, 2010년 35%, 2015년 38%, 그리고 2019년에는 40%까지 상승하였습니다. 한국 못지 않게 높은 비율이지요. 비정규직은 남성보다는 여성 근로자 비율이 높고, 그중에서도 특히 파트타임근로자가 전체 비정규직의 50%를 차지할 정도로 압도적으로 높습니다.

한편으로는 노동자가 자발적으로 비정규직을 선택하는 경향도 있긴 합니다. 근로시간을 자신의 사정에 따라 조절할 수 있다는 점, 그리고 전문직의 경우 비

일본 드라마 '파견의 품격'(2007)

일본 경제 고민없이 읽기

정규직으로 자유롭게 활동하는 것이 오히려 월급제보다 더 많은 수익을 창출할 수 있다는 점도 작용하겠지요. 일본 드라마 'ハケンの品格'(파견의 품격, 2007)[51]에서는 주인공 오오마에 하루코(大前春子)가 높은 수준의 임금을 받기 위해 자발적으로 정직원을 거부하고 특A급 파견사원이 되어 정시퇴근과 잔업 없는 조건으로 계약을 맺지만, 이는 소수의 전문직일뿐

일본 드라마 '파견의 품격'을 리메이크한 '직장의 신'(2013)

절대 다수는 정사원으로 취업하고 싶지 누가 비정규직을 선호하겠습니까?

| 종신고용제의 변화 | 일련의 과정에서 중도채용자 및 계약사원, 파견사원이 증가하면서 종신고용 관행도 약해지고 능력주의와 성과주의가 확산되면서 연공임금제도도 덩달아 수정하는 상황에 직면하였습니다. 성과주의 인사란 "능력이나 노력과 같은 투입(input)보다도 가시적인 산출(output, 성과)을 인사평가에

---

51 2013년 우리나라에서는 KBS에서 '직장의 신'(김혜수 주연)이란 제목으로 방영되기도 했었지요.

반영하여 평가 처우의 차이를 확대하고, 종업원의 노동의욕을 높이고자 하는 인사제도"로 정의합니다.

미국에서는 개인의 업적평가를 바탕으로 임금을 결정하기 위해 업적평가에는 목표관리(Management by Objective: MBO)를 이용합니다. 그런데 일본에서는 기본급은 그냥 놔둔 채 기업의 실적을 연계하여 성과급(performance-based pay)이나 실적급(results-based pay)을 주는 겁니다. 지금까지 일본의 인사노무관리가 관계중심, 연공임금 중심의 인사제도였다면 이제는 직무중심, 역할중심, 성과중심으로 이행하고 있다는 말입니다.

1993년 후지츠(富士通)에서 선구적으로 도입된 성과주의 임금은 1990년대 후반 다케다약품공업(武田薬品工業)이나 카오(花王)와 같은 선도 기업에서 본격적인 임금개혁으로 이어졌습니다. 2000년대 전반에는 대기업을 중심으로 경기침체가 장기화하는 가운데 인건비 삭감을 목표로 성과주의 임금이 매우 활발하게 도입되었습니다(山本紳也, 2006).

일본의 대표적인 기업인 마츠시타전기(松下電器)에서는 조기퇴직자 모집을 공고(2001)하면서 일본식 경영모델과 완전히 단절하는 듯이 보였고, 닛산도 브라질 태생의 기업전략가인 카를로스 곤(Carlos Ghon)에게 골치 아픈 회사경영을 떠넘기면서 종신고용제가 일본에서 사라지는 것은 아닌가 하는 우려 섞인 목소리가 나오기 시작했습니다. 그래서 성과주의를 도입하는 기업들도 덩달아 증가하는 모습을 보였구요.

그런데 일본의 정사원에 대한 임금 결정은 직능급(능력에 따른 임금)

일본 경제 고민없이 읽기

과 연공급(근속연수가 증가하면 임금도 증가하는) 등 근로자 개인을 평가하는 기준에 의해 결정되어 왔기 때문에 동일노동 동일임금을 실시하기 어려운 점이 있습니다. 그래서 츠치다(2016)는 일본의 종합직 정사원의 경우에는 유럽과 같이 직무가 명확히 구분되어 있지 않고 다양한 직무에 종사해야 하기 때문에 전제가 되는 정규직 및 비정규직 간의 '동일노동=직무의 동일성'을 판정하는 것 자체가 곤란하다고 문제점을 제시했지요.

일본 기업들은 노동과 직무만으로 임금을 결정하지 않고 연공임금체계를 기반으로 구축되어 있어서 성과주의가 도입되어도 여전히 연령과 근속연수, 학력과 능력, 그리고 책임과 구속성 등 다양한 요소에 의해 임금을 결정하고 있습니다. 그래서 정규직과 비정규직 간에 동일임금을 적용하기 어렵다는 평계를 대고 있어요.

또한 일본기업들 사이에서 서구형 성과주의제도에 따른 연봉제 등의 무용론(無用論)도 확산되었습니다. 사원들의 근로의욕을 고취하기 위해 1990년대 초부터 기업들이 본격적으로 도입한 성과주의가, 오히려 사원들의 사기를 꺾고 조직을 와해시키는 등 부작용이 많다는 판단에서입니다. 실제로 오늘날 일본에서 연봉제를 적용하는 기업은 5%에도 미치지 않습니다. 우리나라의 경우 1997년 IMF 이전까지만 해도 연봉제는 1.6%에 불과했는데, IMF를 계기로 지속적으로 연봉제를 도입하면서 오늘날 70%에 육박하는 임금체계로 빠르게 자리잡았습니다. 일본과는 상당히 대조적이지요.

종신고용제와 같은 일본식경영을 고집해 온 토요타(TOYOTA), 캐논(Canon) 등이 그렇고, 호야(HOYA), 신니테츠(新日鉄), 혼다(Honda) 등 우수한 일본 대기업들도 일본식경영에 대한 관심이 높아지고 있는 분위기입니다.

캐논의 경우는 2001년 연공서열
제가 아닌 목표관리제도를 도입하였
는데, 이는 직급을 폐지하는 대신 일
의 성과에 따라 연봉을 결정하겠다
는 방식이지만, 종신고용은 철저히
지키겠다는 뜻입니다. 경영자의 이
러한 약속이 사원들의 불안감을 불
식시켜 오히려 안정된 경영을 할 수
있다는 점을 강조한 겁니다. 캐논의
사장 미타라이 후지오(御手洗富士夫,

일본식 고용제도를 옹호하는 캐논의
미타라이 후지오 회장

1935~)는 일본식 종신고용에 대해 다음과 같이 언급하였습니다.

'회사경영에는 두 가지 측면이 있습니다. 제품개발이나 재무전략은 보
편적이지만 고용관행은 나라마다 문화가 다르기 때문에 차이가 있습니
다. 진출한 국가에서 직원을 고용할 때에는 그 나라의 문화를 존중해야
합니다. 그런 점에서 일본에서 존중해야 할 분야는 종신고용제이지요.
종신고용제의 장점은 한 사람, 한 사람이 생애를 걸고 경영방침이나 기
업풍토를 이해해 주는 것입니다. 스스로 '브랜드를 지키자', '단결해서
위기에 맞서자'고 하는 애사정신도 생깁니다. 이 고용관행은 일본의 풍
토에 맞을뿐더러 글로벌 시장에서 살아남는 데 귀중한 경쟁우위요소라
고 생각합니다.'

-제임스 아베글렌, 2007.

일본 경제 고민없이 읽기

토요타자동차의 오쿠다 히로시(奥田碩) 전회장도 종신고용제를 옹호하고 나섰습니다.

'사원을 자르느니 차라리 내 목을 치는 게 낫다.'

물론 이와 같은 사례가 일반적이라고 말할 수는 없지만, 전반적으로 볼 때 미국식 자유주의 모델보다는 일본식 모델이 일본에는 더 잘 먹혀들 것이라는 점은 설득력을 갖고 있습니다.

오쿠다이즘이 토요타를 바꿨다고 소개한 책(日本経済新聞社, 2005)

2015년부터 경기회복이 눈에 띄기 시작한 일본은 2018년 실업률이 2.5%여서 사실상 완전고용상태나 마찬가지입니다. 1993년 버블이 무너지기 시작한 이래 최저치로 떨어진 거지요. 유효구인배율(구인자 수를 구직자 수로 나눈 수치)은 1.6, 즉 구직자 1명당 1.6개의 일자리를 선택할 수 있을 만큼 일자리가 풍부해졌습니다.[52]

그래서 일본에서는 오와하라(おわハラ)라는 신조어까지 생겼다지 뭡니까? 오와레(おわれ), 끝내라는 단어와 일본식 발음인 하라스먼트(harassment)의 합성어입니다. 우리 회사에 내정되어 있는데 왜 다른 곳을 기웃거리냐는 거지요. 신규 구직자가 여러 군데 복수로 취업에

---

52 일본의 대졸자 취업률은 또 어떤가요? 2019년 98%를 기록하면서 사실상 완전 고용을 달성했다고 보고 있습니다. 참고로 우리나라는 62% 전후에 머물러 있으며 청년층 (15~29세)의 체감 실업률은 25%에 육박합니다.

합격하니까 막판에 다른 곳에 갈까봐 당황한 기업이 이제 구직활동을 더 이상 하지 말고 끝내라(おわ)고 괴롭히는(ハラ) 것 입니다.

우리나라가 비정규직을 뽑으면서도 스팩을 보거나 알량한 최저임금을 주면서 지원한 동기나 종교관까지 물어보는 상황과 비교해 보면 일본의 '오와하라'는 딴 세상 이야기로만 들립니다.

그러나 한편으로는 일본이 이미 초고령사회라서 젊은 청년들을 수입하는 나라로 전락하다 보니 일자리가 심각하게 남아 있어 자국 청년들이 완전 고용되는 건 아닐까 하는 생각도 듭니다. 그래서 지금의 현상이 저출산·초고령이라는 인구구조 때문이지 결코 경제회복 때문이 아니라는 비아냥도 있습니다만...

한국에서는 '너 말고 일할 사람 많아'라고 '갑'인 기업이 청년 취업자들을 기죽이고 있지만, 일본에서는 청년들이 '이 회사 말고 갈 회사 많아'가 유행한다니, 참 부럽습니다.

5. 저출산·고령화 정책의 변화

저출산 문제 쇼시다켄카(小子多犬化)란 말이 있습니다. 한자를 아시는 분들은 짐작하셨겠지만, 원래 소자고령화(小子高齡化) 현상을 일본의 애완동물 관련 비즈니스 과열현상에 빗대어 '아이는 적고 강아지는 많다'고 꼬집은 표현입니다.

저출산 문제는 일본뿐만 아니라 우리나라에서도 동일한 사회적 이슈로 부각되고 있습니다. 젊은 노동인구 감소와 노령인구 증가에 따른 사회 전체의 의료비 및 연금 등 사회보장 관련 비용의 부담, 그리고 농업후계자의 부족현상과도 직결되기 때문에 국가부도까지 염려하는 학자도 있습니다.

우선 일본의 저출산 현실을 살펴보도록 하겠습니다. 1989년 일본이 전후 최저 수준의 출생률 1.57을 기록하면서 '1.57쇼크'란 신생어가 등장하였어요. 2005년 합계출산율이 1.26명으로까지 낮아진 후 매년 약간씩 높아져 2011년에 1.64명까지 늘었으나, 출생아 수는 지속적으로 줄어들고 있습니다.[53] 2017년 출생아 수가 99만 7000명으로 100만 명 선이 무너진 이후 2019년에도 100만 명에 미치지 못할 것으로 일본 정부는 전망하고 있습니다. 이제는 인구 유지에 필요한 출생률 2.07은 앞으로도 불가능하지 않을까 합니다. 지금과 같은 합계출산율이라면 500년 뒤에는 겨우 10만 명 수준이 될 것이라고 하니, 이 정도는 거의 조몬시대(繩文時代)의 인구 정도에 불과하지요.

인구감소가 현실로 다가오면서 문을 닫는 가게나 주유소도 급증하고 있습니다. 일본의 주유소는 1994년 6만여 개소나 있었지만, 2019년 현재 3만 7천여 개로 줄어들었다고 합니다. 자동차를 이용하는 젊은 층이 감소하니까 주유소가 적자를 견디지 못한 탓이죠. 1995년을 전후로 일본에서는 생산가능인구(15~64세)도 줄어들기 시작하였어요. 게다가 세계 최고의 고령화가 진행된 일본의 사정을 감안하면 생산가능인구 4명이 노인 1명을 지원해야 하는 지경에 이른 겁니다.

그래서 일본 정부는 저출산으로 인한 인구감소를 '유사 이래의 재난사태'로 규정하고 출산장려 및 육아대책에 총력전을 기울였습니다. 그리고 고육책으로 제시한 것이 1994년 12월 엔젤플랜을 시작으로 고이즈미 정권 때인 2004년에 '소자화사회 기본대책법'을 통과시켜 아이 낳는 일을 국민의 의무로 제정하기도 하고, 2006년에는 '출산 무료화 제도'를 통해 출산비용을 전액 국가가 부담하는 제도를 시행하고 있습니다. 아울러 2015년 4월 총리실 내에 자녀 육아본부를

---

53 참고로 2018년 우리나라의 합계출산율은 0.98명으로 급락하면서 OECD 국가 가운데 최저수준을 기록했습니다. 신생아 수는 32만 6천 명으로 통계작성이 시작된 1970년 이후 최저치로, 일본의 3분의 1 수준에 불과합니다.

신설하였습니다.

　그러나 저출산은 단기간에 해결할 수 있는 문제가 아니며, 이러한 정책이 효율성은 있을까 하는 의문도 듭니다. 자녀양육비, 교육비부담, 출산으로 인한 소득감소 등이야 경제적 지원을 확대하면 어느 정도 해결 가능한 것이지만, 여성들이 몸매관리 차원에서, 혹은 결혼으로 인한 직장 차별 때문에 아이를 갖지 않는 것은 다른 차원의 문제이거든요. 또한 여성들이 사회진출을 할 경우 초혼 연령이 늦어지고, 혼자 사는 것도 행복한데 굳이 결혼할 필요가 있나 하는, 배우자의 존재여부에 대한 가치관이 변하면서 독신으로 살고자 하는 여성들도 증가하고 있습니다.

　그래서 아베정부는 '우머노믹스'(Womenomics)를 아베노믹스의 핵심과제로 설정했습니다.[54] 정부나 기업에서 2020년까지 여성 리더를 30%까지 확대하겠다는 게 주요 목표입니다.

　우머노믹스 신성장전략은 다음과 같습니다. 첫째, 2020년까지 취학전·취학적령기의 잠재수요를 포함한 대기아동 문제를 해결한다. 둘째, 2020년까지 25~44세의 여성 취업률을 73%까지 끌어 올린다. 셋째, 2020년까지 첫째아이 출산 전후의 여성 계속취업율을 55%까지 끌어 올린다. 넷째, 2020년까지 남성의 육아휴업취득률을 13%까지 끌어올린다 등입니다. 이러한 목표를 달성하기 위해 2015년 8월 28일 국회에서는 '여성의 직업생활에 있어서 활약 추진에 관한 법률'(여성활약추진법)을 제정하였습니다.

54　아베총리는 2014년 1월 22일, 스위스 다보스에서 개최된 세계경제포럼 모두연설에서 여성이 활동할 수 있는 사회를 실현하도록 국가와 정부가 총력을 기울이겠다고 선언했습니다.

중요한 점은 여성이 취업을 하도록 하기 위해서는 돈을 쏟아 붓거나 복지 위주의 정책보다는 여성이 아이를 낳아도 삶의 질을 떨어뜨리지 않도록 하는 것이 중요하겠지요.

단카이 세대와 고령화 대책

일본은 세계에서 고령화가 가장 심화된 국가입니다. 1970년 고령인구 비율이 7.1%로 고령화 사회에 진입했고, 1994년 14%를 넘어서면서 고령사회가 되었으며, 2004년에는 전 세계에서 가장 먼저 초고령사회(65세 이상 인구가 20% 이상)에 진입한 국가가 되었죠. 2019년 기준 28%까지 오르면서 3명 중 1명이 노인인 국가가 되었구요. 이대로 가다간 향후 2060년에는 고령인구비율이 40%에 이를 것으로 전망하고 있습니다.

여기에 단카이 세대(団塊の世代)까지 합류하다 보니 고령사회가 경제 회복의 최대 난문제로 집중된 겁니다. 단카이 세대란 전후 1947~49년에 태어난 베이비붐 세대이면서 고도경제성장의 주역으로 평가받아 온 세대로, 이들이 2007년부터 60세 정년을 맞이하면서 본격적으로 퇴직을 시작하였습니다.

그런데 680여만 명에 이르는 단카이 세대에 대한 연금급부가 현역세대에게 큰 부담으로 다가오면서 젊은 세대의 취업 의욕을 저하시키고, 아르바이트로만 생활하는 프리터(freeter)가 생겨났습니다. 일본 경제 성장의 주역이자 숙련 기술자였던 단카이 세대의 대량 퇴직의 빈 공간을 채우기 위해서라도 새로운 인력이 필요했지만, 그게 그렇게 쉽지만은 않은 상황입니다. 그러다보니 고령자들의 퇴직 시기를 늦추는 방향을 선호하거나 또는 이미 퇴직한 직원들을 재고용하는 방안도 활성화되고 있습니다.

정년 폐지나 계속 고용 등의 제도가 바로 그런 겁니다. 2007년 단카이 세대의 대량퇴직을 우려한 일본 정부는 근로자의 정년을 60세에서 65세로 연장하도록 고령자고용법을 개정하였는데, 이로써 계속 고용이 성공적으로 안착하였다는 평가를 받았습니다. 고용의무화 연령도 2013년에는 61세, 2016년 62세, 2019년 63세, 2022년 64세, 그리고 2025년에는 65세로 하였습니다.

그러나 인구감소사회에서 새로운 성장을 위해 아시아로부터 노동력을 제공받아야 한다는 여론도 수그러들지 않습니다. 그래서 아베 정권은 특정국가 출신의 외국인 노동자를 유인하기 위한 정책을 펼치기 시작했습니다. 순혈주의를 추구해 왔던 일본이 이민정책을 받아들이고자 하는 이유는 아베노믹스로 일본 경제가 활성화 되는 분위기에서 노동력 인구 감소로 일본의 잠재성장력이 저하될까에 대한 두려움 때문이지요.

잠재성장력은 자본투입, 노동투입, 생상성 향상에 의해 결정되는데, 노동력이 감소하면 자본투입과 생산성이 동시에 감소할 가능성이 높아지거든요. 그러면 국가 경제에 타격을 입게 되잖아요. 그래서 이제 일본에서의 이민정책은 임기응변식이 아니라 생존이 걸려 있는 이슈로 떠오르게 된 겁니다.

문제는 이민 노동력 유입이 일본국민의 복지를 향상시킬 수 있다는 여론이 형성되어 있지 않다는 거예요. 그리고 기본적으로 외국인 이민자들이, 특히 동남아 이민자들이 일본사회의 일부분이라는 인식은 턱없이 부족합니다. 이제 일본이 해야 할 일은 아시아로부터 인적 자본을 받아들이는 것이 경제 활성화와 발전으로 이어질 수 있다는 여론을 만드는 것이 급선무일 수도 있습니다.

실버산업　　　일본은행 자금순환통계에 따르면 일본의 가계금융
자산은 2018년 기준 대략 1천 8백 50조 엔 정도로,
이는 한국의 열 배 정도 수준에 해당됩니다. 이 많은 돈이 소비시장
과 국채유통시장에서 돌고 돌아 세계 제2위의 경제대국을 지탱하는
힘이 된다고 합니다. 그런데 이 가운데 60세 이상 노인세대가 갖고
있는 자산이 무려 1천 2백조 엔 정도라고 하네요. 대략 계산해 보면
일본 전체 가계자산의 약 75%를 점유한 셈입니다.

실버산업은 일찍이 고령사회에 돌입한 일본에서 백발을 실버헤어
(silver hair)로 부르면서 퍼져 나간 말입니다만, 우리나라는 2005년 '고
령화 및 미래사회위원회'가 발족하면서 실버산업을 '고령친화사업'으
로 부르고 있습니다.

일본의 실버산업은 2000년 고령자를 위한 개호보험을 도입하면
서 발전하는 계기가 되었습니다. 개호보험에 가입한 노인 환자들에
게 제공하는 각종 의료 및 복지서비스를 민간 서비스업자를 활용하
면서 실버타운을 개설하거나 실버산업과 관련된 아이템을 상품화 한
겁니다.

조금 더 구체적으로 말씀드리면, 현재 일본의 실버산업은 약 70
조 엔 대의 거대시장으로 성장하고 있으며, 주거분야, 개호서비스,
개호용품 및 금융산업의 유형으로 나뉘어 각각 발전하고 있습니다.
주거 관련 분야로는 유료 노인홈, 케어를 제공하는 분양형 맨션, 노
인아파트, 노인쇼핑센터 등이 개발되었으며, 개호서비스로는 가정봉
사원 파견제도, 입욕 및 급식 서비스 등이 있고, 개호용품으로는 실

버용 기저귀, 휠체어, 수평이동장치 등이 활발하게 개발되고 있습니다. 금융분야 역시 마찬가지입니다. 노후자금마련의 형식을 빌린 상품과 보험, 개인연금, 그리고 유료 노인홈 보증제도 등의 상품이 기다리고 있습니다. 이것이 현재 일본이 전 세계 실버산업을 이끌고 가는 근간이라고 할 수 있습니다.

지금 일본에서는 애완동물사업이나 평생교육대학원이 유행하고 있구요, 또 외로운 노인들을 위해 손자나 손녀 역할을 대신 해 주는 사업이 블루오션 영역에 속해 번창하고 있다고 합니다. '슬픈' 블루오션이긴 합니다만, 장례사업이나 실버세대의 주택 리폼사업 등도 황금알을 낳는 실버산업으로 각광받고 있습니다.

일본의 65세 이상 인구는 2019년 6월 현재 약 3천 5백여만 명으로, 이들의 연평균소득은 약 300만 엔(한화 약 3,100만 원) 정도이고 소득의 절반 이상은 공적연금과 기타연금으로 구성되어 있습니다. 고령자들이 가장 큰 구매력을 가진 연령대로 인식할 수밖에 없겠지요. 저출산으로 젊은 계층의 구매력은 감소되고 있지만 고령자의 경제활동은 지속적으로 증가하고 있기 때문에, 비즈니스 감각이 있는 친구라면 고령자 대상 사업을 구상하는 것도 괜찮을 겁니다. 틈새시장(niche marketing)을 파고들어 대박날 수도 있으니까요.

7장

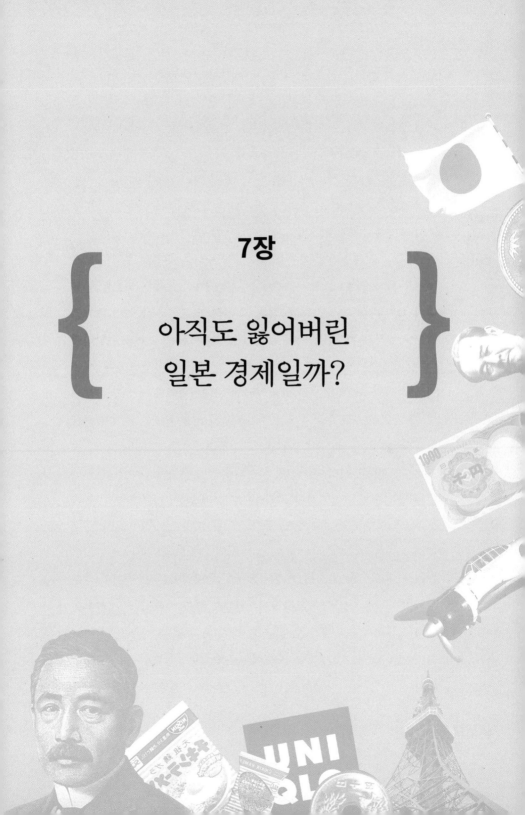

{ 아직도 잃어버린
일본 경제일까? }

1. 일본시장의 특징

일본시장의 특징　　일본시장에 진출하는 많은 해외 기업들이 성과를 얻지 못한 채 포기하고 떠나는 이유는, 폐쇄적인 일본시장도 문제지만 일본의 독특한 비즈니스모델에 관한 스터디를 제대로 하지 않았기 때문인 것도 있습니다. 이 말을 뒤집어 보면 일본시장의 특징을 제대로 이해한 후에 진출한다면 성공할 수도 있다는 거지요. 그런 점에서 일본시장의 특징을 살펴보는 것은 의미 있는 작업이 될 것입니다. 저는 그 특징을 크게 네 가지 정도로 구분해 보았습니다.

첫째, 일본에서는 고객과의 장기적인 신뢰 관계를 무엇보다 중요하게 여깁니다. 일본의 영업 담당자들은 '제품을 팔지 말고 신용을 팔아라', 혹은 '제품이 아닌 인간성을 팔아라'라는 문장을 자주 쓸 정도로 고객과의 장기적인 신뢰관계에 의미를 부여합니다. 그래서 서구의 거래적 판매(Transaction Selling)와 비교하여 일본시장을 관계적 판매(Relationship Selling)로 구분하기도 하지요.

'영업은 전쟁이다.'
'영업에서 제일 중요한 것은 근성이다.'
'기합이 모자라니 좀 더 기합을 넣을 필요가 있다.'

이런 표현을 보면 영업에서도 철저히 일본식 정신론을 강조한다는 것을 알 수 있습니다. 그뿐만이 아닙니다. 영업 담당자들은 주말에 고객과 함께 마작이나 골프를 하면서 의도적으로 돈을 잃어주기도 하고, 고객이 이사할 때나 가족 결혼식에 참여하여 얼굴을 익히는 적극성을 보이기도 합니다. 즉 일본에서의 영업이란 단순히 제품을 판매하는 정도가 아니라 고객이 부채의식을 갖도록 하여 언젠가는 제품을 구매하도록 관계를 맺는 과정이 포함됩니다.

그런데 여기에는 나름대로 이유가 있습니다. 일본은 섬나라여서 전통적으로 집단의식이 강하기 때문에 집단 내부에서는 안정감을 유지하지만, 새로운 인간관계를 맺는 것에 대해서는 극히 어려워하고 불안하게 여기는 성향이 강합니다. 일본인들의 친절함이야 세계적으로도 으뜸이지만, 이는 친절함일 뿐 새로운 관계를 맺으려는 것과는 별개의 개념이거든요.

이들은 이미 형성된 인간관계를 더 소중히 여기는 경향이 크기 때문에, 새로운 거래를 개설하기 위해서는 상당한 노력이 필요합니다. 수시로 자사 기업의 미래가치와 안정성 등을 확인시키는 것만큼, 거래처의 길흉화복에도 세심한 관심을 기울이면서 계속적인 접촉을 유

■■■■ 사무실이 몰려 있는 도쿄 신바시역(新橋駅) 주변

지해야겠지요. 사실 일시적으로 손해를 입더라도 장기적인 관점에서
튼튼한 인간관계를 형성해 가는 것은 일본에만 국한되는 게 아니라
어느 나라에서든 중요한 요소일 것입니다. 이러한 영업 스타일은 옳
고 그름의 문제가 아닙니다. 개인적인 시간까지 희생해 가며 고객에
게 봉사할 자신이 있다면 일본시장에서 충분한 경쟁력을 갖출 수 있
지 않을까요?

    둘째, 일본 소비자들의 구매형태를 살펴볼 필요가 있습니다.
    일반적인 소비자들은 당연히 품질 좋고 가격은 저렴한 상품을 선
호하지만, 일본 소비자들은 이 점에 있어서 상당히 세부적이고 까다
롭기로 유명합니다. 우리는 '공짜라면 양잿물도 마신다'라고 하지만,
일본에서는 '공짜보다 비싼 건 없다'(ただより高いものはない)라는 문화가
남아 있어서 무조건 싸게 파는 것이 좋은 전략은 아니라는 점을 기억
해야 합니다.

1. 일본시장의 특징   307

생활수준이 향상되면서 소비가 고급화, 고액화되다 보니 소비자들끼리 장기간에 걸쳐 여러 상품을 서로 비교해 보는 꼼꼼함과 상품에 대한 견고성, 안정성, 신선함 등에 대한 품질 요구가 매우 까다롭습니다. 대부분의 일본 소비자들은 제품을 구매하기 전에 벌써 브랜드에 따른 품질, 가격, 평판 등을 숙지하고 있을 뿐만 아니라 상품의 브랜드 자체를 매우 중시하거든요.

따라서 일본시장에 진출하기 위해서는 장기적 관점에서 품질의 고급화를 추구하면서 꾸준한 광고 활동을 통해 브랜드를 노출시키는 것이 중요합니다. 그러나 아무리 강조해도 지나치지 않는 것은 고객과 장기적인 신뢰관계를 맺더라도 고객이 원하지 않는 제품은 결국 팔리지 않는다는 점을 명심하여 고객의 요구와 불만이 무엇인지, 그리고 니즈가 어떻게 바뀌고 있는지를 정확히 파악하여 재빨리 제품기획과 생산과정에 반영하는 과정이 필요하겠지요.

셋째, 일본의 유통구조를 잘 살펴봐야 합니다.

일본은 전후 고도경제성장 과정에서 유통기능과 서비스는 경제력에 걸맞게 발전해 왔지만, 유통구조는 여전히 낙후성을 면치 못해 외국기업들이 일본시장에 진출하기 까다로운 진입장벽으로 인식되어 왔습니다. 물론 일본도 글로벌화에 빠르게 노출되면서 진입장벽 제거, 가격파괴, 유통구조 혁신 등으로 큰 변화를 맞이하고는 있습니다만, 이것이 전부는 아니겠지요.

일본은 우선 길고 복잡한 유통구조를 갖고 있습니다. 그건 최초 생산자와 최종소비자 사이에 존재하는 유통업자의 수가 많다는 것을 뜻합니다. 이는 일본 정부가 전통적으로 제조업 위주의 산업정책을 실시한 역사에서 그 이유를 찾아볼 수 있습니다. 제2차 세계대전 이후 고도성장과정에서 산업경쟁력과 제조 기술 향상에만 주로 신경을 쓰다 보니 상대적으로 유통분야는 소홀했던 거지요.

또 다른 이유는 다수의 중소규모 기업들이 직거래보다는 중간 도매상을 거치는 것이 거래상의 위험부담이나 유통비용을 줄일 수 있다고 판단한 겁니다. 제조업자에서 소매업자에게 제품이 전달되기까지의 과정을 살펴보면, 대략 1차 도매상은 제조업자로부터 상품을 구입한 후 이를 2차 도매상(중간도매상)에 판매하고, 2차 도매상은 다시 최종단계인 3차 도매상에게 판매하는 구조로 되어 있지만, 그렇다고 유통단계에 등장하는 도매상들 모두가 상품을 취급하는 것은 아니에요. 중간도매상은 서류상 등장할 뿐이고 실제 상품수송은 제조업자로부터 지방의 최종도매상에게 직접 배달되거든요.

이렇게 여러 경로를 거쳐 소비자들에게 상품이 전달되는 과정에서 유통마진이 발생하고, 이는 결국 가격에 반영되겠지요. 일본 물가가 세계 어느 나라보다 높게 형성되어 있는 이유가 바로 이러한 다단계적인 유통구조 때문입니다.

넷째, 일본기업의 독특한 판촉활동을 이해해야 합니다.

판촉이란 소비자에게 자사제품을 구매하도록 설득하는 활동인데, 일본의 판촉은 조금 특이한 면이 있습니다. 예를 들어 미국 기업의 경우 가격을 할인하여 재고를 없애는 가격판촉이 대부분인데 비해 일본 소비자들은 가격에 그다지 민감하지 않기 때문에 이러한 미국식 전략보다는 비가격판촉을 선호하는 경향이 있습니다.

조금 쉽게 설명해 볼게요. 여러분 혹시 동경의 아키하바라(秋葉原)

또는 신주쿠(新宿) 니시구치(西口)에 있는 요도바시카메라(ヨドバシカメラ)나 비크카메라(ビックカメラ)를 방문해 보신 적이 있으신가요? 가 보신 분들은 대략 세 번 놀란다고 합니다. 첫째는 수많은 점포수와 빼곡히 들어 찬 상품 가짓수에 놀라고, 둘째는 점원이 많다는 것에 놀라고, 셋째는 점원들의 상품에 대한 해박한 전문지식과 친절함에 놀란다고 합니다. 때로는 고객보다 많은 수의 점원들이 수 미터 간격으로 늘어서서 갑자기 튀어나온 고객에게도 하나 같이 친절하게 제품에 대하여 상세히 설명해 주거든요.

그러나 이들이 모두 그 점포의 정사원일 거란 생각은 갖지 마세요. 대부분은 메이커로부터 파견된 사원들입니다. 이들은 고객에 대한 친절교육과 더불어 제품 정보에 대한 전문지식을 교육받은 후 점포에 투입됩니다. 나아가 혹시라도 고객이 조그만 불편함이라도 있는지 살펴본 후 이를 해소하기 위해 기꺼이 뛰어다닙니다. 물론 그렇게 하지 못할 경우 가계로부터 직접 클레임을 받을 수도 있기 때문에 이들의 친절 정도는 다른 점원보다 높기 마련이지요.

이러한 일본의 복잡한 유통구조를 모르고 일본시장에 뛰어들었다가 '제품은 좋은데 도대체 뭐가 문제지?' 하고 고개를 갸우뚱거리면 안 되겠지요. 일본의 입장에서 볼 때는 복잡성과 견고성이 큰 문제없이 자연스럽게 굴러가고 있지만, 외국기업들은 이러한 특징이 일본시장 진입을 막는 실질적인 장벽이었다는 걸 나중에야 깨닫고는 대처하기에 급급합니다. 따라서 일본식 비즈니스 관행을 올바로만 이해하고 대처해 나간다면 일본시장 개척에 그만큼 유리하게 접근할 수도 있겠지요.

일본 경제 고민없이 읽기

｜ 일본기업의 광고   일본의 텔레비전 광고는 제품에 대한 정보 전달보다는 재미 위주이기 때문에, 한국인들 눈에는 유치하게 보이고 또 무슨 제품을 선전하고 있는지 잘 모를 때가 있습니다. 간접적인 묘사와 짧은 표현으로 시청자에게 해석의 여지를 남겨놓기 때문이예요.

텔레비전 이외의 광고, 예를 들어 잡지나 전철 등에 붙어있는 광고도 한국과는 다릅니다. 선전하는 제품의 속성이나 특징에 관한 정보 전달보다는 우선은 눈길을 끌고 보자는 광고가 많아서 야한 사진이나 강렬한 색채의 그림 등으로 감정에 호소하는 정서적인 광고가 주류를 이루고 있습니다. 또한 기본적으로 동물이나 어린이 등 귀여운 이미지를 이용하거나 친밀감과 시선을 끌기 위해 유명 연예인을 등장시킵니다.

그러면 일본에서는 왜 이 같은 광고가 주류를 이루고 있을까요? 우선 일본 소비자들의 정보처리 능력이 다른 나라의 소비자들과는 다르기 때문입니다. 광고의 설득 과정에서 일본인들은 메시지 이외의 비언어적 요소에 더 많은 영향을 받고 있다고 하네요. 야마모토(山本, 1987)란 분이 왜 그런가에 대해 직접 실험한 적이 있는데, 일본인과 미국인에게 이미지 광고와 비이미지 광고를 함께 보여준 후 각각의 반응시간을 측정하여 비교해 보았더니, 이미지 광고, 즉 비언어적 광고에 대해 일본인이 미국인보다 더 빨리 반응하고 정보처리를 한다는 것입니다. 이 때문에 일본의 광고에는 정보량이 적은 대신 유머나 짧은 대사, 유명인을 출연시켜 감정이나 정서에 호소하는 경향이 강하지요.

━━━ 조지크루니와 기린 단레 그린라베르 맥주 선전(2018)

    이러한 광고의 특징을 사회 문화적 측면에서 해석하는 학자도 있습니다. 일본은 좁은 국토와 단일 언어, 소득과 교육의 평준화, 집단주의적 가치관 등으로 동질적인 사회를 구성하고 있기 때문에 정보의 공유도가 높아 제품의 속성을 일일이 설명하지 않아도 소비자들은 제품에 대한 정보를 대략적으로 알고 있다고 말이지요. 정확히, 그것도 논리적으로 설명해야만 소비자들이 제품을 이해하는 다민족 사회인 미국과는 처음부터 아예 다르다는 거예요.

    우리나라 역시 단일민족에 동질적인 사회를 구성하고 있으니 일본 기업 광고의 특징을 잘 파악하여 활용한다면 일본시장에 진출할 때 큰 도움이 될 것 같습니다.

2. 변화에 느려도 너무 느린 일본기업

┃ 느려도 너무 느려 일본이 변화에 느린 이유 중 하나는 상당한 구매력을 가지고 있는 1억 2천 7백만 인구의 내수시장 규모 때문이라는 이야기도 있습니다. 일본은 GDP에서 수출과 수입이 차지하는 무역의존도가 20% 정도에 불과해, 주요 OECD 국가 중 최하위 수준에 해당합니다. 한국의 80%, 중국의 45%에 비하면 이 숫자가 어느 정도인지 직감적으로 느끼실 겁니다.

이렇게 내수시장이 크다 보니 일본 기업들은 자사제품을 국내시장에 먼저 출시하여 인정받고 나서야 해외시장에 내보내는 거죠. 이렇게 내수비율이 높은 경제구조에서 2012년 11월까지 80엔 초반의 엔고현상까지 겹치다 보니 해외시장에서 가격경쟁에 발목이 잡힐 수밖에 없었습니다. 한국처럼 도전정신을 갖고 해외시장을 개척할 엄두를 못 내고 있던 거예요.

아이러니하게도 일본은 세계 최대 채권국가인데, 일본 정부의 국채를 포함한 채무잔고는 2019년 3월 기준 1천 284조 엔에 이르러 국가부도 위기론이 등장했습니다. 이는 GDP 대비 235%에 해당하며 국민 1인당 약 5백만 엔의 빚을 지고 있는 셈이지요. 2010년 그리스가 재정위기에 직면했을 때의 국가채무비중이 152%인 것에 비하면 이 숫자가 얼마나 위험한 수준인지 짐작이 가실 겁니다.

물론 이러한 빚은 그리스와는 성격이 다르긴 해요. 왜냐하면 국채의 90% 이상을 일본 국내 금융기관과 개인투자가들이 가지고 있고, 일본의 금리는 아직도 낮은 수준이기 때문에 이자부담이 적어서 일본이 재정위기에 빠질 염려는 없다는 논리이지요.

그렇지만 국제신용평가사인 무디스(Moody's Investors Service)는 일본의 신용등급을 강등시켰고, 이자부담이 크지는 않다고 해도 그래도 일본 정부 예산 중 24%가 이자를 갚는 데 쓰이고 있어서, 이대로 가다간 3~4년 내에 일본 정부가 재정파탄에 빠질지도 모른다는 견해를 밝힌 바 있습니다.

일본이 변화에 느리다는 것을 우리 모두가 피부로 느낄 만한 증거를 꼽으라면 아마 열에 일곱 분 정도는 2009년 렉서스 리콜사태의 안이한 대처방법과 2011년 봄 동북대지진에 대처한 일본 정부의 무능함을 꼽을 것 같습니다.

첫 번째 예로, 2009년 가을 켈리포니아주 센디에고에서 렉서스를 몰고 가던 일가족 4명이 사망했던 이 사건은, 일명 '토요타의 침몰'이란 다소 과장된 제목으로 포장된 채 결국 반년이 지난 후에야 1천만 대가 넘는 차량을 리콜하면서 '토요타'라는 명성에 엄청난 타격을 주었습니다. 언론매체는 무너져 가는 일본 경제에 빗대어 '일본의 축소

일본 경제 고민없이 읽기

판'이라고까지 과대 포장했지요. 제조업 왕국 일본이 만들어 낸 최고의 명차에서 왜 대량 리콜사태가 일어났을까요? 몇 가지 원인을 아주 간략히 살펴보도록 할께요.

　우선, 토요타가 고수해 왔던 엄격한 품질관리보다는 글로벌 경쟁 시장에서 살아남기 위해 무리한 원가절감 정책에 치중한 탓이 있습니다. '마른걸레도 다시 짜라'는 압박에서 설계와 제조의 문제가 발생했다는 거지요.

　둘째, 글로벌 1위 자리를 빼앗기지 않기 위해 해외생산 규모를 과도하게 확대하다 보니 부품 서플라이 체인과 관리감독을 소홀히 한 것이지요. 해외 현지생산이 늘어날수록 품질과 서비스는 떨어질 위험이 있다는 점에서 무리가 생긴 겁니다.

██████ 미 의회 공청회에 출석하겠다고 발표하는 토요타 아키오 사장

어느 기업이든 문제는 있게 마련입니다만, 처음 리콜사태가 일어났을 때 토요타는 문제의식 없이 막연하게 대처하면서 문제가 더 커진 겁니다. 편의점에서 싼 값에 판매하는 김밥도 문제가 생기면 전량 수거하고 대책을 내세우는데, 하물며 일본 최고의 기업이자 세계적인 명성을 갖고 있는 토요타의 대응 치고는 나 몰라라 한 대처방법에 실망이 더 컸을지 모릅니다.

결국 토요타 아키오(豊田章男) 사장이 뒤늦게 미 의회에서 사과하고 내부적인 개선조치를 취하는 등 바쁘게 움직였지만, 리콜에 따른 경제적 손실은 말할 것도 없거니와 제조왕국 일본 신화에도 치명타를 입은 것은 어쩔 수 없는 결과였지요.

두 번째 예는, 2011년 3월 11일, 최근 수백 년간의 역사상 가장 큰 규모인 매그니튜드(M) 9.0의 동북대지진이 발생했을 당시, 일본 정부의 늑장대응을 기억하고 계십니까? 6미터가 넘는 츠나미 파고를 보면서, 이건 아마도 오래된 재난영화의 한 장면일거야 하고 착각한 분들도 계셨을 겁니다. 사망 1만 6천여 명에 행방불명자 4천 7백여 명 등 2만여 명의 인명피해와 10만여 명에 이르는 이재민이 발생했구요, 경제적으로는 일본의 GDP 대비 3~5% 정도의 막대한 타격을 준 피해규모입니다.

지진 발생 이후 후쿠시마원전이

■ 동북대지진 쓰나미의 높이를 나타내는 탑의 높이(사진 속 남자는 필자입니다.)

■■■■ 동북대지진의 피해

폭발하면서 일본국민들은 일본 정부의 무능한 대처방법에 또 다시 충격을 받았습니다. 전력부족으로 전철은 조명을 낮추어 신문 보기도 힘들 정도였고, 휘황찬란했던 도시의 네온은 절전을 실시하면서 도시 전체가 어두워졌어요.

지진피해 복구를 위해 일본 정부는 약 6조 엔 규모의 추경예산을 편성하고, 재건과 관련하여 공공투자에 집중하고는 있지만, 8년여가 지난 지금도 피해지역의 복구활동은 여전히 현재진행형이고, 당시의 트라우마는 치유하기 어려운 상처로 남아 있습니다.

대지진, 츠나미, 원전사고라는 '삼중고'(三重苦)의 국난(国難)에 직면하면서 '일본 리세트론'이 회자(膾炙)되었습니다. 한계에 달한 일본을 재출발시키는 계기로 삼아야 하는 것이 아닌가 하는 강한 메시지가 담긴 주장입니다. 일본 정부의 위기관리 능력의 부재로 전후 일본의 국가시스템에 총체적인 위기를 느낀 것이 바로 이때입니다.

삼성 대 소니   소니(SONY)[55]는 1946년 모리타 아키오(盛田昭夫, 1921~1995)와 이부카 마사루(井深大, 1908~1997) 두 명이 최초로 전기밥솥을 생산하면서 세계적인 기업으로 성장한 일본을 대표하는 기업이었습니다.

제가 중학교 다니던 즈음인 1981년 워크맨을 경험했던 때의 감동은 지금도 잊지 못합니다. 장난감처럼 작고 귀여운 소니 워크맨을 귀에 꽂고 들었던 스테레오 음악의 선율은 나만을 위한 오케스트라 연주와 같은, 완전히 다른 세상으로 여행 온 기분이었거든요.

젊은이들에게 미이즘(meism)이라는 새로운 소망을 탄생시킨 이 작은 추억의 판도라 상자는 미국 할렘가의 흑인들이 큰 라디오를 어깨에 메고 음악을 들으면서 춤을 추던 것을 보고, 사람들이 걸어 다

■■■■ 소니의 창업자 모리타 아키오(왼쪽)와 이부카 마사루(오른쪽)

55 SONY란 소리를 뜻하는 Sound 또는 Sonic의 어원인 라틴어의 'Sonus'와 작다 또는 아기라는 의미를 가진 'Sonny'를 합성해서 만든 기업명입니다.

니면서도 쉽고 간편하게, 그리고 주변사람들에게 피해를 주지 않으면서 음악을 들을 수 있는 방법에 대해 고민한 결과로 나온 작품입니다. 남에게 불편을 끼치는 것을 극도로 꺼리는 일본인들의 문화가 녹아 있는 제품이지요.

당시 워크맨의 인기는 오늘날 BTS의 'Fake Love' 만큼 세계적인 돌풍을 일으키면서 4억 대 이상 팔렸고, 결정적으로 소니라는 이름을 전 세계에 알리는 혁신적인 휴대용 음향기기의 대명사로 정착하였죠. 1982년에는 필립스와 함께 새로운 오디오 CD를 개발하면서 LP판을 시장에서 완전히 사라지게 만든 것도 소니입니다. 디지털 방식으로 음악을 기록하면서 잡음을 제거하고 원음을 그대로 재생하는 혁신적인 기술을 개발한 겁니다.

소니의 혁신신화는 여기서 멈추지 않았습니다. 1986년 세계 최초로 8mm VTR과 1990년 8mm 캠코더를 개발하였으며, 1993년에는 플레이스테이션을 개발하여 대 히트를 치면서 2006년 전 세계 1억 대를 판매하였지요. 소프트웨어 판매는 10억 개에 이릅니다. 2006년에는 더욱 향상된 플레이스테이션 3을 개발하여 전 세계 게임 분야에서 51%라는 압도적인 점유율을 보이기도 했지요.

일본 경영의 신으로 불리웠던 마츠시타 고노스케(松下幸之助, 1894~1989)는, 소니를 '정체를 알 수 없는 제품을 거침없이 만들어내고

소니의 걸작 워크맨 1979년 초기작품

실패를 두려워하지 않는 사회의 모르모트로서 항상 새로운 것에 도전하는 기업'이라고 극찬을 마다하지 않을 정도였어요.

그런데 전 세계 전자제품의 소형화를 이끌고 온 소니가 아날로그 명품에 집착하다 보니 디지털 신제품 개발의 타이밍을 놓치고 말았습니다. 기술력에 대한 자만심이 커서 그런지 시장조사를 무시했던 거예요. 1988년 CBS 레코드, 89년 콜롬비아 픽쳐스를 인수하는 과정에서 가장 중요한 기초산업인 전자부문을 소홀히 했고, 이는 사내 기술경시풍조로 이어져 일본의 독특한 장인정신이 훼손되는 결과를 가져 왔습니다. 대표적인 것이 디지털시대로의 흐름을 역행한 아날로그TV에 대한 투자입니다.

소니의 CEO 교체도 소니가 추락하는데 한몫 했습니다. 1995년 사장으로 취임한 이데이 노부유키(出井伸之, 1937~)는 이사회를 사외이사 중심의 서구식 지배구조로 바꾸면서 집행임원과 이사를 분리했습니다. 그룹의 전체적인 방향성을 결정하기 위해서는 소수정예의 인원이 철저하게 소통하면 된다고 주장하면서 기존의 38명의 이사회를 부사장 이상 7명과 사외이사 3명 등 총 10명으로 축소하였습니다. 이로 인해 사내 구속력 저하는 물론이고 방만한 경영을 펼쳐왔던 엔터테인먼트와 전자부문 간 갈등의 골은 깊어만 갔습니다. 게다가 가전사업에서 다양한 콘텐츠사업으로까지 확장하면서 1990년대부터 하향세를 보였어요.

결국 소니는 2005년 3월 하워드 스트링거(Howard Stringer)라는 첫 외국인 회장을 자리에 앉혔습니다. 닛산의 카를로스 곤(Carlos Ghosn)[56]

---

56 잃어버린 10년의 막바지이던 1999년, 닛산의 경영위기에 구세주처럼 나타나 과감한

의 영향도 있어서 외국인 경영자에 대한 기대감에 젖어 자연스럽게 그를 받아들인 거지요. 그는 회장으로 부임하자마자 1년 만에 9천 명이 넘는 사원을 해고하고 10조 원에 가까운 자산을 정리하면서 소니 살리기에 나섰지만 세계 제조업 순위권에서 점차 밀려나는 결과를 가져오고 말았습니다.

소니는 신상품 개발보다는 과거의 히트 상품 시리즈 중심으로 개발이 이루어지면서 과거의 관행과 운영 방법을 고집하였습니다. 디자인 개발 프로세스가 이전 성공방정식에서 탈피하지 못하여 매너리즘에 빠졌고 새로운 혁신을 이끌어 내는데 실패하였던 겁니다. 워크맨 시리즈의 휴대용 음악 기기, 플레이스테이션, 스마트폰 등의 매출이 감소하였고 TV의 경우 2006년부터 삼성전자에게 1위 자리를 빼앗겼으며, 2010년 이후에는 LG전자에도 밀려 3위권에 머물렀지요.

짐 콜린스(Jim Collins) 교수는 기업몰락의 5단계를 다음과 같이 설명했는데, 어쩌면 이렇게도 소니의 몰락 과정과 비슷한지 모르겠습니다. 소니가 딱 이 '꼴'이었죠.

1 성공에 따라 자만심이 커지고,
2 원칙 없는 무리한 확장을 시도하며,
3 위험과 위기가능성을 무시하고,

비용절감 조치와 전체 직원의 14%에 해당하는 2만 1천여 명의 인원을 감축(닛산 리바이벌 플랜, NRP) 하는 등 대대적인 재건 바람을 일으켜 닛산을 성공적으로 재건시키면서 외국인으로서는 처음으로 일본 정부로부터 남수포장(藍綬褒章, 2004) 훈장을 받았습니다. 그러나 인생은 새옹지마(塞翁之馬)인 것을, 2018년 11월 곤은 보수를 축소 신고한 혐의로 도쿄지검 특수부에 체포되어 결국 닛산 회장 자리에서 해임당하고 말았습니다.

4 외부의 구원투수를 찾아 헤매며,

5 기업의 존재가치가 소멸될 때

이럴 때 기업이 몰락한다는 거예요. 그래서 나온 신조어가 '저패인'(JaPain)인가 봅니다. 아직도 고통(Pain)을 겪고 있는 일본(Japan)의 상황을 잘 묘사한 이 말은 2008년 2월, 영국 시사주간지가 장기 불황에서 벗어나는 듯 보였던 일본 경제가 다시 침체 국면으로 빠져들고 있다고 보도하면서 만들어 낸 신조어이지요.

최근 소니의 이미지센서 제품이 세계시장 50%의 점유율을 차지하고 AI를 탑재한 로봇강아지 아이보[57]를 출시하면서 소니의 부활을 긍정적으로 기대하고 있는 분위기입니다. 앞으로 어떻게 성장하며 변할지 지켜보는 재미도 쏠쏠하겠지요.

한편, 소니에 비해 4분의 1에 불과한 기업 가치(2000년)를 가지고 있던 삼성은 오늘날 어떻게 성장했나요? 삼성전자는 1969년 삼성그룹 계열사 중 하나로 출발하여 첫 제품으로 흑백 TV를 내놓았습니다. 그러나 이때는 미국에서 이미 컬러 TV가 출시되었던 때여서 삼성전자의 흑백 TV는 철지난 저가제품의 사양산업 이미지가 강했어요.

1970년대 말까지 핵심부품은 전량 일본 업체에서 조달해 조립만 하는 형태로 제품을 생산하였고 삼성 자체기술로는 고가의 TV를 생

---

57 아이보는 1999년 소니가 선보인 강아지 로봇이지만 중간에 경영난으로 생산이 중단되었지요. 그러다 2018년 클라우드 기반의 인공지능과 함께 다시 태어났습니다. 주인을 알아보고 반응하기도 하고 주인의 그날 기분에 따라 아이보의 성격과 행동도 달라진다고 합니다.

산할 실력이 없었어요. 그러나 1973년 전 세계 오일쇼크 이후 일본의 반도체 수입이 어려워지면서 오히려 위험부담을 무릅쓰고 반도체사업에 진출하게 됩니다.

1988년에 이르러서야 이익을 거두기 시작한 삼성전자는 90년대 중반부터 연구개발에 대한 투자를 급격히 늘렸으며 1996년 신기술을 개발하면서 메모리분야의 생산력과 기술력에서 선두자리를 차지하였습니다. 나아가 2000년부터는 대형 프로젝션 TV를 생산하면서 2001년 영업이익 규모에서 소니를 추월했습니다. 이때만 해도 소니는 삼성을 만만한 상대로 봤어요. 그러나 이후 2006년 소니가 워크맨 생산을 중단하던 때 삼성은 LCD TV와 PDP TV를 생산하였고 2009년에 이르러는 세계 전자업체 매출 1위를 차지했습니다.

삼성전자가 짧은 시일 내에 성공을 거둔 요인은 다양하지만 그중에서도 전자산업의 주요 흐름을 재빨리 파악하고 과감한 투자를 했다는 점을 꼽습니다. 기술력은 일본이 앞설지 모르지만 기술을 활용하여 제품화하는 능력은 삼성이 월등히 우세하지요. 그래서 이제 소니는 삼성과 경쟁자가 아닌 추종자(follower)로 전락한 듯이 보입니다. 2004년 윤종용 전 삼성전자 부회장은 이런 말을 했습니다.

"아무리 비싼 사시미라도 하루 이틀 지나면 가격이 내려갑니다. 횟집이나 디지털 전자업체의 제고는 치명적이지요. 속도가 모든 것입니다."

소니가 아날로그에 안주해 있을 때 삼성은 위기의식을 느낀 겁니다. 일본 경제가 2011년 동일본 대지진과 원전사고, 그리고 초엔고현상 등으로 우울한 경제에 위축되어 있을 때 단점으로 지적되어 왔던 한국식 '빨리 빨리' 문화가 IT혁명으로 패러다임이 바뀐 글로벌 시대에 오히려 '안성맞춤' 문화로 인식되면서 한국에게는 절호의 기회였던 셈이었지요.

그러나 앞으로 세상은 또 어떻게 바뀔지 모릅니다. 먼저 된 기업이 나중 되고 나중 된 기업이 먼저 되잖아요. 삼성이 지금의 긍정적 평가나 칭찬받는 경영성과에 안주하고 즐기려 한다면, 그리고 획기적인 신제품을 개발하여 시장에 내놓지 않는다면, 변화를 두려워하고 거부했던 소니의 뒤를 따라가지 않으리라 누가 장담하겠습니까? 아직은 소니의 전철을 밟지 않고 있어 다행이구요, 소니를 타산지석(他山之石)으로 삼아야 하겠지요.

| 일본에 가도 살 만한 게 없다 | 저는 2018년 여름, 배재대학교 교수님들과 함께 나고야(名古屋) 여행을 하면서, 참으로 세상일은 알다가도 모르겠구나라는 격세지감(隔世之感)을 느끼고 돌아온 적이 있습니다. 일본 전자제품을 부러워했던 과거와는 달리, 특별히 일본에서 쇼핑하고 싶은 제품이 별로 없었기 때문입니다. 이러한 생각은 저만 그런 것이 아니라 같이 동행했던 교수님들 역시 마찬가지였기에, 제가 느꼈던 당시의 상황은 어느 정도 객관적인 평가라고 할만 합니다. 백화점이나 전자상가인 요도바시카메라(ヨドバシカメラ)에 들려도 구입하고 싶거나 충동구매 할 만한 제품이 눈에 띄지 않았거든요. 실제로 한국제품과 비교해 볼 때 제품의 질이나 디자인에서 일본제품이 뛰어나거나 가격경쟁력이 있어 보이지도 않아 아기자기한 장식품 위주의 쇼핑에 머물렀을 뿐이었어요.

나고야 최대 번화가인 사카에(栄え)의 오아시스(オアシス) 주변에서는 K-Pop 음악을 배경으로 댄스경연이 열릴 만큼 한국의 대중문화가 깊숙이 침투해 있는 것을 실감할 수 있었고, 호텔 룸 TV에서는 한국 연예인들이 패

일본의 대표적인 전자상가 요도바시카메라

널로 등장하거나 인터뷰하는 장면, 그리고 한국음식을 소개하는 프로그램도 눈에 띠었습니다.

저는 일본여행을 가기 전에 필요한 전자제품이 있어서 대전시내의 할인점과 마트 몇 군데를 돌아다녔는데, 매장 점원들은 삼성과 엘지 등 한국제품의 사양을 설명하고 난 후에야 중국과 일본 제품을 보여주었습니다. 왜 그런가 했더니 품질과 사양에서 우리나라 전자제품을 따라오지 못하기 때문이라는 부차적인 설명을 해 주더군요.

전문가가 아닌 제 눈으로 봐도 다르다는 것을 느낄 정도였으니, 이제는 애국심을 담보로 국산품을 판매하거나 구입하는 것이 아니라, 정말로 제품 자체에서 월등히 앞서 있는 대한민국 상품을 자연스럽게 구입하는 시대가 왔습니다.

그런데 이러한 한국의 위상이 어느 날 갑자기 이루어진 것은 아닐 겁니다. 일본에서의 한류가 일시적으로 드라마에만 머물렀던 과거와 달리 이제는 케이 팝(K-Pop)에서 엔터테인먼트, 그리고 음식과 관광

에 이르기까지 다양한 콘텐츠로 일본을 공략하고 있잖아요. 이러한 한류덕분에 한국제품에 대한 이미지 개선과 일본 소비자들의 관심 역시 증대된 것이지요.

2003년 NHK가 한국 드라마 겨울연가(冬のソナタ)를 세 번씩이나 방영하면서 시작된 폭발적인 한류열풍은 단순한 대중문화의 교류를 넘어서 한국제품에 대한 인식까지도 바꾸는 계기를 만들었던 것 기억나세요? 일본인들은 과거 식민종주국으로 한국을 지배했던 기억이 남아 있어서 알게 모르게 한국인과 한국제품, 그리고 한국경제를 무시해 왔지만, 이제는 일본 시골 골목의 동네 슈퍼에서도 신라면과 김이 수북이 쌓여 있는 것을 보면 참 세상은 살맛나는 곳이구나 하는 뿌듯함도 느낍니다. 왜냐구요? 그건 여러분들처럼 동일한 생각을 하기 때문입니다. 상대가 일본이잖아요.

예를 들어 진로소주는 일본의 소주시장에서 수년간 1~2위를 차지한 적이 있으며, 막걸리의 일본수출은 빠른 속도로 평범한 샐러리맨들의 저녁 회식자리를 점령하고 있습니다. 외국 업체들이 선진국 중에서 가장 폐쇄적인 유통구조를 갖고 있는 일본시장을 난공불락(難攻不落)이라고 포기할 때, 과감하게 일본시장을 공략하는 한국기업들이 늘어나고 있습니다. 지금은 아니지만, 일본의 1위 이동통신사인 NTT 도코모(NTT docomo)가 아이폰(iPhone)의 대항마를 찾던 과정에서 삼성의 갤럭시S를 선택하였던 2010년 10월, 삼성 스마트폰이 일본 휴대폰시장에서 판매 1위에 오르는 기염을 토했고, 이후로도 2012년 연말까지 1~2위 다툼이 이어져 왔습니다.

많은 제품들이 일본시장에서 우리나라 고유의 브랜드 명을 그대로 붙인 채 선전하고 있다 보니, 이제는 우리가 일본과 경제적으로

일본 경제 고민없이 읽기

대등해진 것은 아닌가 하고 여길 만큼 우리의 자존심은 우뚝 섰습니다. 1990년대까지만 해도 우리는 일본보다 20여 년 뒤쳐져 있다고 푸념하듯 말했던 기억이 생생합니다. 고가의 일제볼펜 하나를 사도 억울한 생각보다는, 내가 몰라서 그렇지 어딘가 분명 비싼 구석이 있을 거야 하는 믿음을 보였던 시대가 있었지요.

그런데 한때 우리나라 주부들이 일본만 가면 정신 못 차리고 사들여 왔던 일본의 조지루시밥솥은 지금은 아예 쳐다보지도 않잖아요. 누룽지가 되나요? 그렇다고 죽을 만들거나 떡을 찌는 것이 되나요? 마치 알라딘의 요술램프처럼 소비자 니즈가 뭔지 원하는 대로 다 해주는 한국밥솥을 일제 코리리밥솥이 어떻게 따라오겠습니까?

저는 2013년 1월 14일자 조선일보 기사를 보고는 깜짝 놀랐습니다. '2013 디트로이트 모터쇼'에 현대차의 소나타 뒷모습을 쏙 빼닮은 일본차가 등장했는데, 소위 '현대차 판박이'로 불리우는 '마츠다 6', 그리고 혼다의 신형 어코드가 현대의 제네시스 뒷모습을 그대로 베꼈다는 겁니다.

한때 일본의 오마에 겐이치(大前研一)는 한국 기업경영자들이 일본 콤플렉스병이 있다고 비꼰 적이 있습니다. 일본기업이 먼저 개발하고 시장을 개척하지 않으면 감히 뛰어들지 못하는 한국 경영자들의 '이류병' 때문에 한국경제가 한 발짝 다가서지 못한다는 것을 빗대어 말한 것이에요.

그런데 이제는 시대가 변했습니다. 현대차가 디자인에서 승부를 거는 모습을 본 일본 업체들의 한국차 '따라하기' 식을 보면서 세상 참 살고 볼 일이라는 격세지감을 느끼는 기사였습니다.

세계경제포럼(WEF: World Economic Forum)에서는 전 세계 각국의 저명한 기업인과 경제학자, 그리고 정치인과 저널리스트들이 모여서 세계경제에 대해 토론하고 연구한 후 매년 '세계경쟁력보고'(The World Competitiveness Yearbook)를 발표합니다. 이 보고서에서는 각국의 경쟁력을 매년 평가하여 순위를 발표하는데, 한국인들이 가장 궁금해 하는 순위는 아마도 한국과 일본이겠지요. 2018년 발표 자료에 의하면 한국이 15위, 일본은 5위입니다.

각 나라의 환경이 기업하기에 얼마나 좋은지 나타내는 지표로 활용되고 있는 순위에서 우리나라가 일본과 격차는 나지만 매년 줄어들고 있다는 점은 고무적입니다.

우리가 지금처럼 열심히 뛴다면, 그리고 신뢰를 바탕으로 일본 시장을 파고들고 나아가 세계시장을 공략하는 전략을 취해 나간다면 스마트 코리아를 실현할 수 있는 자신감으로 이어지지 않을까요? 일본의 대중매체는 삼성전자와 LG, 현대자동차 등의 신속하고 과감한 의사결정과 스피드경영약진을 보도하면서 일본이 진정 배워야 할 점이 이런 것이라고 칭찬하고 있습니다. 빠른 시일 내에 한국과 일본의 경제력이 역전될 날이 올 것이라는 기대감을 갖게 만드는 대목입니다.

결국 우리 일행은 돌아오는 귀국길에 선물용 키티 캐릭터 상품과 당장 저녁에 군것질 할 과자 몇 봉지, 그리고 쓰다 남은 동전이 지갑에 남아 있던 정도였어요. 코리아 화이팅입니다.

일본 경제 고민없이 읽기

3. 그렇지만 튼튼한 기초

노렌와케　일본의 기업문화에는 노렌와케(暖簾分け)라는 전통이 남아 있습니다. 노렌(暖簾)이란 상점 문 앞에 걸린 형겊간판을 말하는데, 성실히 일한 종업원이 독립할 때 주인이 노렌을 나누어 준다(分け)는 의미입니다. 어떤 분은 이 단어를 '사원독립제도'라고 굳이 번역을 했습니다만, 제 생각에는 고유명사로 그대로 사용하는 것이 더 강하게 의미전달 되는 것 같습니다.

아무튼 노렌와케의 대표적인 예가 미츠이(三井) 기업입니다. 미츠이 다카토시(三井高利, 1622~1694)는 에도(江戸)와 교토(京都)에 에치고야(越後屋)라는 포목점과 환전상을 개업하면서 이후 미츠코시백화점(1673년)으로, 그리고 재벌로 성장시킨 기업가이면서 노렌와케를 일본 기업의 관행으로 만든 분이기도 합니다.

미츠이 상점의 종업원들은 어릴 때부터 심부름꾼으로 시작해 직급이 올라가는데, 이때 성실함을 인정받으면 지배인으로 승진하고,

노렌이 걸린 일본 가게

그 후 독립하고 싶어 할 때는 주인으로부터 장사밑천을 받아 에치고 야라는 상호의 노렌(暖簾)을 사용하도록 허락받고 가게를 열 수 있습니다. 여기서 말하는 성실함이란 단순히 부지런한 '최선주의'가 아닙니다. 모노(物, モノ), 물건에 대한 '완벽주의' 입니다. 일본사회에서 노렌을 내린다는 것은 신뢰를 잃는 것이고 그것은 곧 죽음을 의미하기 때문입니다.

만일 여러분들도 어린 나이에 어떤 상점에 종업원으로 들어간 후 언젠가 나도 이런 상점을 갖게 될 것이라는 확신이 선다면, 한번 하늘이 두 쪽이 나도 목숨 걸고 해 볼 만한 가치가 있지 않겠습니까? 이것이 바로 기업가(起業家, entrepreneur)로서의 동기유발이 되겠지요. 그리고 상점 간판의 명예를 욕보이지 않도록 더 열심히 일하겠지요. 이러한 전통이 곳곳에 퍼지게 되면 자연스럽게 문화로 정착하게 될 것이고 그렇게 하지 않는 부류의 사람들은 사회로부터 인정받지 못하게 되겠지요. 일본 기업의 뛰어난 기술력과 완벽함은 바로 이런 전통

　　　　　　　　　　　　　일본 경제 고민없이 읽기

에서 비롯된 겁니다.

　노렌와케 문화에 녹아 있는 일본인들의 성실성이 무너지지 않는 한, 지금 눈에 보이는 경기침체와 조금은 느린 듯 보이는 답답함이 있다 할지라도 다시 경제를 활성화 시키기에는 부족함이 없을 듯합니다.

세계에서 가장 오래된 기업을 알고 계십니까?

정답은 578년에 창업한 콘고구미(金剛組)라는 기업입니다. 한국 방송매체에서도 여러 번 소개했기 때문에 여러분들도 잘 알고 계실 겁니다. 절과 신사를 건축하거나 보수를 전문으로 하는 이 기업의 창업자가 자랑스럽게도 백제에서 건너간 목공기술자 유중광(柳重光. 일본명 콘고 시게미츠)이라는 인물입니다. 세계에서 가장 오래된 기업을 창업한 인물이 바로 한국이었다는 것에는 큰 의미가 있습니다.

　콘고구미는 일본 최초의 사찰인 시텐노지(四天王寺)를 15년에 걸쳐 완공했고, 세계문화유산으로 지정되어 있는 세계에서 가장 오래된 목조 건축물인 호류지(法隆寺)를 세우기도 하였습니다. 그의 후손들이 토요토미 히데요시의 명을 받아 1583년 오사카성도 축조했지요. 1995년 한신대지진 때 16만 채의 건물이 종잇장처럼 구겨져 파괴되었을 때도 이들이 만들거나 보수한 건축물은 미미한 균열만 보였을 뿐 건물이 붕괴되는 피해는 입지 않았다고 합니다.

　그런데 시대가 변해 전통적인 종교 활동은 점차 줄어들고, 절을 재건축할 때 쓰이는 자재들은 내구성이 강해져 보수의 빈도가 줄다 보니 콘고구미의 입지가 좁아지면서 2006년 파산하고 말았습니다.

오사카에 있는 콘고구미

그러나 1430여 년의 역사를 유지해 왔던 콘고구미라는 기업은 아직
도 일본의 장수기업, 그리고 장인정신을 대표하는 상징으로 남아 있
습니다.

일본에는 1천 년이 넘는 기업이 콘고구미 이외에도 8개나 있습니
다. 1백 년 이상 된 장수기업은 약 2만여 개나 있고, 이들 기업 중 절
반이 제조업 부분이라고 하니 이것이 바로 일본 경제의 저력이 아닐
까요? 여기에는 개인상점이나 규모가 작은 회사가 대상에서 빠졌기
때문에 이들까지 포함하면 무려 6만 곳을 헤아릴 정도로 전 세계에서
가장 많은 장수기업을 보유하고 있습니다.

유럽에는 365세까지 살았던 구약성경 속 '에녹'의 이름을 따서 만
든 '에노키안 협회'라는 조직이 있다고 합니다. 그러나 프랑스 파리에
본부가 있는 에노키안 협회에 가입된 기업 중 가장 오래된 '에트리니

피렌체'라는 이탈리아의 금 세공업체도 기껏해야 1369년에 설립되었고, 아시아권의 중국이나 말레이시아, 그리고 필리핀과 싱가포르에도 창업 백 년을 헤아리는 기업은 미미합니다.

1669년에 개업한 중국 베이징(北京)의 '동인당'(同仁堂) 한약방이 '청심환'을 상업화 하면서 세계 최대 중의약방으로 자리잡고 있을 정도이고, 홍콩에는 백 년 넘은 기업이 몇 개 있지만 이들은 모두 영국계로 시작하여 나중에 현지인에게 넘어간 회사일 뿐입니다. 필리핀도 3백여 년 된 '아야라상회'라는 부동산기업이 있지만 스페인계 기업이고, 말레이시아의 고무나무 농장인 '해리슨'과 싱가포르의 식품회사인 '브레이서앤드니브'도 영국계로 알려져 있습니다.

그렇다면 우리나라는 어떨까요? 숫자상으로는 일본과 비교 자체가 큰 의미가 없습니다만, 우리나라의 100년 기업은 2019년 기준 두산그룹(1896), 동화약품(1897), 신한은행(구 한성은행, 1897), 우리은행(구 대한천일은행, 1899), 경성방직(1919) 등 총 5개사에 이릅니다.

이 같은 장수기업을 일본에서는 '老鋪'(노포)라고도 하는데, 일본어로는 '시니세'라고 읽습니다. 음으로 읽으면 '로우호'라는 발음이 있긴 하지만 굳이 시니세라고 읽는 데에는 나름대로 의미가 있습니다. 시니세의 '시'는 '스루'(する)가 어원인데, '어떤 일이나 동작 또는 역할을 하다', '어떤 상태로 되다'라는 의미이고, '니세'(にせ)는 '니세루'(似せる)에서 나온 명사로 '닮게 하다, 모방하다, 모조하다' 등 본래의 것과 닮게 만든다는 의미입니다.

그렇다면 다시 앞으로 거슬러 올라가 노렌와케를 떠올려 봅시다. 자기가 일했던 상점으로부터 독립하여 나올 때의 조건이 바로 성실성과 노렌을 받아 나오는 것이라고 했는데, 장수기업의 비밀이 여기

에 있지 않을까요? 노렌을 받아 나온다는 것이 그 상점 혹은 기업의 전통에 걸맞게 성실히 닮아간다는 것이기 때문입니다. 또한 기업승계에서도 장자의 능력이 부족하다고 판단되면 내부의 능력있는 직원이나 외부에서도 모셔올 수 있는 유연함이 있습니다. 그만큼 기업의 영속성(going concern)을 중요시하는 거지요.

제품의 품질은 물론 창업 정신까지 유지·발전시킴으로써 고객의 신뢰를 잃지 않겠다는 철학 즉, 선의후리(先義後利) 사상을 내포하고 있는 이것이야말로 바로 일본 상인 정신의 근간이라고도 할 수 있습니다. 일본인들의 일에 대한 집념은 성스럽다고까지 할 정도로 전 세계 최고의 '일 중독자'들이라잖아요.

우리나라의 전주생명과학고등학교 신입생 전형 중 가업을 잇는 학생에게는 입학 가산점을 적용한다고 해서 매스컴의 주목을 받았던 적이 있습니다. 양덕수 교장선생님께서 일본학교를 방문해 벤치마킹을 한 것으로, 학과별 모집 정원의 30% 범위 내에서 5년 이상 가업을 이어오고 있는 직계존속 학생을 대상으로 10%를 가산점으로 주는 제도였지요. 장인정신의 대를 잇는 새로운 시도였다는 점에서 저는 높은 점수를 주고 싶습니다.

우리나라에도 일본의 직인(職人)에 해당하는 명인의 개념을 도입하여 무형문화재로 등록하고 전통을 계승하길 바랐지만, 우리나라는 왠지 지방의 어느 시골 산골에서 홀로 고군분투하며 돈도 명예도 바라지 않는 외골수 같은 모습으로 TV에 비칠 뿐, 현실과는 동떨어진 삶처럼 인식되고 있다는 점에서 우리의 대중매체는 반성해야 합니다. 돈도 되고 명예도 따라야 후계자가 생기고 젊은이들이 본받을 거 아닙니까? 제가 너무 세속적인가요?

4. 잃어버리지 않은 경제력

하얀 수건을 둘러 맨 헨진　보통 일본의 유서 깊은 전통을 유지하고 있는 기업이나 상점들에 대한 한국인들의 이미지는 대부분 변변치 못한 목조 건물에서 하얀 수건을 머리에 두르고 우동 한 그릇에 목숨 거는 헨진(変人)이 떠오를지 모르겠습니다. 그러나 결코 그렇지만은 않습니다. 영세음식점이나 중소기업도 있지만 중견기업, 그리고 대기업에서 백화점까지 갖춘 기업들도 유서 깊은 전통을 유지하며 오늘날까지 명맥을 이어오고 있거든요. 비록 영업부진으로 2007년 8월 이세탄(伊勢丹)백화점과 합병했지만 일본 최초의 백화점인 미츠코시(三越)백화점이 그런 경우이지요.

일본기업문화의 특징은 사회학적 관점에서도 설명할 수 있습니다. 일본기업은 마치 결혼식 때 결혼의 의무와 성실, 지조를 서약하듯 암묵적인 관계적 계약(relational contract)을 맺습니다. 그래서 미국식 개인주의에 빗대어 일본식 집단주의가 기업에도 적용된다는 말을

듣습니다. 대체로 노사 간에는 위험을 공유하고 장기적 이익을 추구
하지만, 적대적인 협상은 좋아하지 않는다는 거지요. 왜냐하면 관계
를 중요시하니까요.

일본의 소비시장도 마찬가지입니다. 상품의 가격보다는 품질을
우선시하려는 고객의 성향과 니즈 때문에 신뢰를 바탕으로 하지 않
으면 앞서 말씀드렸던 관계적 계약이 성립될 수 없겠죠.

2019년에 발표된 포천 500(Fortune 500)에서 일본은 52개의 기업
이름을 올려놓았습니다. 한국의 16개 기업에 비하면 세 배에 해당
하는 숫자이지요. 비록 중국의 129개사에 밀리긴 하였으나, 일본은
2011년까지는 미국에 이어 두 번째로 많은 기업이 리스트에 포함될
만큼 무시할 수 없는 강국입니다.

그런데 이들 기업에는 공통된 경영이념이 있습니다. 인간존중, 즉
'고객을 신'(お客様は神様)으로 여기면서 건전한 사업운영으로 사회 발
전에 기여한다는 점을 정확히 명
시하고, 기업의 사회적 책임(CRS,
Corporate social responsibility)을 넘어
공유가치창출(CSV, Creating Shared
Value)을 전면에 내세우고 있는 기
업들이지요.

교과서 같은 이야기이지만, 사
실 우리가 초등학교 때 배웠던 '바
른생활'이나 '도덕' 책에서 배운 대
로만 산다면 세상이 아름다워지는
것은 시간문제일 거예요. 그렇지

일본 영화 '우동'(2005)의 포스터

일본 영화 '철도원'(1999)의 포스터

못하기 때문에 기업도, 정치인도, 종교인들마저도 세상을 어지럽게 만드는 것 아니겠습니까? 기업도 이윤추구가 존립목적의 전부가 아니라, 100년 앞을 바라보고 고객에게 기쁨을, 고객을 최우선으로 하는 서비스가 이루어진다면 기업의 존속은 걱정하지 않아도 될 겁니다.

일본인의 장인정신에 대해 조금 더 자세히 알고 싶다면, 시간 나실 때 1999년 작품 '철도원'(Poppoya), 2005년에 만들어진 영화 '우동'이나 일본만화 '미스터 초밥왕'(2010) 등을 보시기 바랍니다. 그까짓 면을 뽑는 게 뭐 대수라고, 혹은 초밥에 생선쪼가리 하나 얹으면 되지 하고 과소평가할지 모르겠습니다만, 절대 그렇지 않습니다. 직업을 유동적이라고 생각하는 우리와 천직이라고 생각하는 일본인의 차이에서 어설픈 흉내를 낼 수 없다는 것을 알 수 있는 좋은 작품들입니다.

일본은 독일과 더불어 세계 최고 기술력을 보유한 중소기업 중심으로 돌아가는 산업구조를 갖고 있습니다. 부품소재 등 원천기술을 보유하면서 세계시장에서 압도적인 점유율을 자랑하고 있을 뿐만 아니라 절대경쟁력을 갖추고 있어서 추격하기도 힘든 강소기업들이 중심이 되는 경제구조입니다.

'우물을 판다면 물이 나올 때까지 파라'(井戸を掘るなら水の出るまで)라

는 속담은 한 가지 전문적인 기술력을 보유하는 일본 기업문화를 상징합니다. 인디언들이 기우제를 지낼 때 그 기도가 이루어지는 이유가 비가 올 때까지 기우제를 지내기 때문이라고 하잖아요.

본받을 건 본받아야

우리나라에 가장 많이 소개된 기업 중 한 곳이 미라이공업(未来工業)입니다. 이곳은 종신고용과 연공서열을 고수하면서 전 직원을 정규직화하고 근로자를 우선하는 정책으로 유명한 기업입니다. 일본기업들이 과거로의 추억을 회귀한 듯 장기불황에도 불구하고 철저히 인간중심 경영을 고집하는 야마다 아키오(山田昭男, 1931~2014) 사장님은 경영이 연극과 비슷하다면서 다음과 같은 명언을 남겼습니다.

"배우가 감동하지 않으면 관객은 기뻐하지 않아. 감동하면 비싸도 찾아오지. 장사도 마찬가지야. 막이 오르면 연기는 배우에게 맡겨야 해. 그렇게 하지 않으면 배우는 성장을 못 해. 연극도 처음부터 끝까지 지시하는 바보가 있지. 경영도 마찬가지야. 막이 오르면 회사는 사원이라는 배우에게 맡기는 거야."

미라이공업의 창업자 야마다 아키오가 출간한 책

2012년 5월, 일본이 다시 일어설 수 있다는 상징성을 갖고 개장한 세계 최고 높이의 전파탑 '스카이트리'

우리사회에서 일본은 점점 관심의 대상에서 벗어나고 있습니다. 외국어학원에서 영어, 중국어가 우선이 된 것은 이미 오래전 일입니다. 과거 삼성이나 효성그룹 등에서는 일본을 반드시 알아야 한다며 자녀들의 일본 유학을 당연시 했지만, 지금은 유학가고 싶은 국가 명단 순위에서도 뒤로 밀리고 있습니다.

그러나 우리의 5천 년 역사를 통틀어 보더라도 일본만큼 가깝고도 먼 관계를 가진 국가는 없습니다. 오랜 세월동안 서로에게 영향을 주고 받으며 성장해 온 이웃 국가입니다. 그런 일본이 이제 아베노믹스와 도쿄올림픽, 그리고 4차산업혁명과 더불어 발 빠른 도약을 하고 있습니다. 우리가 역사의 피해민족으로서 일본에게 진지한 반성을 요구하는 것도 필요하지만 상대를 이해하고 배우려는 노력도 필요하지 않을까요?

제조왕국 일본의 명성이 21세기 IT시대가 도래했다고 해서 흔들리는 듯 보였다면 그건 일본하면 무조건 무시하려는 우리의 착시현상일 수 있습니다. '잃어버린 10년'이니 '장기불황'이니 해도 여전히 경제대국이잖아요. 지금까지 이 책을 통해서 말씀 드린 것을 종합해 보면 충분히 잠재력이 있는 국가라는 것을 느낄 수 있을 겁니다.

5. 노벨상의 원동력, 과학기술정책

한국의 어떤 목사님이 1990년대 초반 이스라엘에 유학 가서 경험했던 에피소드 하나를 소개하겠습니다. 성서고고학 강의를 히브리어로 듣다 보니 도무지 용어정리가 안 돼 갈피를 잡을 수 없어 학기 말에 허덕이고 있는데, 같이 공부하던 일본 친구는 도서관에서 일본어로 번역된 서적을 찾아내더라는 겁니다. 히브리어 텍스트들이 이미 일본어로 번역되어 있어서 그 친구는 집 떠난 고생 하지 않으면서 기본 개념을 빨리 이해할 수 있었다는 거예요. 이때만큼 일본이 정말 부러웠던 적이 없다고 하니, 그 심정 이해갈 만합니다.

아시다시피 일본의 기독교 인구는 이슬람 국가들보다도 오히려 적은 1%도 안 될 정도로 극히 소수에 불과해서 수요가 없을 텐데도, 벌써 100여 년 전에 성서고고학 분야의 전문서적들을 번역해 놓았다는 겁니다. 그뿐만 아니라 고대어의 주된 텍스트들도 이미 일본어로 번역이 되어 있었다고 하니 우리와는 차원이 다른 것 같습니다.

2019년 기준으로 일본은 26명(일본계 미국국적 3명 포함)이라는 아시아 최다 노벨상 수상자를 배출한 국가입니다. 평화상 1명, 문학상 3명을 제외하면 22명이 자연과학분야이구요, 경제학상만 못받고 다 받았습니다. 일본은 왜 이렇게 자연과학에서 두각을 나타낼까요? 비결은 국가정책과 일본 특유의 문화, 학계의 노력에서 찾아볼 수 있습니다.

그 원동력이 바로 고도로 누적된 다양한 학문분야의 번역에서 나온 힘이 아닌가 생각합니다. 번역은 세계의 다양한 문화와 전통을 이해하기 위한 가장 좋은 방법 중 하나입니다. 번역은 단순히 정보전달의 수단으로 끝나는 것이 아니라 문화의 이질성을 느끼고 타문화를 자국문화와 비교할 수 있는 통로 역할을 해 주기 때문에 상대방에 대한 정확한 인식을 할 수 있으며, 적을 이기는 최선의 방책이기도 합니다.

그렇다면 일본의 노벨상 수상과 관련하여 역사 속으로 들어가 조금 더 자세히 알아가 보도록 하자구요. 일본식 과학기술의 역사적 과정과 패러다임을 알 수 있다면 우리로선 정책적 의미를 통해 돌파구를 찾을 수도 있을 겁니다.

일본의 과학기술 수준은 고산준봉(高山峻峯)을 방불케 할 정도로 높이 솟아 있습니다. 일본의 과학기술을 뽐내는 책에는 서구 이외의 지역에 서구식 과학기술을 건설한 나라는 오직 일본뿐이라는 대목도 있지요. 여기에는 메이지유신 이후 일본 과학계를 이끈 지도자들의 열정과 공헌을 빼놓고 말할 수는 없을 겁니다.

과학기술을 하는 이유는 단 하나, 부강해지기 위해서예요. 그 점을 역사적 흐름에서 살펴보자구요.

일본 경제 고민없이 읽기

1850년 일본은 네덜란드와 프랑스에서 기술자를 초빙하여 제철소를 건설하였습니다. 이는 마치 우리나라가 1965년 한일수교 이후 일본으로부터 제철기술을 도입하여 포항제철을 건설한 것과 비슷합니다. 우리보다 115년 앞서 일본은 그렇게 한 것이지요.

1857년에는 학교제도를 도입하고 1871년 문부성을 설치하였으며, 다음 해 구미 선진국의 과학교육을 도입하여 학교교육에 접목시켰습니다. 이때 벌써 초등학교에서는 번역서를, 그리고 중등학교에서는 번역서 없이 원서로 교육을 실시했고, 과목으로는 생리학, 화학, 박물학, 동물학, 측량학과 금석학까지 가르쳤지요. 과학발전은 결국 교육을 통해 시작된다는 것을 깨달은 겁니다.

근대적인 과학기술 없이 생산양식은 성립될 수 없기 때문에 초중등 교육에서 과학기술을 가르치고 보급시켰습니다. 특히 우리나라와 마찬가지로 일본 역시 천연자원은 빈약하고 인구는 많은 국가잖아요. 이런 나라들의 미래는 과학기술의 진흥이 결정적이라고 할 수 있습니다. 군사력도 결국은 고도의 과학기술에서 나오는 결과이구요. 그래서 이를 가르칠 교사와 교수들은 외국인으로 채웠습니다. 동경대에만 독일에서 63명, 영국에서 38명, 미국에서 34명의 교수들이 와서 가르쳤구요.

이들에게 배운 일본 학생들이 나중에 학자와 기술자로 성장하면서 서구의 과학기술과 문명을 이식하는데 전력을 다했습니다. W.H. Fobis는 외국인이 일본에 와서 보면 이곳이 서양인지 일본인지 분간하기 어려울 정도라고 했는데, 이를 줏대가 없다고 평가절하 할 필요는 없습니다. 이를 바탕으로 일본이 어떻게 발전했는지 그 결과가 말해 주기 때문이지요.

청일전쟁 이후 받은 배상금 중 1천만 엔을 보통교육진흥기금으로 사용할 정도로 교육을 중요하게 여긴 점도 눈여겨 볼 만 하구요. 그래서 1907년 초등학교를 4년제에서 6년제로 개편하고 의무교육을 실시했습니다. 그리고 초등학교 5학년부터 이과수업으로 물리, 화학, 생리학, 동물학을 도입했구요. 이러한 교육이 바탕이 되어 일본 과학의 각 분야에서 뛰어난 업적으로 화답하는 결과물들이 쏟아지기 시작했습니다. 조금 귀찮을 수 있지만 분야별로 인물들을 소개해 보도록 할게요.

먼저 의학분야입니다. 독일 유학 후 전염병연구소를 설립하여 파상풍균을 순수배양하고 디프테리아 항혈청을 발견한 기타사토 시바사부로(北里柴三朗, 1853~1931)가 있습니다. 그는 2019년 5월 1일 일왕 즉위 기념으로 지폐의 인물이 교체되면서 1천 엔짜리 인물의 모델로 등극합니다. 1901년 제1회 노벨 생리의학상 후보였다는 점을 높게 평가받은 거예요. 그 외 적리균을 발견한 시가 기요시(志賀潔, 1871~1957), 그리고 황열병을 연구하고 메독스피로헤타를 배양한 노구치 히데요(野口英世, 1876~1928)와 매독치료법 '살바르산'을 개발한 하타 사하치로(秦佐八朗, 1873~1943)가 있습니다.

화학분야에서는 아드레날린을 발견한 다카미네 조키치(高峰讓吉, 1854~1922), 그리고 비타민B를 발견한 스즈키 우메타로(鈴木梅太郎, 1874~1943)가 있습니다.

다음은 지질·생물학 분야입니다. Z항(지구 자전축을 관측할 때 약간의 오차가 발생하는 기존 관측식에 보조항으로 Z항을 추가해 정확한 관측 데이터를 도출)을 발견한 기무라 히사시(木村栄, 1870~1943), 오모리지진계를 발명한 오모리 후사키치(大森房吉, 1868~1923), 그리고 원자구조 및 모형을 연구한 나가오카 한타로(長岡 半太郎, 1865~1950) 등이 있습니다.

일본노벨상첫수상자인유카와히데키와아인슈타인의만남

1945년 일본이 패전했을 때 많은 과학자들은 '우리는 결국 미국의 물량과 기술에 패했다'라고 통탄했어요. 기술입국 외에는 다른 대안이 없다는 것을 국민들도 인식한 겁니다. 그래서 공업기술청(1948년)을 설치하고 과학기술입국을 추진합니다. 곧바로 유카와 히데키(湯川秀樹, 1907~1981)가 42세라는 젊은 나이에 일본 최초로 노벨상(1949년)을 받으면서 패전으로 실의와 좌절에 빠진 일본에 용기와 희망을 주었습니다.

1956년에는 과학기술청을 발족하고 항공우주기술연구소, 금속재료기술연구소, 무기재질연구소 등 각종 연구소를 설치하였습니다. 1970년에는 아시아 최초로 오사카만국박람회를 개최하여 무선전화를 전시하면서 일본의 과학기술 수준을 전 세계에 확인시켰구요, 1978년에 이르러는 11개 분야에서 세계 최고수준을 자랑하였습니다.[58]

전후 일본은 50~60년대 구미 선진기술을 적극 도입하고 70년대 창조적 자주개발시대를 추진하면서 모방에서 흡수로, 그리고 이를 개량하고 창조하는 과정을 거치는 기술발전 패러다임을 통해 세계

58 11개 분야에는 시계, 가전기기, 종합화학, 합성고무, 알루미늄제품, 알루미늄 제련, 전선, 보통강, 특수강, 시멘트, 세라믹스 등이 해당합니다.

최고 선진국 대열에 진입하였습니다.

일본은 메이지유신 이후 패전까지 장기간의 전쟁체제를 운영한 경험이 있어서 전후 일본이 새로운 행정체제를 구축하고 운영할 때에 이러한 시스템은 귀중한 자산으로 계승되었습니다. 이게 무슨 의미인가 하면, 과학기술뿐만 아니라 대개의 정부 정책을 결정할 때 전 세계를 상대로 한 전쟁경험의 학습효과와 연계성이 매우 높다는 것입니다.

즉 일본의 과학기술정책은 절대로 공무원 단독으로 결정하는 것이 아니라 반드시 산·학 등 민간의 실무 전문가들이 참여하는 자문·심의기관을 통해 정부·민간 합동으로 결정하는 프로세스로 운영하고 있거든요. 이는 공무원의 독주를 견제하는 기능도 있지만 동시에 정부부처 간, 그리고 정부와 산업계·학계 간에 조정과 협력체제를 통해 정책의 실효성을 높이고자 하는 취지입니다. 각 행정기관은 자문·심의기관이 결정한 기본정책을 받아 여기에 자기부처의 고유한 특수성을 첨가하여 구체적인 세부실천 시책을 수립·집행하는 메커니즘으로 운영되고 있는 거지요.

그렇다면 일본의 노벨상 수상자를 이렇게도 많이 배출한 비결에 대해, 조금 진부하지만 제 나름대로 정리해 본 몇 가지 이유를 살펴보도록 하겠습니다.

첫째, 연구자들 간의 네트워크가 탄탄합니다. 노벨상 수상자 대부분은 일본 국내파입니다. 그래서 해외 네트워크도 약합니다. 오히려 우리나라 교수나 연구자들이 대부분 미국이나 영국, 일본 등에서 학위를 받아 왔기 때문에 해외 연구 네트워크는 더 촘촘하지만, 제가 말씀드리고 싶은 네트워크라는 건 조금 다른 차원입니다. 예를 들어 유카와 히데키(湯川秀樹, 1907~1981)는 중간자의 존재를 연구해 1949년 일본인 최초로 노벨상을 받았는데, 이때를 시작으로 도모나가 신이치로(朝永振一郎, 1906~1979)가 1965년에, 고시바 마사토시(小柴昌俊, 1926~)가 2002년에, 그리고 고바야시 마코토(小林誠, 1960~)와 마스카와 도시히데(益川敏英, 1940~), 난부 요이치로(南部陽一郎, 1921~2015, 미국적 취득 수상자)가 2008년에 노벨 물리학상 수상의 영예를 이어갔습니다.

2015년 중성미자의 질량을 발견해 노벨물리학상을 받은 가지타 타카아키(梶田隆章, 1959~) 교수는 일본 기후(岐阜)현에 설치된 지름 39.3m, 높이 41.4m의 초대형 실험시설 '슈퍼 가미오칸데'를 활용했는데요. 슈퍼 가미오칸데는 일본 정부의 자금으로 지어진 시설이고 이는 일본이 과학기술 분야에 한국과는 차원이 다른 투자를 한다는 사실을 웅변합니다. 가지타 교수 역시 고시바 마사토시 밑에서 수학하며 쌓은 실력을 바탕으로 노벨상을 받는 등 '연구 네트워크'와 '한우물 정신'은 대를 이어 전해지고 있습니다.

노벨물리학상을 받게 해준 세계 최대 지하 뉴트리노 관측장치 '슈퍼 가미오칸데' (슈퍼가미오칸데 홈페이지, http://www-sk.icrr.u-tokyo.ac.jp)

그래서 일본 과학계가 같은 전공 분야에서 활발하게 교류하는 것이 노벨상 양산의 비결이라는 겁니다. 실제로 실력있는 학자들이

지방대학이나 연구소에서 후진을 양성하며 새로운 거점대학을 만들고 이렇게 퍼져나간 인재들이 다시 활발하게 교류하면서 탄탄한 학문의 기틀을 만들어 나가고 있거든요.

일본의 노벨상 수상자 가운데는 도쿠시마(德島)대학, 야마나시(山梨)대학, 사이타마(埼玉)대학 등 지방대학(학부기준) 출신자도 상당수 있습니다. 특정 대학이 인재나 연구 지원 등을 독점하지 않고 도쿄대, 교토대, 나고야대 등 옛 제국대 그룹, 지방 국립대 등이 서로 교류하고 경쟁하는 가운데 과학기술 발전으로 이어지고 있는 것이지요. 그만큼 우수한 기초과학 분야가 전국에 걸쳐 평준화되어 있다는 것을 의미합니다. 우리나라의 서울일극중심, 서울대나 특정 공과대 중심인 것과 대조적 입니다.

연구실 단위 도제식 연구실 시스템으로 자리 잡은 강한 장인정신과 스승의 연구를 제자가 계승하고 원로 교수와 젊은 교수의 수직적 연계성이 강한 연구풍토 등 이러한 학문적 연계성이 노벨상의 중심 통로 역할을 하고 있습니다.

둘째, 노벨상 수상자들의 학부는 100% 전원 일본 국내 국공립대 출신입니다. 사립대 출신과 해외유학파는 전무(全無)합니다. 이를 두고 호사꾼들은 학비가 싸서 가난한 인재들이 국립대에 몰려들었기 때문이란 말도 있는데, 박사학위로 가도 크게 다르지 않습니다.

전 세계 자연과학계 노벨상 수상자의 46%가 미국에서 연구를 했다는데 일본의 수상자들은 83%가 일본 국내 박사 학위자들이고 학위 취득 대학원은 전부 국공립대학이며 이들 대학은 도쿄나 대도시에 편중된 것이 아니라 전국에 골고루 분포되어 있습니다.

이는 전쟁 전 9개 제국대학을 설립(이 중 두 개는 한국 경성제국대학과 대만의 대북제국대학)하여 연구기관에 집중 투자하였기 때문이기도 해서구 제국대는 지금도 엘리트코스라는 전통이 남아있습니다. 특이한 점은, 해외파 박사 3명의 경우 모두 미국에서 학위를 취득하였지요(펜실베니아대, 로체스터대, 캘리포니아대 샌디에이고).

셋째, 연구비입니다. 우리나라는 2018년 기준 GDP 대비 R&D 비율이 4.2%로 일본(1%) 뿐만 아니라 미국과 이스라엘을 넘어 OECD 국가 중 1위입니다. 인구 1백만 명 당 연구개발 인력도 일본보다 우리나라가 많습니다. 과학기술분야의 논문 편수는 일본이 10만 편이고 우리나라는 연간 6만 편입니다. 일본의 인구가 우리보다 2.5배 많고 경제규모가 4배인 것으로 비교하면 이 역시 우리나라가 상대적으로 꽤 높습니다. 최소한 데이터만 보면 일본이나 주요 OECD 국가들에 비해 결코 과학연구를 등한시하고 있지 않다는 게 입증된 것이지요. 그런데도 일본이 앞서는 이유는 뭘까요?

연구개발비의 내용을 들여다보면 그 차이를 알 수 있어요. 즉 일본은 R인 리서치 연구, 기초과학에 집중되어 있는 반면, 우리나라는 산업계의 응용분야, 기술개발인 D에 집중되어 있거든요.

우리는 지난 40여 년간 선진 과학기술을 모방하여 흡수하는 추격 모방연구를 국가 연구개발의 핵심 전략으로 추진해 왔습니다. 그래서 핵심원천기술을 확보하기 위한 연구(R)보다는 선진국의 원천기술을 도입하여 응용 및 개발하는 연구(D)가 주된 접근방법이었지요.

여기에 더하여 일본의 정부출연기관이나 과학계 기관장들은 정권 교체 등에 상관없이 업무에 충실하지만, 우리의 경우 이전 정권에서 임명된 과학기술계 기관장 등이 정권에 따라 좌지우지되는 양상을 보이고 있어 일관성 있게 과학기술정책을 펼쳐 나가기 어려운 환경이지요. 노벨상은 올림픽이나 월드컵의 금메달과 달리 과학자들을 운동선수처럼 압력을 가해서 단시간에 끌어올릴 수는 없다는 점을 기억해야겠습니다.

넷째, 일본 특유의 장인 정신이나 특정 분야에 몰입하는 풍토도 노벨상 수상에 도움이 되었습니다. 맡은 분야에서 책임을 다하는 것이 태어나고 살면서 사회에 진 빚을 갚는 길이라고 생각하는 정신이나, 관심 분야에 몰입하는 오타쿠(オタク) 문화가 한 우물을 파는 연구로 이어지는 것이지요. 2015년 수상자인 오무라 사토시(大村智, 1935~) 교수는 흙 속의 미생물을 모으기 위해 지갑 속에 늘 비닐봉지를 들고 다녔고 노벨상 수상자로 선정된 다음날에도 이런 자세에 변화가 없었습니다. 2002년에 학사 출신으로 유일하게 노벨상을 받은 다나카 고이치(田中耕一, 1959~)가 노벨 화학상을 받은 것도 한가지 분야에서 끈질긴 탐구 정신을 발휘한 덕분이지요.

그건 과학자의 과학에 대한 열정과 사명감이 환경과 조건보다 우선하기 때문인 것 같습니다. 바보스러울 정도로 연구 활동에만 전념하는 프로정신, 대부분이 집에서 준비해 온 도시락을 들고 와 자신의 도시락을 먹으며 회의하는 모습이 전혀 부끄럽거나 체면 깎이는 일이 아닌 환경, 과학의 기초원리를 중시하는 실험중심 교육시스템, 그리고 건물의 외형은 아름답지 못해도 실험실 내부는 최신실험장비와 무슨 실험이든지 하려고만 한다면 실험실 소프트웨어가 완벽히 갖추어져 있는 연구환경이 갖추어져 있기 때문인 것 같습니다.

일본 경제 고민없이 읽기

이제 정리를 좀 해 볼께요. 우리 역사에서 서양 과학을 수용하는 과정은 중국이나 일본과는 달랐습니다. 중국과 일본에는 기독교 선교사나 서양의 무역 상인들이 자청해서 접근하여 정착하면서 서양의 과학이 지속적으로 스며들었지만, 우리나라는 얻어갈 것이 별로 없어서인지 그들의 순위에서 뒤쳐져 있던 땅이었지요.

특히 일본은 1543년 프란시스 자비엘 이후 몇백 년을 지나는 동안 나가사키(長崎)의 데지마(出島)를 통해 서양 물질문명이 들어왔지만, 우리나라는 1628년 웰테블(Weltevree) 일행이, 그리고 1653년 하멜(Hamel)이 표류해 온 것이 전부입니다. 그나마 하멜 일행은 동인도회사 소속으로 일본 나가사키로 가는 도중 폭풍우를 만나는 바람에 조선으로 표류해 온 선원에 불과하여 체계적으로 서양과학 같은 고급문화를 전파할 능력이 없었어요. 만일 당시의 무역선을 통해 조선이 네덜란드와 외교관계를 맺었더라면 오늘날 한일관계는 거꾸로 되었을지도 모르지요. 다행히 1879년 청나라에, 그리고 1881년 일본에 시찰단을 보내 선진과학기술을 배워올 수 있는 기회가 있었으나 아쉽게도 제대로 된 기술을 배우지 못하고 돌아왔습니다.

모두가 그런 건 아니지만 오늘날도 비슷한 점이 있습니다. 중국의 해외 유학생은 기술을 배운 후 중국에 돌아가 기업을 세우는 것이 목적이고, 일본 유학생들은 유학대상 국가를 필드워크에 필요한 곳이라는 개념이 강하지만, 한국의 해외 유학생들은 모두 학위 받고 교수되려고 한다네요. 부끄럽게도 고백하자면, 저도 이 부류에 속합니다.

1장에서 번역에 대해 말씀드렸습니다만, 번역은 마치 공공재

(public goods)와 같아서 시장원리에 맡겨두면 효율적인 생산량을 얻을 수 없습니다. 성서고고학 책을 전문가나 학자가 아니면 누가 사 보겠습니까? 특히 우리나라와 같이 실용서적 위주의 풍토에서는 순수학문이나 전문서적은 출판사에서도 수익이 안 되어서 번역하려고 하지 않습니다. 쩐(돈)이 안 되거든요.

그래서 결론은? 그렇습니다. 여러분들도 짐작하셨겠지만, 오늘날 일본이 경제대국이 된 뿌리, 노벨상을 다수 획득한 뿌리를 찾다 보면 번역을 통해 서양의 물질문명을 끊임없이 받아들여 지식을 대중화한 것이 저력으로 깔려 있다는 겁니다.

문재인 대통령께서는 지금이라도 늦지 않았으니 학술서적을 공공재로 취급하여 교육부 산하에 번역국을 둔다면 얼마나 좋을까 상상을 해 봅니다. 정치를 잘 모르는 저 같은 문외한은 이해하기 어려운 메커니즘이 있겠지만, 대통령 인수위원회에서 여기까지는 생각을 못했나 봅니다.

일본 경제 고민없이 읽기

8장

{   }

아베노믹스와
Society 5.0

1. 아베노믹스

┃ 아베노믹스란?　　　2012년 12월 우리나라에서는 박근혜 정부가, 일
본에서는 아베 정부(安部晋三)가 등극하면서 한일
양국은 같은 시기에 새로운 시대의 문을 열었습니다. 박근혜 정부는
초이노믹스(Choinomics)로, 아베는 아베노믹스(Abenomics)로 경제정책
을 실시했고, 2019년 현재 한국은 문재인 정부의 J노믹스(J-nomics)
로, 일본은 7년째 아베노믹스를 유지하면서 양국의 경제정책의 성패
에 대해 말들이 많습니다.

　　아베가 일본의 총리가 되었을 당시(2012년 12월 26일)의 일본 경제
상황은 녹록치 않았습니다. 지긋지긋한 유동성 함정에서 아직 빠져
나오지 못한 채 금융 위기까지 겹치자 일본 경제의 구원투수를 자처
한 아베 신조는 오랜 경기 침체를 끝내고 일본 경제를 살리기 위해
강력한 처방전을 내놨지요. 이른바 유동성 확대를 통해 디플레이션
에서 벗어나기 위한 아베노믹스 정책을 시작한 것입니다.

문제인 정부의 J노믹스도 그렇지만 아베노믹스 역시 기본적으로 는 케인스주의를 바탕으로 하고 있습니다. 왜냐하면 아베노믹스 정책 내용이 시장에 맡기는 '자유방임주의'라기보다는 정부가 적극적으로 경제에 개입하여 시장을 이끌어 나가겠다는 정책이기 때문에 그렇습니다.

결론적으로 말하면, 아베노믹스는 일본인들의 무력감과 디플레이션에 따른 경기상실감 등의 침체된 분위기를 전환하는 데는 일정 부분 성공한 것으로 평가받고 있고, 2020년 도쿄올림픽을 등에 업고 수출에 대한 기대감과 지속적인 엔화약세, 그리고 미국경기의 활력 등에 힘입어 일본의 국내 경기가 회복되고 있다는 뉴스가 압도적입니다.

그러나 2017년 일본 경제성장률은 1.6%(한국은 3.1%)에 머물렀고 2018년에는 0.7%(한국은 2.7%)로 급락했으며, 2019년에는 1.0%(한국은 2.6%)에 불과하여 엔저의 지속가능성에 대한 불확실성과 노동자들의 실질 임금상승이 정체되면서 소비수요에 악영향을 미치고 있다는 부정적인 평가도 인식해야 할 것입니다.

따라서 앞으로 아베정부는 경기 불확실성을 해소하고 구조개혁에 의한 성장력 향상과 경기활성화를 통한 선순환 구조를 만들어 나가야 하는 과제가 남아 있습니다. 이러한 관심을 갖는 이유는 글로벌 경제에 미치는 일본의 영향력과 더불어 일본과 글로벌 시장에서 직접 경합하고 있는 우리나라 경제와도 직간접적으로 영향을 주기 때문이지요. 이번 장에서는 아베노믹스 정책에 대한 흐름을 정리하고 이에 대한 평가를 할까 합니다.

| **아베노믹스란?** 　우선 일본이 아베노믹스라는 새로운 경제정책을 실시해야만 했던 배경에 대해 알아볼까요?

일본 경제는 1985년 플라자 합의(Plaza Accord)로 버블경제가 시작된 이후 1990년대 초반부터 20여 년에 이르는 기간 동안 경기침체가 지속되어 왔습니다. 아베가 총리가 되기 전의 일본 경제 상황은 엔고현상, 저출산·고령화, 그리고 저성장, 저물가 등의 고착화된 장기불황과 맞물리면서 디플레이션이 지속되어 왔습니다.

첫 번째 배경은 엔고(円高)입니다. 엔고현상은 아베노믹스 실시 배경의 가장 큰 축이라고 할 수 있는데, 일본 기업들이 엔화강세로 수출경쟁력이 약화되면서 기업들의 재무상태가 어려움에 직면했거든요. 아베내각은 일본 기업들이 수출경쟁력을 갖추고 무역수지는 개선할 수 있도록 엔화약세를 추진하고자 했습니다.

엔화가치가 내려가면서 우리나라에서는 일본여행 붐이 일기도 했지요. 2018년 한 해만 약 753만 명이 일본을 방문했을 정도입니다. 그러나 엔저 덕분에 일본 여행자들은 좋았을지 몰라도 엔화가 싸졌다는 것은 상대적으로 원화가 비싸졌다는 것을 의미하기 때문에 사실상 우리나라 수출 기업에는 악재입니다.

두 번째 배경은 저출산·고령화 문제입니다. 이 부분은 제 책 6장의 '5. 저출산·고령화 정책의 변화'(pp.295~301.)에서 자세히 다루었으니 뒤로 돌아가 복습하는 것으로 대체 하겠습니다.

세 번째 배경으로는 정치 사회적 문제입니다. 2011년 3월 동일본

대지진과 후쿠시마원전 사고, 한국과 중국, 그리고 러시아와의 영토 분쟁과 정국의 불안정 등으로 일본국민들은 오랜 기간 동안 무력감과 피로도가 누적되는 상황에 직면했습니다. 또한 아베노믹스 실시 직전인 2011년 실질경제성장률은 0.5%에 머물렀고, 실업률은 4.6%에 이르렀습니다.

따라서 장기 불황을 탈피하는 동시에 일본 국민들에게 자신감을 심어주기 위해서는 금융정책과 재정정책에서 과감한 개혁을 하지 않으면 안 되는 상황이었던 겁니다.[59]

| 세 개의 화살 | 아베노믹스의 내용은 '세 개의 화살'로 요약 할 수 있습니다. 금융완화정책(통화정책), 재정확대정책(경기부양책), 구조개혁정책(신성장전략) 등 3개의 화살이라고 일컬어지는 정책을 종합적으로 전개하여 일본 경제에 변화를 가져 오는 것이 목표였어요.

규제완화를 하겠다는 것은 기업들의 생산성을 높여 고용을 창출하겠다는 것입니다. 여성, 외국인 등의 고용을 늘리기 위해 노동시장을 유연하게 만드는 것도 규제완화에 포함되어 있습니다. 순혈주의를 추구해 왔던 일본이 이민정책을 받아들인 이유는 아베노믹스로 일본 경제가 활성화되는 분위기에서 노동력 인구 감소로 일본의 잠재성장력이 저하되는 것에 대한 두려움 때문이지요. 그래서 특정국

---

59) 여인만(2016)은 당시의 장기불황 원인이 디플레이션 때문인데, 이러한 디플레이션을 마일드한 인플레이션(연 2~3%)으로 바꾸는 리플레이션(reflation) 정책을 실시해야 한다고 소개했습니다.

일본 경제 고민없이 읽기

출신 외국인 노동자들을 유인하기 위한 정책을 펼치기 시작했습니다. 잠재성장력은 자본투입, 노동투입, 생산성 향상에 의해 결정되는데, 노동력이 감소하면 자본수입과 생산성이 동시에 감소할 가능성이 높아져 국가 경제에 타격을 입잖아요. 그래서 이제 일본의 이민정책은 임기응변식이 아니라 생존이 걸려 있는 이슈로 떠오른 것입니다.

2013년부터는 정년을 65세로 늘렸고 2019년 기준 70세까지 연장하는 방안을 논의하고 있는 중입니다. 우리보다 고령사회를 먼저 경험한 일본이 저출산·고령화를 어떻게 극복하고 있는지 참고할 만합니다. 자, 그렇다면 이제 세 개의 화살에 대해 조금 더 자세히 살펴보도록 합시다.

첫 번째 화살은 금융완화정책(통화정책)입니다.

한마디로 중앙은행(BOJ)이 돈을 풀어 경제를 살리겠다는 정책입니다. 2013년 1월 22일 기준으로 일본 정부와 일본은행은 2% 인플레이션, 2% 소비자물가상승률을 목표로 통화공급을 대대적으로 확대하는 정책을 발표하였어요. 아베정부는 인위적으로 소비자물가상승률을 끌어 올리기 위해 2년간 국채를 매입하여 본원통화를 두 배로 증가시켰으며, 2014년 10월에는 제2차 금융완화정책으로 국채매입에 80조 엔을 쏟아부었습니다.

이어 양적·질적 완화정책으로 자금공급량을 두 배로 늘리는 방안을 추진하였습니다. 양적완화는 돈을 찍어서 시장의 자산을 매입해 통화량을 늘리는 방법입니다. 통화량이 늘면 엔화가치가 하락하겠지요. 그리고 엔화가치가 내려가면 해외시장에서 일본제품의 가격

경쟁력이 생겨 상품 수출이 활성화돼 일본 경기를 상승시킬 수 있겠지요. 실제로 일본은행의 대규모 양적완화 덕분에 엔저가 지속되어 왔습니다.

아베노믹스 전후를 비교해 보면, 2011년 77.57엔에서 2019년 평균 113엔까지 떨어졌습니다. 사실 2008년 9월 15일 미국의 리먼(Lehman Brothers) 사태 이후 고평가된 엔화는 서서히 엔저로 돌아섰고, 이후 금융 통화부문의 양적·질적 완화로 일본은행에 의한 대량 국채매입과 ETF(Exchange Traded Funds, 상장투자신탁)을 통한 주식 매입을 확대하였습니다.

이로써 통화량 증대로 인한 엔저 기조가 정착되었고 플러스 물가 상승률 달성이라는 성과가 나타난 것으로 평가됩니다. 일본의 대외 수출입은 2016년을 전후로 무역적자에서 흑자로 전환되었습니다.

두 번째 화살은 재정확대정책(경기부양책)입니다.

정부가 재정지출을 늘려 경기를 살리겠다는 것입니다. 아베내각은 총 4차례의 경기 대책을 통해 약 20.2조 엔의 추경예산을 투입하는 등 적극적인 재정 정책을 추진함으로써 정부지출의 경제성장 기여도를 플러스 수준으로 유지해 왔습니다.

아울러 공공투자 확대정책으로 경기를 부양하기 위해 2013년 2월 말에 가결된 10.3조 엔의 추경 중 절반이 넘는 5.5조 엔을 공공사업 예산으로 편성하였고, 향후 10년간 100조~200조 엔에 달하는 대규모 공공투자를 벌이겠다는 전략을 제시하였습니다. 하지만 세입 증가에도 불구하고 대규모 세출로 재정수지 적자가 쌓이면서 GDP 대비 국가부채 비중은 상승하는 결과를 초래하였습니다.

세 번째 화살은 구조개혁정책(신성장전략)입니다.

규제완화를 목표로 고용을 창출하겠다는 거지요. 규제를 완화하면 기업의 생산성이 높아지고 고용이 창출된다는 논리입니다. 그래서 법인세도 낮추었구요. 우리나라의 법인세율은 최대 24.2%로 낮은 수준이지만 일본의 법인세율은 약 35%로 세계적으로도 높은 수준입니다. 소니전자는 "한국의 삼성전자만큼만 법인세를 내려준다면 훨씬 더 많은 사람을 고용할 수 있다."라고 말하곤 했습니다. 아베 정부는 34.62%(2014년)였던 법인세율을 2015년 32.11%로, 2016년 29.97%로 3년에 걸쳐 약 5%를 낮추었습니다. 2018년 들어와서는 29.74%까지 인하하였습니다.

2013년 6월, 일본은 장기 디플레이션 및 엔저현상 탈피를 위해 긴급경제대책으로 '일본재흥전략'(日本再興戰略-Japn is BACK)을 제시하였습니다. 그 내용은 산업재생과 고용창출, 미래산업의 육성, 일본 경제의 국제화발전 지원 등으로 요약됩니다.

긴급경제대책의 중점분야는 (1)부흥·방재대책, (2)성장에 의한 부의 축적, (3)생활의 안심·지역활성화 등이 이에 해당하며, 이를 통해 실질 GDP 2%를 높이고 60여만 명의 고용을 창출하겠다는 것입니다. 이후 2014년 6월에는 노동시장개혁, 농업생산성 확대, 의료·개호 분야의 성장산업화에 역점을 두고 개정된 '일본재흥전략 개정 2014'가 각의 결정되었으며, 이후 2015년, 2016년에 각각 개정하였습니다.

한편 2015년 9월 제 2단계 아베노믹스 발표 이후 50년 뒤에도 「1억총활약사회」(一億総活躍社会)를 실현하기 위해 종래의 아베노믹스의 혜택이 충분치 않은 육아세대, 저소득층, 지방정부 등을 위한 정책에 역점을 두고 새로운 세 개의 화살을 발표했는데 이는 다음과 같습니다.[60]

첫째, 강한 경제(希望を産み出す強い経済)입니다. 2020년까지 명목 GDP 600조 엔을 목표로 신규 유망산업을 창출하고 이를 위해 인재를 발굴하겠다는 것입니다. 또한 노동개혁을 위한 방안(2016년 5월)을 내세웠는데, 이는 비정규직 처우개선과 동일노동 동일임금 원칙 도입, 일하는 방식의 개혁과 시간 외 근로 규제, 그리고 여성 취업과 근로의욕 촉진 및 고령자와 장애인 취업 촉진, 최저임금 3% 인상 등이 이에 해당합니다. 달리 말하자면, 노동공급, 임금총액 증가, 가처분 소득과 소비 증가를 통해 성장과 분배의 선순환을 추진하는 구조개혁이라고 할 수 있습니다.

둘째, 육아지원(夢つむぐ教育支援)입니다. 출산율을 1.8까지 회복하는 것을 목표로 하고 있습니다. 아베총리는 2017년 9월 12일 일본경제신문과의 인터뷰에서 향후 사회보장정책에 관하여 고령자 중심에서 전세대형으로 재검토하는 의향을 표명한 바가 있는데, 이를 위한 시책으로 유아교육을 무상화 하고 이를 위한 재원을 마련하기 위해 교육에 용처를 한정하여 국채를 발행하는 교육국채도 검토할 생각임을 강조하였습니다.

---

[60] 2015년 10월에 발족한 제3차 아베내각이 내세운 선언으로, 저출산·고령화를 억지하고 향후 50년 뒤에도 1억 인구를 유지하며 가정과 직장, 그리고 자신이 소속된 지역에서도 누구나 활약할 수 있는 사회를 목표로 하고 있습니다.

또한 일본 정부는 인재육성 혁명과 생산성 혁명을 양축으로 하는 새로운 경제정책(2017년 12월 18일)을 각의 결정하였습니다. 인재육성 혁명에서는 유아교육 무상화, 대기아동 해소, 고등교육 무상화, 간병인력에 대한 처우개선 등을 목적으로 하고 있습니다.

셋째, 안심할 수 있는 사회보장(安心につながる社会保障)입니다. 개호 이직을 방지하는 것을 목표로, 이를 위해 간병인력을 확보하여 처우를 개선하고 부양가족을 지원하며 간병상담센터와 지원기관을 설립합니다.

아베총리는 소비세율 10% 인상이 사회보장제도와 국제사회로부터의 신뢰를 확보하기 위해서도 필요하다고 언급하면서 증세분의 용처 대부분을 국채상환 등 재정재건에 충당하기로 결정하였습니다.

그러면 이제 아베노믹스 정책이 일본 경제에 활력을 가져왔는지 아니면 가시적인 효과에 그쳤을 뿐 실질적인 경제지표는 그렇지 못한지에 대한 각각의 평가에 대해 알아보도록 하겠습니다.

2. 아베노믹스에 대한 평가

아베노믹스의 긍정적 평가 아베노믹스 정책에서 언급하고 있는 세 개의 화살은 그 자체가 최종목표라기보다는 목표를 달성하기 위한 도구라고 할 수 있습니다. 즉 경제성장률을 높이기 위해 화살이라는 도구를 이용하여 국민의 부를 늘리겠다는 것이 아베노믹스의 실질적인 목표이지요.

이러한 아베노믹스 정책에 대해 언론에서는 버블경제가 붕괴되고 잃어버린 10년(lost decade), 아니 잃어버린 20년(lost two decades)이 지난 오늘날에는 디플레이션에서 탈피하였다고 평가하고 있습니다. 나아가 지속적이고 점진적인 엔저로 기업의 수익성이 제고되었다는 점, 즉 일본은행의 양적완화 실시가 일본 국내의 유동성을 증가시키고 엔화약세 기조로 이어지면서 수출 및 기업실적이 개선되는 효과가 나타났다는 것이지요. 그리고 주가상승과 실업률에서도 안정을 이루었다는 점 등에서 긍정적인 평가를 받고 있습니다.

또한 기업 채산성이 개선되면서 설비투자증가율은 2012년 4분기 이후 상승세로 이어졌고 기업업황 실적을 나타내는 단칸지수(短觀指數)[61] 업황은 2013년 3분기부터 플러스로 전환되었습니다.

향후 남은 과제인 실질임금이 상승한다면 소비는 더욱 증가할 것이고, 나아가 일본 정부가 재정 강화 노력을 펼친다면 재정상태도 개선될 것으로 기대하고 있습니다만, 사실 일본 국내에서는 자민당이 집권하고 있어서 아베노믹스에 대해 긍정적으로 평가하는 부분이 다소 우위를 점하고 있을 뿐 외부의 시선은 꼭 그렇지마는 않습니다.

| 아베노믹스의
부정적 평가

아베노믹스의 효과가 그다지 크지 않다는 입장은 아베가 제시했던 정책목표가 제대로 달성되지 못하였다는 점, 근로자의 임금상승이 없었다는 점, 이로 인해 일부 대기업 위주의 제조업 노동생산성은 개선되었으나 서비스업에서는 오히려 하락하였다는 점 등을 들고 있습니다. 이를 중심으로 조금 더 자세히 설명해 보도록 할께요.

첫 번째, 금융완화정책에서 발생하는 문제입니다. 즉 아베노믹스 실시 이후인 2013~2014년에는 일본은행의 양적완화 정책 덕분에

---

61 단칸지수(단기관측지수 줄임말)는 일본 기업의 체감경기 지수로 0을 기준으로 플러스이면 낙관적인 경기전망을, 마이너스이면 비관적인 전망을 하는 기업들이 많다는 것을 의미합니다. 매년 일본은행이 경기상황과 전망에 대해 자본금 2천만 엔 이상의 민간기업 약 22만개 사를 대상으로 설문조사를 하여 발표합니다만, 객관적인 수치라기보다는 조사 응답하는 기업들의 주관적 심리가 개입되기 때문에 전반적인 경제상황을 분석하는 데는 한계가 있다는 지적이 있습니다.

엔화가 약세로 접어들면서 수출이 잠깐 증가세로 돌아섰지만 이후 최근에 이르기까지 수출 부진은 지속되고 있다는 것입니다.

토요타를 시작으로 글로벌 수출 대기업들은 경쟁력을 확보하면서 실적이 개선되었지만, 중소·중견기업들은 엔저로 수입 원자재 가격이 상승하고 이로 인해 채산성이 악화되자 결과적으로는 경기회복의 혜택이 대기업에게만 집중되었다는 불만을 갖고 있습니다.[62] 그 결과는 2013년, 2014년 연속 사상 최대의 무역적자로 나타났습니다.

아베노믹스 정책을 실시하였다고 하여 기업 경영 실적이 개선되었다거나 투자 확대, 고용 증가, 가계소득 증대, 소비 증가, 그리고 경기 개선으로 이어지는 선순환 고리 형성은 아직도 이루어지지 않고 있다는 얘기이지요.

두 번째, 2% 물가안정이라는 도달목표는 불가능에 가깝다는 비판을 받으면서 아베노믹스가 실패했다고 보는 목소리가 나오고 있습니다. 디플레이션 압력은 강하고 물가는 좀처럼 상승하지 않는 가운데 2%의 목표는 달성 연한을 몇 번씩 후퇴시켰습니다.[63]

2016년 2월 일본은행(BOJ)은 통화정책회의를 통해 기준금리를 0.1%에서 0.2% 포인트 낮춘 역사상 처음으로 −0.1%라는 정책금리를 채택했는데요. 마이너스라니, 돈을 맡겼는데 이자를 받는 게 아니라 오히려 보관료를 내야 한다는 게 말이 됩니까? 일본은행이 전당포도 아닌데 말이지요. 물론 일본은행은 중앙은행이기 때문에 일반

---

62 2015년 이후 유럽중앙은행(ECB)이 양적완화정책을 실시하면서 유로화도 약세로 돌아섰고 유로화 가치의 하락은 일본의 수출가격 경쟁력을 약화시켰습니다.

63 日経ビジネス기사 중 발췌(2018. 8. 3.)

인들이 예금을 할 수 있는 곳은 아니지만 시중 은행이 일본은행에 돈을 맡기지 않길 바라는 정책이라고 보시면 됩니다. 보관료를 내고 싶지 않으면 어떻게 해야 할까요? 은행에 돈을 보관하고 있을 수도 없고 어디든 대출을 적극적으로 하라는 중앙은행의 암묵적인 압박 신호입니다. 이는 결국 아베노믹스의 핵심이었던 금융완화정책의 실패를 자인한 셈입니다.

이러한 파격적인 금융완화정책은 주가와 환율에도 영향을 미칩니다. 전통적으로 통화량이 증가하면 이자율은 하락할 것이고 투자자 입장에서는 금리가 낮은 은행 예금보다는 수익성 좋은 채권이나 주식, 또는 환율시장으로 돈이 흘러 들어가겠지요. 마치 1985년 플라자 합의 이후 부동산 버블이 발생했던 때처럼 말입니다.

그렇게 되면 은행의 수익성은 악화될 수밖에 없습니다. 일본 중앙은행이 마이너스 금리정책을 도입한 이후 3대 메가뱅크의 평균 예대마진은 2011년 1.39에서 2016년 1.02까지 떨어졌습니다. 사상 초유의 기록입니다. 그런데 한쪽 문을 닫으면 다른 어딘가로 몰려 들겠지요. 그런 점에서 3대 메가뱅크가 해외사업으로 눈을 돌려 수익을 늘린 것은 긍정적으로 평가할 만 합니다.

결과적으로 금융시장은 극심한 혼란이 초래되면서 주가는 급락하고 안전자산으로 여겼던 10년 만기 국채 이자는 마이너스 0.035%까지 떨어졌습니다. 일본은행은 2018년 7월 31일 금융정책결정회의를 열고 금융완화정책을 수정하기에 이릅니다. 즉 장기금리 0% 정책이라는 큰 틀은 유지하면서 0.2% 정도까지의 상승을 용인하기로 한 겁니다.

구로다 하루히코(黑田東彦) 일본은행 총재는 금융완화의 지속성을 강화하기 위해서라고 설명하였지만, 여기에는 일본은행이 목표로 했던 2%의 물가상승이 좀처럼 달성하기 어렵다는 점이 작용한 것이지요. 그래서 일본은행은 소비자물가상승률을 2019년 4월 기점으로 1.8%에서 1.5%로 하향 조정하였는데, 결국은 2020년도에도 2% 목표는 도달하기 어려울 것이라는 전망입니다.

세 번째, 우리나라에는 없는 소비세는 일본이 1989년 4월 버블경기 시대 당시 부풀어 오르는 버블을 잡기 위해 3% 증세를 도입한 이후 오늘날에 이르고 있습니다만, 2014년 4월 일본 정부는 재정 건전화를 위해 소비세를 다시 8%로 증세하였어요. 2019년 10월부터는 기존 8%에서 10%로 다시 인상된다고 하니, 여러분 생각해 보세요. 소비세가 올라가면 아무래도 소비가 위축될 거 같지 않습니까? 실제로 일본 국내 수요는 급격히 감소하고 2015년 후반기부터는 미국의 금리인상과 중국경제 하락 등 해외 여건까지 불안해지면서 일본의 수출이 줄어들고 경기침체가 다시 반복되었습니다. 이는 인플레이션 2%라는 물가상승 목표와는 모순되는 정책입니다.

네 번째, 일본의 2018년 가계조사에 의하면, 엥겔계수(Engel's Coefficient)가 25.78로 상승하였다고 합니다. 엥겔계수는 가계의 소비지출에서 차지하는 음식료 비율을 나타내는 지표로 가계소득이 감소했다는 것을 의미합니다. 아베노믹스 이후에도 노동자들의 실질임금 상승은 2015년에 이르기까지 마이너스 성장을 기록했으며 이후 2016년에야 비로소 0.7% 상승한 정도에 불과했습니다. 이러한 결과가 결국 아베노믹스가 실패한 것이라고 보는 것이지요.

일본 경제 고민없이 읽기

다섯 번째, 2015년 일본 기업들의 3/4분기 경상이익은 누적 63조 엔으로 역대 최고 수준이었고 실업률은 2012년 4% 중반에서 2013년 에는 3%대 초반으로 하락하였습니다. 이후 실업률은 지속적으로 하락하면서 2019년 4월 기준 2.3%의 역대 최저수준을 기록하였고 유효구인배율이 1을 상회하는 등 양적 개선은 이루어졌습니다. 그러나 이는 가시적인 효과일 뿐 비정규직 중심으로 고용이 증가하였기 때문에 고용의 질적 개선은 기대하기 어려운 상황입니다.

아베노믹스로 비제조업과 시간제 근로자 위주의 고용자가 증가하면서 평균임금이 물가보다 더디게 인상되어 실질임금은 둔화된 상황이구요. 임금 상승은 매우 미약한 수준에 머물렀고, 더욱이 소비종합지수도 2014년 4월 소비세 인상을 기점으로 급락한 이후 회복하지 못하고 하락세로 전환되는 등 소비 회복력도 미약합니다.

│ 아베노믹스 정리　　종합적으로 보건대, 오늘날 일본 경제의 호황이 아베노믹스 정책에 의한 것인지, 아니면 국제정세 및 경제의 변화에 따른 부수적이고 일시적인 효과인지에 대해서는 비판적인 시각을 갖고 주의 깊게 살펴볼 필요가 있습니다.[64] 물론 경제 주체들의 심리에는 긍정적인 영향을 미친 것도 사실입니다. 아베노믹스가 일본인들의 무력감과 디플레이션에 따른 경기상실

64　이와 관련하여 국종호(2017)는 일본의 경제성장률이 저조했던 1991년 버블이 무너진 이후부터 2017년 시점에 이르는 기간을 '성장상실기'라고 명명(命名)하였습니다. 1990 년 경제성장률 1.1% 이후 약 20여 년 간에 이르는 기간 동안 평균 실질 경제 성장률 이 1.0%에 머물고 있다는 의미에서 새롭게 만들어진 용어입니다.

감 등의 침체된 분위기를 전환하는 데는 일정 부분 성공한 것으로 평가받고 있는 부분도 그렇구요.

일본은 2020년 도쿄올림픽과 지속적인 엔화약세, 그리고 미국경기의 상승 등에 힘입어 경기가 회복될 것으로 예측하고 있습니다. 그러나 무엇보다 엔저의 지속가능성에 대한 불확실성과 또한 임금상승이 정체되면서 소비수요에 악영향을 미치고 있다는 점을 간과해서는 안 되겠지요.

현재의 일본 경제는 가시적인 효과에 감추어 보이지 않았던 장기불황과 함께 소득불평등과 빈곤율이 상승하였고 또한 비정규직 비중이 상대적으로 높아지면서 소득불평등도 사회적 문제로 떠오르고 있습니다. 따라서 앞으로 아베정부는 불확실성 해소 및 구조개혁에 의한 성장, 그리고 소득불균형으로 인한 갈등구조 등을 풀어나가야 할 것이고, 이런 가운데 경기활성화를 통한 선순환 구조를 만들어 나가야 하는 숙제를 해결해야 하겠지요.

그럼에도 불구하고 일본은 정치와 경제면에서 강력한 리더십을 발휘하고 있는 아베신조 총리하에서 심리적 안정과 더불어 국민들이 경제 활력을 체감하고 있다는 점을 인정하지 않을 수 없지요.

일본에서 1993~2005년까지를 얼어붙은 '취업빙하기'라고 하였는데, 이제는 취업난이 아니라 구인난이 사회문제라니, 참으로 우리나라 대졸자 취업준비생들에겐 그림의 떡일 뿐인 부러운 이야기입니다.

미국의 트럼프가 아메리카 퍼스트를 외친 것처럼, 일본은 아베노믹스로 일본 경제를 살리겠다는 재팬 퍼스트(Japan First)를 주장하고 있는 아베의 행보가 한편으로는 부럽기만 하네요. 2020년 도쿄올림픽과 더불어 구인난에 허덕일 정도로 젊은 친구들에게 일자리를 제공하고 있는 낮은 실업률, 그리고 아베총리의 카리스마적 리더십을 통해 일본 사회의 전반적인 분위기는 들떠 있는 것처럼 보입니다.

저출산·고령화, 저성장 기조 등 일본과 유사한 경제구조를 갖고 있는 우리나라 입장에서 아베노믹스의 실패와 성공을 분석하여 일본의 전철을 밟지 않도록 반면교사로 삼는다면 실패를 최소화할 수 있을 겁니다.

글로벌 시장에서 한국경제에 직접적인 영향을 미치는 엔화 약세는 곧 원화강세로 이어지면서 우리나라 수출품목의 가격경쟁력을 약화시키는 상관성이 있기 때문에, 우리나라 경제에 충격을 줄 것이라는 점은 충분히 예상 가능한 부분입니다. 따라서 한국 기업들은 글로벌 시장에서의 가격경쟁력에 대한 대처뿐만 아니라 비가격경쟁력에 이르기까지 준비해야 합니다. 이를 위해서는 정부가 단기적이고 대중적인 경기대책을 세우고자 하는 유혹에서 탈피하여 중장기적인 관점에서 경제 활력 정책을 내세워야 하겠지요.

3. 모노즈쿠리

일본의 장인정신을 대변하고 직업정신의 측면에서 한국이 일본을 따라가기 힘든 키워드 중 하나가 '모노즈쿠리'(ものづくり) 입니다. 우리는 토요타시스템(TPS)이나 이나모리 가즈오(稲盛和夫)의 아메바경영 등에 대해서는 잘 알고 있지만 정말 중요한 일본의 모노즈쿠리 정신에 대해서는 무관심했던 부분이 있습니다.

모노즈쿠리는 물건을 뜻하는 모노(物)와 만들다라는 의미의 쯔쿠루(作る)를 합성한 용어로, 굳이 우리말로 번역한다면, '물건 만들기'가 되겠지만, 좀 더 의미 깊은 개념은 '정성들여 물건을 제조한다'거나 '혼을 담아 만든다' 등으로도 해석됩니다. 그러나 훨씬 광범위한 개념으로 해석한다면, 제조업에서 생산, 설계, 연구개발, 판매 등을 포괄해 최선을 다해 완벽한 제품을 만들어 내는 개념까지 다양하게 해석할 수 있기 때문에 '모노즈쿠리'를 굳이 우리말로 번역하지 않고 그대로 사용하는 게 의미전달이 더 강할 것 같습니다.

그런데 모노즈쿠리는 특정기술이나 방법론이 있는 것이 아니라 일본 문화 속에 내재되어 있는 생각과 사고에서 나타나는 결과입니다. 즉 기술을 중시하는 모노즈쿠리 정신에는 누구든 만들 수는 있지만 어떻게 만드느냐의 차이라는 일본 공동체의 문화가 내재해 있거든요. 부품소재산업에서도 핵심경쟁력이 바로 모노즈쿠리 문화라고 할 수 있지요.

일본에서 모노즈쿠리가 정착하게 된 배경은 버블붕괴 이후 장기 불황을 겪으면서 근본적인 원인이 무엇일까에 대해 고민하는 가운데, 역시 기술력을 바탕으로 하는 제조업이 중요하다는 것을 깨달았기 때문입니다.

제조업에 위기가 닥치자 '모노즈쿠리기반기술진흥기본법'(2000) 등의 모노즈쿠리법을 제정하면서 정부가 직접 나서 실효적인 방법으로 지원하였거든요. 2005년에는 '모노즈쿠리국가전략기반'을 채택하였으며, 2006년에는 '중소기업모노즈쿠리기반기술고도화에관한법률'을, 그리고 2010년에는 '중소기업헌장' 등을 통해 지원 정책을 적극적으로 실시하고 있습니다. 정부가 법률적 지원을 해줄 테니 마음껏 성장하라는 의미로 해석할 수 있지요.

사실 모노즈쿠리 자체의 의미보다는 이를 통해 일본 제조업의 글로벌 경쟁력이 강화되는 점을 우리가 배워야 한다는 것이 중요합니다. 우리나라 중소기업이 대기업의 갑질과 가격후려치기에 흔들리기만 하는 약해빠지 하청기업이라는 부정적 이미지에서 벗어나기 위해서는, 독자적인 기술력으로 가격경쟁에서 비교우위를 갖는 일본의 기업 생태계를 모델 삼아 우리나라 실정에 맞게 수정해 나갈 필요가 있습니다.

4. 일본의 4차 산업혁명, Society 5.0

일본 개혁   2003년 일본은 경제성장에 방해가 되는 각종 규제를 완화한 특구를 설치하면서 구체적인 항목은 지자체가 주도적으로 정하도록 하는 '구조개혁특구'를 설치했습니다. 일본 중앙정부는 이런 정책이 지자체 간 경쟁을 유도하여 상호 발전할 수 있을 것으로 봤어요. 그러나 너무나 많은 지역을 특구로 정하다 보니 특별한 것이 일반화되어버리고 말았다는 지적도 있습니다.

아무튼 일본은 2010년 경쟁력 있는 대도시를 중심으로 국제전략종합특구 7곳과 국가전략특구 12곳을 지정하여 대도시 위주의 국제경쟁력을 키우는 전략을 택했습니다. 이후 2013년에는 '일본재흥전략'을 발표하면서 수요중심이 아니라 공급중심의 경제정책으로 바꾸었습니다.

일본재흥전략이란 기업의 수익을 개선하면 고용이 확대될 것이고 이후 임금이 상승하면 가계소득이 증가하면서 소비로 이어질 것이고 수요가 증가하면 기업의 투자를 자극하여 경제가 살아날 것이라는 정책입니다. 그러니까 재흥, 즉 일본 경제를 다시 부흥시키겠다는 의지를 담은 전략이라고 할 수 있습니다.

2014년 7월에는 일본 경제를 살리기 위한 '국토그랜드디자인 2050' 정책을 수립했습니다. 저출산으로 인구는 감소하고 고령화로 생산가능연령인구는 줄어드는 상황에서 일본 경제의 미래 청사진을 어떻게 구상할까에 대한 고민이 담겨 있는 정책입니다.

그렇다면 어떻게 일본 경제를 부활시키겠다는 걸까요? 우선 일본 경제를 견인하고 있는 도쿄권, 나고야권, 오사카권 등 3대 대도시권을 중심으로 거대한 블록을 만들어서 미래 국토 발전방향을 제시하겠다는 겁니다. 이 세 지역은 일본 인구의 절반 정도가 몰려 있는 도시로서, 국제적 기능을 담당하는 도쿄권, 첨단 제조업 중심의 나고야권, 문화와 역사, 상업 중심의 오사카권으로 특화시키는 슈퍼광역경제권(super mega-region)을 만들겠다는 그랜드플랜이 담겨 있습니다. 그래서 도쿄의 시나가와(品川)를 기점으로 나고야(名古屋), 오사카(大阪) 이 세 지역을 67분 만에 연결하는 시속 600km의 '리니어신칸센'(자기부상열차) 계획도 세웠습니다. 세계에서 가장 빠른 고속철도이지요. 기존 신칸센은 레일 위를 달리지만 리니어신칸센은 열차 차체와 노선 측면에 각각 설치된 초강력 전자석의 흡인력과 반발력을 이용해서 바퀴와 레일 사이의 마찰력 없이 공중에 10cm 높이로 뜬 채 달리기 때문에 시속 600km의 속도를 낼 수 있는 겁니다.

1차 나고야까지를 2027년, 2차 오사카까지를 2037년에 완공을 목표로 2014년 착공에 들어갔습니다. 2020년 도쿄올림픽 개막식 이전에 일부 구간이라도 개통하려고 했지만 무리가 따랐구요, 대신

2026년 나고야 아시안 게임에는 개통시기가 맞추어질 것이라는 전망입니다.

| 일본의
| 4차산업혁명 = Society 5.0

일본은 '제4차 산업혁명'(4th Industrial Revolution)이라는 용어를 정부차원에서 적극 수용해서 국가전략에 반영한 첫 번째 국가입니다.[65] 개별 부처 차원이 아니라 범정부 차원에서 활용방안을 모색하면서 체계를 갖추어 나가고 있습니다. 아울러 문부과학성은 4차산업혁명을 디딤돌로 하여 정보사회에서 상호 연결이 강화된 사회인 '초스마트사회(Society 5.0)'란 개념을 만들어 산관학(産官学) 협력을 강조하고 있습니다. 비록 세계경제포럼이 제시한 "제4차 산업혁명"과 용어는 다르지만 내용상으로는 동일하다고 할 수 있습니다. 일본의 정부 문건에서도 "제4차 산업혁명(Society 5.0)"과 같이 양자를 병기하여 두 개념을 같은 의미로 사용하면서 개념적 논쟁보다는 정책 내용에 집중하고 있거든요.[66]

"초스마트사회란 필요한 제품과 서비스를 필요한 사람에게 필요한 시간에 필요한 만큼 제공하고 사회의 다양한 니즈에 세밀하게 대응함으로써 삶의 질을 높이고 더 나아가 연령, 성별, 지역, 언어에 구애받지 않고

---

[65] 일본경제재생본부는 2016년 6월, "일본 재흥전략 2016: 제4차 산업혁명을 향하여"를 발표하면서 "제4차 산업혁명"을 명시적으로 사용하기 시작하였습니다.

[66] '1에서 4는 뭔기에 5.0이 나왔을까'에 대해 알아보도록 합시다. society 1.0은 수렵사회, 2.0은 농경사회, 3.0은 산업사회, 4.0은 정보사회를 의미합니다.

건강하고 쾌적하게 살 수 있는 사회를 말합니다"

- 문부과학성, "第5期科学技術基本計画", 2017

즉 Society 5.0은 사이버공간인 가상공간과 물리적공간인 현실공간을 고도로 융합시킨 사회시스템을 지칭하는 것으로, 독일의 인더스트리 4.0이 제조업 혁신 개념이라면, 일본은 산업을 포함한 경제사회 전반에 대한 과학기술혁신을 다루고 있다는 차이입니다. 이를 통해 일본은 경제발전과 더불어 사회 문제까지 해결하겠다는 목표를 이루겠다는 거지요. 즉 기술혁신을 촉진하기 위한 산업적 전략뿐만 아니라 기술혁신의 결과를 사회에서 활용하기 위한 사회적 차원의 접근, 이렇게 두 축을 근간으로 한다는 점에 그 의미가 있습니다.

기술혁신의 파급효과가 큰 만큼 이를 활용하고 포용할 수 있는 사회적 환경을 조성하는 것 역시 기술 경쟁의 한 부분이겠지요. 이를 위한 구체적인 실천사항도 제시하였는데요, 1)드론, 2)AI가전, 3)의료 및 개호, 4)스마트워크, 5)스마트경영, 6)자율주행 등 여섯 개 분야로 나누어 구체적인 실용방안을 제시하고 있습니다.

첫째, 드론 분야에서는 드론을 이용하여 물건 배송은 물론 사람이 접근하기 힘든 지형이나 구조물에서 측량도 하고 재난구조에서도 활용할 수 있도록 하구요. 둘째, 인공지능(AI)을 탑재한 가전제품의 경우 제품 간 상호 호환과 홈 시스템 전체를 관리할 수 있으며, 셋째, 기대수명이 증가하면서 고령화에 따른 의료 및 개호 서비스에 대응하기 위한 원격 진료, 의료용 및 개호 로봇, 24시간 돌봄 서비스 등을 계획하고 있습니다. 넷째, 스마트워크는 로봇을 활용하여 기후와 지

Society 5.0을 소개하고 있는 일본 내각부 홈페이지 사진

형, 환경 등을 초월하여 업무가 가능하도록 무인트랙터나 청소로봇, ICT 재배 등을 계획하고 있고, 다섯째, 스마트 경영으로는 클라우드와 IoT(Internet of Things)를 활용하여 보다 효율적으로 경영할 수 있도록 회계 클라우드를 만들겠다는 겁니다. 여섯 번째, 자율주행으로는 공공교통기관에서 일반 가정에 이르기까지 무인자동주행시스템을 보급하여 물류와 교통부분에서 혁신을 이룩하겠다는 내용입니다.

위에서 제시한 구체적인 전략은 모두 경제발전과 관련이 있는데, 그렇다면 이러한 결과를 어떻게 활용할까에 대한 사회적 과제는 무엇일까요? 예를 들어 온실가스 배출을 억제할 수도 있고 부의 재분배를 통해 빈부격차를 줄일 수도 있겠지요. 그리고 기대수명이 증가하고 고령화대책을 세우게 되면 그만큼 사회비용도 절감이 되겠지요. 이렇게 일본의 경제발전과 사회적 과제를 해결할 수 있는 산업혁명을 Society 5.0으로 가능하다고 보고 국가전략을 세운 겁니다.

378   일본 경제 고민없이 읽기

그런데 일본의 Society 5.0의 구체적인 정책은 모두 로봇과 관련이 있습니다. 4차산업혁명과 관련하여 핵심 동인을 '데이터'로 이해하고 자국의 강점인 로봇을 적극 활용한다는 전략을 추진하는 겁니다. 왜냐하면 일본의 산업용 로봇 출하액은 3,400억 엔으로 전 세계 점유율 1위로 50%가 넘고, 가동대수는 약 30만 대로 이 역시 전 세계 시장점유율 1위입니다.

그간 세계 로봇 시장에서 독보적인 위치를 점해온 일본의 기업들을 잠깐 소개할게요. 일본 최대 산업용 로봇 제조기업인 야스카와전기(安川電機), 그리고 화낙(FANUC), 가와다로보틱스(カワダロボティクス), 아사히(朝日), OTC, Epson, Yamaha 등이 대표적인 로봇 제조 기업입니다. 그리고 최근에는 소프트뱅크가 자회사인 아스라텍(Asratec)을 통해 휴머노이드 로봇 운영체제인 V-sido 등을 개발하며 로봇사업에 본격 진출하였으며 그밖에도 많은 전문기업들이 다수 존재합니다.[67]

그러니 Society 5.0, 즉 4차산업혁명은 일본의 과학기술혁신이 한 단계 점프하는 전환점이 되지 않을까 궁금해집니다. 우리나라 역시 마냥 바라보고만 있지는 않겠지요. 더불어 성장할 수 있는 계기가 되었으면 좋겠습니다.

[67] 우리나라에도 산업용 로봇과 관련한 기업들이 있습니다. 현대중공업, 한화테크윈, SKT, 네이버, 삼성전자, 유진로봇 등이 대표적인 로봇산업기업들입니다.

5. 대일무역과 한일 경제 비교

| 대일무역적자
원인이 뭘까   일본은 한국이 수출대상 3위, 수입대상 4위의 교역국이구요. 그러니 한일 양국은 경제적으로 이해관계가 가장 합치되는 경제협력관계이지요. 문제는 우리나라가 중국과 미국에서 흑자무역을 이루는 것과 달리 일본에게만큼은 매년 200억 달러를 넘어서는 심각한 수준의 만성적인 무역적자를 보이고 있다는 점입니다. 한국은 1965년 한일국교정상화 이후 일본과의 무역관계에서 단 한 번도 흑자를 내지 못했고 그 폭도 줄어들지 않고 있습니다. 반면 일본은 2000년 이후 대중국 무역수지는 적자를 기록하고 있지만 미국과 대만, 그리고 우리나라에 대해서는 여전히 흑자를 기록하고 있습니다. 그 원인이 무엇일까요?

세계 10대 무역대국인 한국이, 1996년 OECD 선진국 대열에 가입한 후 24년이나 지난 오늘날에 이르기까지 일본에게만큼은 항상 한수 아래인 것처럼 느끼는 이 참담한 기분은 언제쯤 해소될 수 있을까요?

우리는 일본의 '잃어버린 10년' '잃어버린 20년'이란 장기불황을 들을 때마다 고개를 갸우뚱 거립니다. 그렇게 오랫동안 불황이니 경기침체를 겪고 있다느니 하는데도 여전히 세계 제2, 3위 경제권을 유지하고 있고, 부품소재 및 원천기술에서 제조왕국이란 타이틀을 놓치지 않고 있다는 사실은 애써 외면해 왔습니다.

우리나라의 소재·부품산업은 해를 거듭할수록 발전하면서 무역에서 차지하는 비중도 높아지고 있어 바람직한 방향으로 나아가고 있지만, 문제는 일본으로부터의 소재·부품 수입 비중이 높아 대일무역적자가 줄어들지 않고 있다는 점입니다. 줄어들기는 커녕 2018년에도 170억 달러에 이르는 무역적자를 기록하였고, 이는 한일무역적자의 50%를 상회하고 있기에 이 문제를 집고 넘어가지 않을 수 없습니다. 그 중에서도 일본은 소재에서는 화학제품이, 부품에서는 전기·전자에서 우위를 차지하고 있어 한국이 이 부분에서 적자의 폭을 줄이지 못하고 있는 현실입니다.

우리나라는 심각성을 인식하고 2001년 '부품소재특별법'을 제정하고 R&D 등 재정 지원과 각종 법규를 통해 소재·부품산업을 육성해 오고 있지만, 아직까지도 만성적인 무역적자가 해소되고 있지 않다는 것은 원천기술에서 우리가 뒤처지고 있다는 의미입니다. 그 원인에 대해 한번 알아보도록 하겠습니다.

첫째, 가장 큰 원인은 반도체 제조장비 및 부품·소재의 상당 부분을 일본에 의존해야 하는 고착화된 무역구조입니다. 2018년 한 해에만 일본으로부터 반도체 제조장비에서 약 62억불어치를 수입하였습니다. 반도체 제조용 정밀화학원료는 42%를, 정밀화학원료 중 불화수소는 90% 이상을 일본에서 수입하고 있습니다. 그래서 우리나라가 수출을 많이 하면 할수록 일본으로부터 관련 중간재 수입이 급증하게 되는 구조가 정착된 것이지요.

둘째, 엔화약세에 따른 소비재 수입이 증가하고 있습니다. 앞서 배웠던 아베노믹스의 가장 중요한 핵심인 엔화의 절하는 상대적으로 원화절상으로 이어지기 때문에 일본산 제품의 수입 가격이 하락하게 되겠지요.

셋째, 글로벌 시장에서 약진하고 있는 한국의 핵심품목인 자동차, 전자전기제품 등이 일본 시장에서만큼은 찾아보기 힘들 만큼 고전을 면치 못하고 있다는 점입니다. 이 점은 한일 간 산업구조가 유사한 측면도 있지만, 근본적인 문제는 가격과 비가격 경쟁에서 일본이 만들어 놓은 진입장벽(Entry Barriers)을 뛰어넘기 어려운 부분을 간과할 수 없어 여전히 아쉬운 부분입니다.

| 원천기술의 문제

한때 욘사마를 광고모델로 현대자동차가 일본에 진출했지만 2009년 철수하였고 삼성전자는 2010년 TV 판매부문을 철수하였습니다. 2018년 우리나라는 일본차 5만 8천 대를 수입했으나 일본은 고작 17대 수입에 불과합니다. 비교 자체가 의미가 없을 만큼 일본시장에서의 경쟁이 녹록치 않습니다.

사실 일본이 수백 년에 걸쳐 이룩해 온 것을 우리가 수십 년 적게는 수년 내에 압축해 동일선상에 올려놓는 것은 무리겠지요. 일본 제조업이 결정적인 경쟁력을 갖춘 근본은 결국 고도의 기술력을 겸비한 소재 · 부품산업의 원천기술로부터 고부가가치를 창출하는 데서 나오는 거지요.

소재 · 부품산업은 제조업 완성품에서 가격경쟁력의 결정적인 요소이며 제조업의 뿌리입니다. 잃어버린 10년, 잃어버린 20년을 견디며 일본 경제가 그나마 현상을 유지할 수 있었던 것은 소재 · 부품산업의 분야에서 압도적인 세계시장 점유율을 장악하고 있기 때문입니다. 일본기업의 세계시장 점유율이 완성품에서는 낮지만 소재 · 부품으로 갈수록 증가하는 이유도 여기에 있습니다.

IT관련 산업의 경우 최종제품에서 일본기업의 세계시장 점유율은 25% 수준으로 상대적으로 낮지만, 소재 분야로 갈수록 크게 증가하고 있으며, 액정과 반도체용 재료에서는 일본기업이 세계시장을 사실상 독과점하고 있습니다. 2019년 4월 일본 최대 LCD 패널 제조업체인 재팬디스플레이(JDI)[68]가 대만과 중국 자본에 넘어가면서 글로벌 디스플레이 패널 시장이 한국과 중국업체가 주도하는 듯 보이지만 소재 · 부품 분야는 또 다른 이야기입니다.

액정, PDP 유기EL 등 평판 디스플레이는 한국, 일본, 대만 3국이 독과점 생산 하지만 관련 핵심 제조장비와 부품은 대부분 일본이

---

[68] JDI는 일본 경제산업성이 주도하여 히타치제작소, 토시바, 소니의 액정(LCD) 패널 사업을 통합해 2012년 출범된 국영기업입니다. '히노마루 액정 연합'이라는 별명을 붙여 일본 액정산업의 부활을 꿈꿨지만 글로벌 시장에서 고전을 면치 못하다 2019년 4월 3일 대만과 중국 기업들이 참가한 '타이중(台中) 연합'이 최대주주가 되었습니다.

공급하고 있습니다. 항공기 제조업의 경우도 미츠비시중공업이 소형기를 생산하는 정도이지만 항공기 기체의 약 35%는 일본 업체(부품·소재)가 담당하고 있습니다. 기체, 엔진의 주요 부품 및 시스템에서는 구미기업과 공동개발을 확대하고 있고, 특히 항공기 경량화에 중요한 탄소섬유복합재료 관련 기술에서는 일본이 세계 최고 수준으로 평가 받고 있습니다. 이렇듯 소재·부품산업은 일본 경제의 버팀목이라고 할 수 있습니다.

2019년 1월, 일본 아베신조 총리는 한일외교관계가 빠르게 얼어붙는 상황에서 일본이 독점 생산하는 반도체 공정용 특수가스 불화수소의 한국 수출을 금지할 수도 있다는 발언을 내비쳤습니다. 그리고 2019년 6월 29일 일본 오사카(大阪)에서 개최된 G20정상회담이 끝나자 곧바로 일본은 감광액, 고순도 불화수소, 플루오린 플리이미드 등 반도체와 디스플레이 관련 핵심 소재의 수출규제를 단행했습니다.

전 세계 시장력을 장악하고 있는 일본의 스텔라, 모리타 기업에서 90% 이상을 수입하고 있는 삼성전자와 SK하이닉스는 일본이 한 달 이상 수입제한을 하면 당장 문을 닫아야 하는 상황을 악이용한 일본 정부의 처사는 비난받아 마땅합니다. 물론 WTO(세계무역기구)에 제소해서 마찰을 피할 수 있지만, 일본 기업들의 파워가 그만큼 세다는 것에 대해 우리 기업들이 핵심부품과 소재에서 원천기술을 보유하기 위한 노력을 해야 한다는 말은 두말하면 잔소리겠지요.

그러나 한편으로 긍정적으로 본다면, 대일무역에서 적자를 보인 그만큼의 수입은 도대체 어디로 갔다는 말인가요? 첨단소재와 부품을 수입한 적자만큼 우리가 가공한 뒤 고부가가치 완제품으로 전 세계를 상대로 수출이 늘어 났다는 상호 의존적 보완관계를 의미하기

일본 경제 고민없이 읽기

도 하니, 무조건 나쁘다는 측면만 강조하는 건 한일관계에 득이 되지는 않습니다. 수입이 감소하면 수출도 감소하는 구조이기 때문에 한일 양국은 외교문제나 정치적 이슈를 경제분야로 옮기는 일은 더 이상 없어야 합니다.

▌**7.4 무역침략과 우리의 자세**

경제학은 선택의 학문입니다. 자원이 한정되어 있기 때문에 선택을 해야 하는데, 그 선택은 기회비용보다 편익이 큰 합리적 선택이어야 하죠. 그런데 일본은 합리적인 선택을 하지 않았습니다. 2019년 7월 4일, 일본은 한국이란 이웃국가의 암묵적 비용과, 명시적 비용에 해당하는 자유무역을 통한 비교우위론 두 개의 기회비용을 포기하고 편익이 아주 작은 무역보복을 선택했습니다.

미중 간 무역전쟁은 미국 측 피해라는 명분이라도 있지만, 한일 간 무역전쟁은 접근이 다릅니다. 일본 경제산업상 세코우 히로시게(世耕弘成)는 2019년 7월 4일을 기점으로 한국에 반도체관련 3개 품목에 대한 수출규제 조치 이유를 세 가지로 들었는데요, 첫째 한국이 수출관리 의견교환에 응하지 않은 점, 둘째 수출관리에 관한 부적절한 사안이 발생한 점, 셋째 징용노동자 문제에서 신뢰관계가 무너진 점 등이 그것입니다.

그런데 명분이 안서다 보니 말을 바꾸고 있습니다. 스가 요시히데(菅義偉) 관방장관은 2019년 7월 16일, 안전보장을 목적으로 수출 관리를 적절하게 실시하려는 관점일 뿐 징용문제나 외교문제의 신뢰와 관련된 대항조치가 아니라고 발표했습니다. 정치보복에서 안보논리로 말이 바뀐 것이죠.

　일본은 궁색하게도 또 다시 수출규제강화가 수출 수속에 관해 일본이 독자적으로 판단할 수 있는 우대조치 '철회'이기 때문에 WTO 협정과는 무관하다고 주장하였습니다. 특히 3개 품목은 수출관리 틀 안에서 군용품으로 전용되지 않도록 규제하는 품목인데, 부적절한 사안이 발견되어 규제를 강화하는 것이라고 북한을 끌어들인 겁니다. 한마디로 논리적이지 못하고 명분도 없는 경제보복조치에 불과할 뿐입니다.

　사실 미국과 캐나다 정도를 제외하면 국경을 맞댄 국가들 대부분은 사이가 좋지 않습니다. 그러면서도 정경분리를 지키며 지내왔는데, 일본의 이번 처사는 도를 넘어섰어요. 일본의 대 한국 수출규제 조치는 우리나라 기간산업에 지대한 영향을 미치는 만큼 향후 발생할 각종 불안한 옵션에 대해 우리는 어떻게 대처해 나가야 할까, 저 나름대로 한번 고민해 보았습니다.

　첫째, 진부한 이야기이지만 원천기술을 보유하는 기업을 육성하는 것은 당연합니다. 일본과의 기술력 격차는 첨단제품 만이 아닙니다. 초중고 학생들이 사용하는 볼펜에서 골프채와 탁구용품, 그리고 하다못해 미용실에서 사용하는 가위조차 일제가 아니면 쓰지 않으려는 게 현실입니다. 일본이 과거 사회주의 국가에서나 있을 법한 정부와 기업의 밀접한 상호의존적이며 협조적인 일본주식회사(Japan, Inc.)를 만들어 고도성장을 주도해 나갔던 것처럼, 형태는 다를지 몰라도 이러한 민관 협동의 특수한 관계를 우리도 만들어 가야 하지 않을까요? 이번에 우리 경제와 산업계 전반의 민낯이 드러난 건 그런 점에서 전화위복의 기회라고 할 수 있습니다.

둘째, 일본에 대한 돈키호테식 자신감도 문제지만 패배주의와 비관론은 더 문제입니다. 양국 간 갈등은 향후에도 얼마든지 일어날 수 있습니다. 그럴 때마다 한국 경제가 일본 때문에 흔들리지 않도록 중소기업에서 중견기업, 대기업에 이르기까지 협력적인 분업구조와 상생구조를 만들어 나가야겠지만, 또 다시 양국의 무역관계가 경제 전면전으로 장기화되더라도 자기실현적 위기(self-fulfilling crisis)는 조심해야겠지요. 과도한 한국경제의 비관론은 국제자본을 이동시킬 위험이 있고, 잘못된 여론이나 왜곡된 보도를 해외언론이 인용하면 일본의 과잉반응을 초래할 수 있으며, 이는 다시 국내 실물경제를 위축시킬 염려가 있기 때문입니다.

막강한 무기체제를 갖추었음에도 베트남전에서 미국이 패배한 것은 미국 내 팽배했던 반전여론 때문이잖아요. 여론의 응집력은 그만큼 강한 힘을 갖고 있기 때문에 우리끼리 좌우 프레임을 만들어 내부의 희생양 찾아내기식 비판이 아니라 '국익'을 우선한 '경제 해석'이 되어야 하는 이유가 여기에 있습니다.

셋째, 일본은 활용가치가 높은 나라입니다. 반일이나 친일이 아니라 극일(克日)을 통해 용일(用日)을 하는 방향으로 나아가야 하겠지요. 그래서 일본 경제를 역사 속에서 배우고자 한 겁니다. 이번 경제보복 조치를 통해 우리 스스로를 돌아 보면서 한국 경제를 한 단계 도약시키는 모멘텀으로 만들어야 하는 이유가 여기에 있습니다.

사실 일본의 경제보복 조치 이전에는 고속성장을 위해 급하게 달려오느라 우리경제의 구조적인 문제를 한꺼번에 들여다볼 여유가 없었잖아요. 따라서 지금 이 시간에는 우리나라의 잘못된 경영습관이나 경제 체질을 바꾸는 전화위복으로 삼아야 한다는 겁니다. 그래서 일본이 백색국가(White List)에서 제외하더라도, 그리고 한일 간 정치 및 외교문제가 경제를 발목 잡더라도 이제는 더 이상 한국 경제가 일본에 의해 좌우되는 일이 없도록 해야 할 것입니다.

마지막으로 우리의 직업에 대한 자세가 이렇게 된다면 하는 생각을 가지면서…

다음 글을 소개하고 글을 끝맺도록 하겠습니다.

"이게 일본의 대본영을 이긴 떡이란 말이지?"

"대본영에서 만주에 주둔 중인 관동군에게 공급할 떡 백만 개를 주문했는데 그 가게 주인이 일언지하에 거절했지."

"백만 개라면 어마어마한 물량이야. 군수납품이라 수익도 괜찮아서 큰 부자가 될 수 있을 텐데 정신 나간 주인이 아닌가? 도무지 이해가 안 가는군. 도대체 그 이유가 뭐라던가?"

"백만 개나 되는 떡을 만들다보면 납품 날짜에 쫓기게 될 거고 그렇게 되면 떡의 품질이 떨어져 고르게 유지할 수 없다는 이유에서지."

"아니 겨우 그런 이유로 백만 개나 되는 납품을 거절해? 그것도 대본영의 명령을 거스르고?"

"그게 바로 일본의 정신이야. 매사에 정확하고 치밀하게 일을 처리하지 않고는 못 배기는 게 일본인들이지 뭐든 한 가지를 만들어도 제대로 만드는.... 난 이 떡에서 일본의 정신을 보았네. 한 가지 일에 목숨을 걸고 그 분야에서 최고를 이루고야마는 장인정신 말일세."

– 이환경작가의 '영웅시대'(2004) 중 일부

참고문헌

국내문헌

강명헌(2000), "기업집단의 비교연구-한국, 일본, 미국" 산업조직연구 제7집 제2호

강철구(2015), "대 베트남 ODA 지원에 대한 한일비교", 한림일본학 제27집

강철구(2015), "일본의 대 아세안(ASEAN) ODA 정책의 현황과 전망", 사회과학연구 제37권

강철구(2015), "일본의 번역주의 선택과 근대화의 갈림길", 인문논총 제32권

강철구(2018), "일본 메인뱅크제도의 변천에 관한 고찰", 동북아경제연구 30권 4호

강철구(2018), "아베노믹스 이후의 일본 경제의 변화", 사회과학연구 40권

강태현(2018), 『정,재,관의 삼각관계로 풀어보는 일본 전후 경제사』, 오름

권혁기(2007), 『이케다 하야토 정치의 계절에서 경제의 계절로』, 살림지식총서

김양태(2015), '일본의 노동시장 규제완화와 고용제도의 변화', 대한경영학회학술대회발표논문집

김양희 외(2010), "고령화저성장시대 일본 공적연금의 현안과 개혁과제", 대외경제정책연구원, 지역연구시리즈 10-03

김양희 외(2010), "주요국의 저출산고령화 대비 성장전략 연구와 정책 시사점", 대외경제정책연구원, 연구보고서 10-25

김영덕(2017), "일본의 저성장 원인과 시사점", 한국경제연구원 정책연구, 제2권 7호

김영세(2004), 『게임이론』, 서울: 박영사

김영우, 강달원(2010), "인구고령화에 따른 사회복지지출에 관한 한일간 비교분석", 아시아연구, 제13권 제1호

김종년 외(2005), 『한국기업 성장 50년의 재조명』, 삼성경제연구소

김종년 외(2005), 『한국기업 성장 50년의 재조명』, 삼성경제연구소

김종현(1991), 『근대일본경제사』, 비봉출판사

김찬훈(2017), 『다시 보는 일본, 일본인』, 나라아이넷

김찬훈(2017), 『다시 보는 일본, 일본인』, 나라아이넷

김치헌(2008), '오일쇼크 당시 전자산업에선 무슨 일이 있었나', LG Business insight, 10호

김필동(1999), '일본 자본주의 정신의 역사적 전개와 그 특징', 사회과학논총 제10권

미야자키 타쿠마(2007), 『소니 침몰』, 북쇼컴퍼니

미와료이치, 권혁기 옮김(2004), 『근대와 현대 일본경제사』, 보고사

박성빈(2010), '정부정책-가치관의 변화와 일본적 고용시스템의 변화', 일본연구논총, 제 32호

박홍영(2010), "전후 일본 ODA 정책의 변화상-해석과 평가", 일본연구논총 32권

박훈 옮김(2018), 『일본의 설계자 시부사와 에이이치』, 21세기북스

방현철(2018), 'J노믹스 VS. 아베노믹스' 이콘

사이토 세이치로, 신한종합연구소 옮김(1999), 『일본경제 왜 무너졌나』, 들녘

선우정(2009), 『일본 일본인 일본의 힘』, 루비박스

손기섭(2014), "80년대 일본의 한국과 중국에 대한 원조외교", 한국정치외교사논총, 35(2)

송희영(1988), "전후 일본의 무역정책: 일본경제의 부흥기와 고도성장기를 중심으로" 상 경연구. 13권. 1

스티브리드, 최은봉 옮김(1997), 『일본특이론의 신화 깨기』, 도서출판 오름

양원근(2016), "저성장기 일본은행의 경험과 시사점", 금융연구 working paper No.1

우준희(2018), '한국과 일본의 노동시장레짐: 경제위기 이후의 정책대응을 중심으로', 「동 아연구」제37권 2호

이강국(2005), "일본 금융시스템의 변모와 경제위기" 국제지역연구 제8권 제4호.

이강호(2018), "한중일 인구구조의 변화와 저출산·고령화 대응 정책 비교 분석", 보건복 지포럼

이경국(2002), '일본 고용관행의 변화', 일본연구, 10권

이용상 외(2005), 『일본 철도의 역사와 발전』, 한국철도기술연구원 엮음

이우광(2010), 『일본재발견』, 삼성경제연구소

이원우(2004), '일본의 노동운동 변천과정과 노사관계 발전', 「경영사학」제33호

이원우(2004), '일본의 노사관계 특질과 변천과정에 관한 소고', 전문경영인연구. 7권 2호

이종윤(2005), 「한·일 경제 개혁과 경제활성화에 관한 분석」, 대외경제정책연구원

이지영(2018), "일본의 대 ASEAN 전략의 변화", 21세기정치학회보, 28권 4호

이해주(1985), "전후 일본경제발전의 전개과정", 일본연구. 4권

이형오 외(2006), 『미래지향적 한일기업 간 협력방향과 대응전략』, 한일산업기술협력재단 연구보고서

제임스 아베글렌, 이지평 옮김(2007), 『(10년 장기 불황을 이겨낸)일본 경영의 힘』, 청림
　　　출판

진창수 편(2005), 『1990년대 구조불황과 일본경제시스템의 변화』, 한울아카데미

최정표(1997), "재벌의 해체와 소유 경영 분리 체제의 확립-일본의 대기업에 관한 분석"
　　　한일경상학회 제13권

한국철도기술연구원(2006), 『(숫자로 보는) 일본철도』, 일본 국토교통성 철도국

해외문헌(일본)

三戸公(1991), 『家の倫理 I 』, 文眞堂

坂本慎一(2002), 『渋沢栄一の経世済民思想』, 日本経済評論社

野村正実(2003), 『日本の労働研究』, ミネルブァ書房

橋本壽朗(2000), 『現代日本経済史』, 岩波書店

野村正實(2007), 日本的雇用慣行, 東京: ミネルヴァ書房

丹野勳(2012), 日本的労動制度の　史と戰略 江戸時代の奉公人制度から現代までの日本
的雇用慣行, 泉文堂

八代尚宏(1997),, 日本的雇用慣行の経済学, 日本経済新聞出版社

青木昌彦・ヒュー•パトリック編(1996), 『日本のメインバンク・システム』. 東洋経済新報社.

青木昌彦・ヒューパトリック(2003), 『日本のメインバンクシステム』, 東洋経済新報社

奥村廣(1976), 『日本の六大企業集団』, ダイヤモンド社.

呉東錫(2017), "メインバンク制の下での日本企業の資金調達行動に関する実証分析~ペッ
キングオーダー理論とトレードオフ理論の検証一", 商学研究論集, 第46号.

広田真一(2009), 『メインバンクの役割:高度成長期～現在まで』, 財政投資融資ガバナンス
研究会

堀内昭義・福田慎一(1987), "日本のメインバンクはどのような役割を果たしたか," 金融
研究, 第6巻3号.

數下史郎(1995), 『金融システム情報の理論』, 東京大学出版会.

松浦克己他(2004), 『資産選択と日本経済』, 東洋経済新報社

武田晴人(2008), 『高度成長』, 岩波書店

保阪正康(2013), 『高度成長─昭和が燃えたもう一つの戰爭』, 朝日新聞出版版

　廣木巳喜雄(2013), 『いまこそ「日本列島改造論」を』,　日ワンズ

伊藤隆敏編(2009), 『日本経済の活性化』, 日本経済新聞社

MONEYzine(2010.7.17), ‘不況でも売上を伸ばしている「回転寿司」値下げしてなぜ儲かるのか’ 記事

中村隆英(1993),『日本経済:その成長と構造』, 東京大学出版会

中島克己・三好和代(2007),『日本経済の再生を考える』, ミネルブァ書房

日本外務省(2017), "2017年版開発協力白書日本の国際協力", 外務省

山本紳也(2006), "コンサルタントが見た成果主義人事の15年," 日本{労働研究雑誌, 554

J. C. アベグレン(1958)『日本の経営』ダイヤモンド社

原洋之介(2000),『アジア型経済システム』, 中公親書

山影進(2003),『東アジア地域主義と日本外交』, 日本国際問題・究所

和田春樹(2003),『東アジア共同の家:新地域主義宣言』, 平凡社

小川一夫 北坂真一(1998),『資産市場と景気変動』, 日本経済新聞社

小川一夫(2003),『大不況の経済分析─日本経済長期低迷の解明』, 日本経済新聞社

佐久間信夫編著(2003),『企業統治構造の国際比較』, ミネルヴァ書房

堀内昭義・吉野直行編(1992),『現代日本の金融分析』, 東京大学出版会

宮島英昭他(2001),『日本型企業統治と過剰投資』, ファイナンシャル・レビュー

山影進 編(2003),『東アジア地域主義と日本外交』、日本国際問題研究所

文部省(2016), 「日本再興戦略 2016」─第４次産業革命に向けて─, 日本経済再生本部

해외문헌(영어권)

Aoki, Masahiko and Hugh, Patrick. eds. (1994), Japanese Main Bank System. Oxford University Press.

Dent, Christopher M.,(2002), "The International Political Economy of Northeast Asian Economic Integration,"in Christopher M. Dent and David W.F. Huang, (eds.), Northeast Asian Regionalism, London: LoutledgeCurzon

Ezra F. Vogel(1979), 『Japan as Number one: Lessons for America』Cambridge: Harvard University Press

Hayashi, Fumio and Prescott, Edward, C.(2002). "The 1990s in Japan: A Lost Decade." Review of Economic Dynamics. Vol. 5, No. 1

Hayashi, Fumio(2000), "The Main Bank System and corporate Investment : An Empirical Reassessment," in Masahiko Aoki and Gary R. Saxonhouse (eds.), Finance, Governance, and Competitiveness in Japan, Oxford University Press

Hoshi,T., Kashyap and D. Scharfstein(1991), "Corporate Structure, liquidity, and Investment: Evidence from Japanese industrial groups," Quarterly Journal of Economics 106

Ito, Takatoshi and Kang, Kyoungsik(1989). "Bonuses, Overtime, and Employment: Korea vs. Japan". NBER Working Paper No.3012

Jean-Jacques Servan Schreiber(1980), 『The World Change』New York: Simon and Schuster

Munakata, Naoko(2001), "Evolution of Japan's Policy toward Economic Integration", RIETI Discussion Paper Series 02-E-006

Nabers, Dirk(2003)," The social construction of international institutions: The case of ASEAN+3,"International Relations of the Asia-Pacific.

Ogane Yuta(2017), "Effects of Main Bank Switch on Smaill Business Bankruptcy," RIETI Discussion Paper Series 17-019.

Ogita, Tatsushi(2002), "An Approach towards Japan's FTA Policy"APEC Study Center, IDE-JETRO

Ogita, Tatsushi(2003), "Japan as a Late-coming FTA Holder: Trade Policy Change for Asian Orientationn?", Chapter 8 in Whither Free Agreements?: Proliferation, Evaluation and Multilateralization, ed. Jiro Okamoto, Chiba: Institute of Developing Economies.

Pangestu, Mari and Sudarshan Gooptu(2003), "New Regionalism: Options for East Asia." K. Krumn and H. Kharas Eds. East Asia Integrates: A Trade Policy Agenda for Shared Growth. The World Bank.

Sheard, Paul(1989), "The Main Bank System and Corporate Monitoring and Control in Japan," Journal of Economic Behavior and Organization, 11.

Takenaka Heizo(2018), "Making Japan a major force in the Fourth Industrial Revolution", Japan Times. April 2.

일본 경제 고민없이 읽기

웹사이트

네이버 http://www.naver.com

구글http://www.google.co.kr

일본 위키피디아 : https://ja.wikipedia.org

일본 웹리오사전 : https://www.weblio.jp

日本経団連. http://www.keidanren.or.jp

日本経済産業省 http://www.meti.go.jp/

일본 구글 http://www.google.co.jp

일본 경제 고민없이 읽기

초판 1쇄 발행일 2019년 8월 19일

지은이 강철구
펴낸이 박영희
편집 박은지
디자인 최민형, 최소영
인쇄·제본 AP프린팅
펴낸곳 도서출판 어문학사
　　　　서울특별시 도봉구 해등로 357 나너울카운티 1층
　　　　대표전화: 02-998-0094 / 편집부1: 02-998-2267, 편집부2: 02-998-2269
　　　　홈페이지: www.amhbook.com
　　　　트위터: @with_amhbook
　　　　블로그: 네이버 http://blog.naver.com/amhbook
　　　　　　　　다음 http://blog.daum.net/amhbook
　　　　e-mail: am@amhbook.com
　　　　등록: 2004년 7월 26일 제2009-2호

ISBN 978-89-6184-931-9(03320)
정가 18,000원

이 도서의 국립중앙도서관 출판예정도서목록(CIP)은 서지정보유통지원시스템 홈페이지(http://seoji.nl.go.kr)와
국가자료종합목록 구축시스템(http://kolis-net.nl.go.kr)에서 이용하실 수 있습니다.
(CIP제어번호 : CIP2019029353)

이 저서는 2019학년도 배재대학교 교내학술연구비 지원에 의하여 수행된 것입니다.